Menschenkinder

Johanna Wieland | Ronald Frommann | Andrea Künzig | Anna Neumann

Menschenkinder

Drei Lebensläufe, drei Welten: Geschichten von unserer Zukunft auf dem Planeten Erde

GEO

HERAUSGEBER
Peter-Matthias Gaede

TEXTREDAKTION
Peter-Matthias Gaede
Johanna Wieland

BILDREDAKTION
Ruth Eichhorn
Bärbel Edse

GESTALTUNG
Daniel Müller-Grote

DOKUMENTATION
Dr. Eva Danulat

SCHLUSSREDAKTION
Hinnerk Seelhoff, Dr. Friedel H. Bastein,
Dr. Matthias Albaum

FOTOGRAFIE
Deutschland: Ronald Frommann/Laif
Kenya: Andrea Künzig/Laif
Vietnam: Anna Neumann/Laif

HERSTELLUNG
Heiko Belitz, G+J-Druckzentrale

LITHOGRAFIE
MWW-Repro, Hamburg

DRUCK
MOHN Media · Mohndruck GmbH

1. Auflage 2000 | ISBN: 3-570-19241-5

Inhalt

GEO dankt
den Familien David, Hoffmann und Nguyen
für das außergewöhnliche Vertrauen,
die Gastfreundschaft und die große Freundlichkeit,
mit der sie die Reporter-Teams ein halbes Jahr
lang in ihr Leben aufgenommen haben.

GEO dankt
besonders auch Susan Korte und Nora Luttmer,
ohne deren vielfältige Hilfe in Kenya und Vietnam dieses Buch
nicht hätte entstehen können.

Vorwort

Feuerwerk, Jubelfeiern, Freudenausbrüche hat es nicht gegeben zu jenem Datum im Oktober 1999, das vom UN-Bevölkerungsfonds zum »Tag der sechs Milliarden« erklärt worden war. In nicht einmal vier Jahrzehnten hat sich die Zahl der Menschen auf dem Planeten Erde verdoppelt. Und obwohl sich das Tempo des Wachstums verringert, weil Frauen heute weltweit pro Kopf weniger Kinder bekommen als zuvor: Für Nachwuchs – auch an akuten Problemen bei Ernährung und medizinischer Versorgung, bei Bildung, Ressourcen und Klima – ist gesorgt; vor allem in Ländern der so genannten »Dritten Welt«.

Aber ist es gerecht, mit bedrohlich wirkenden Zahlen über sie zu richten? Über eine Welt, die nach Kriterien des Verbrauchs an Gütern und Energien ohnehin weit weniger »übervölkert« ist, als es die Industrienationen sind? Es lohnt, genauer hinzusehen, zu vergleichen. Und teilzunehmen.

Dies ist der Anspruch des vorliegenden Buches: teilnehmen zu lassen an drei kleinen Lebensläufen auf drei Kontinenten; drei grundverschiedenen und sich doch auch ähnelnden Lebensläufen, die für das große Ganze stehen. An drei von sechs Milliarden Alltags-Biografien, die von den so verwandten Grundbedürfnissen der Menschen erzählen; von dem, was sie am Beginn des neuen Jahrtausends noch immer trennt – und was sie stärker eint als je zuvor.

Peter-Matthias Gaede

Der erste Schluck: Der Junge Nguyen Ha Le kommt am 15. November 1998 im Bach-Mai-Krankenhaus in Hanoi, Vietnam, zur Welt. Er ist das zweite Kind von Trinh Thi Thanh Mai (37). Obwohl die Nabelschnur sich um Ha Les Hals gewickelt hatte, verläuft die Geburt ohne Probleme

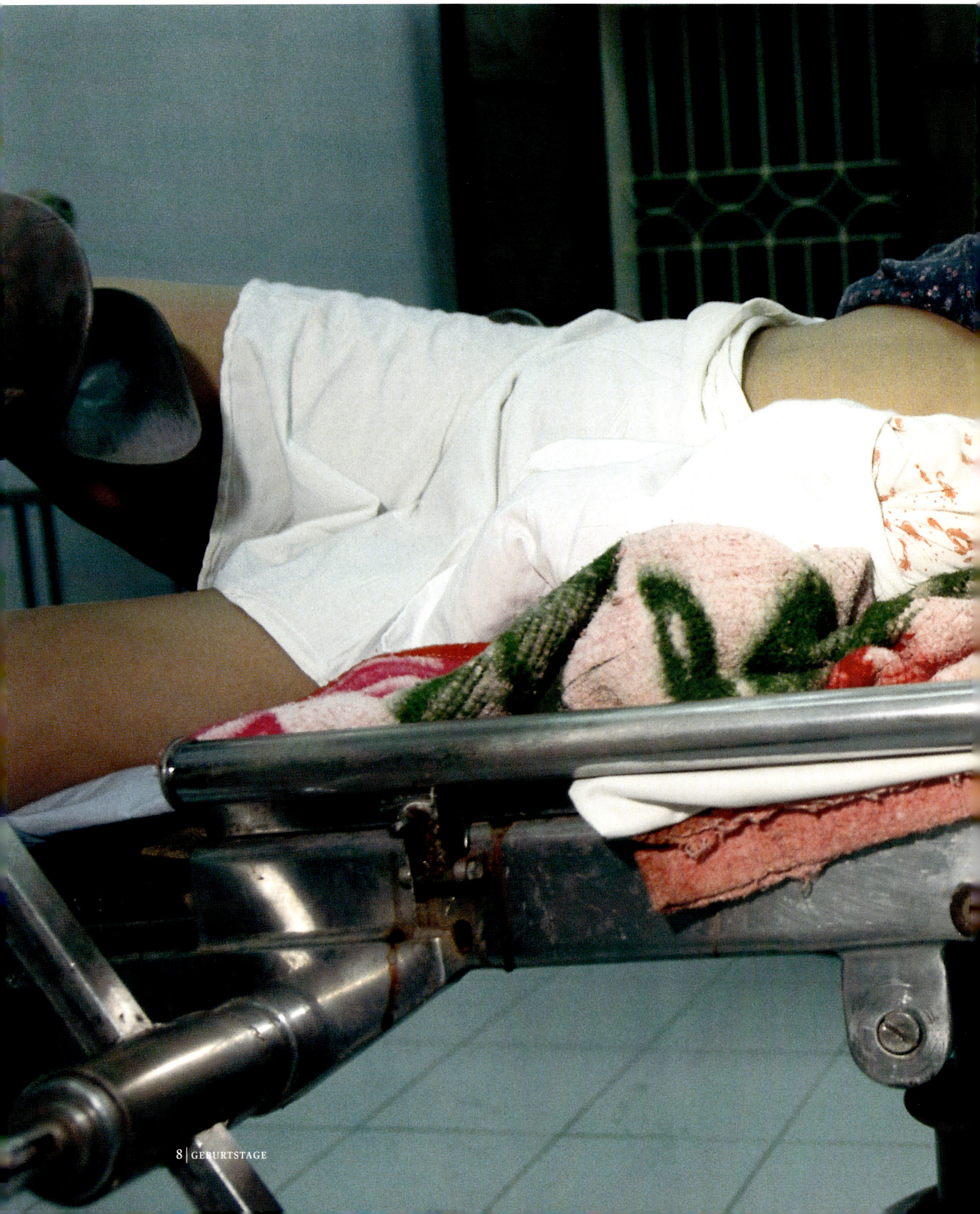

DAS LICHT DER WELT ERBLICKEN – EIN SCHÖNER SATZ. ÜBER DEN GRAD DER HELLIGKEIT SAGT ER NICHTS

Geburtstage

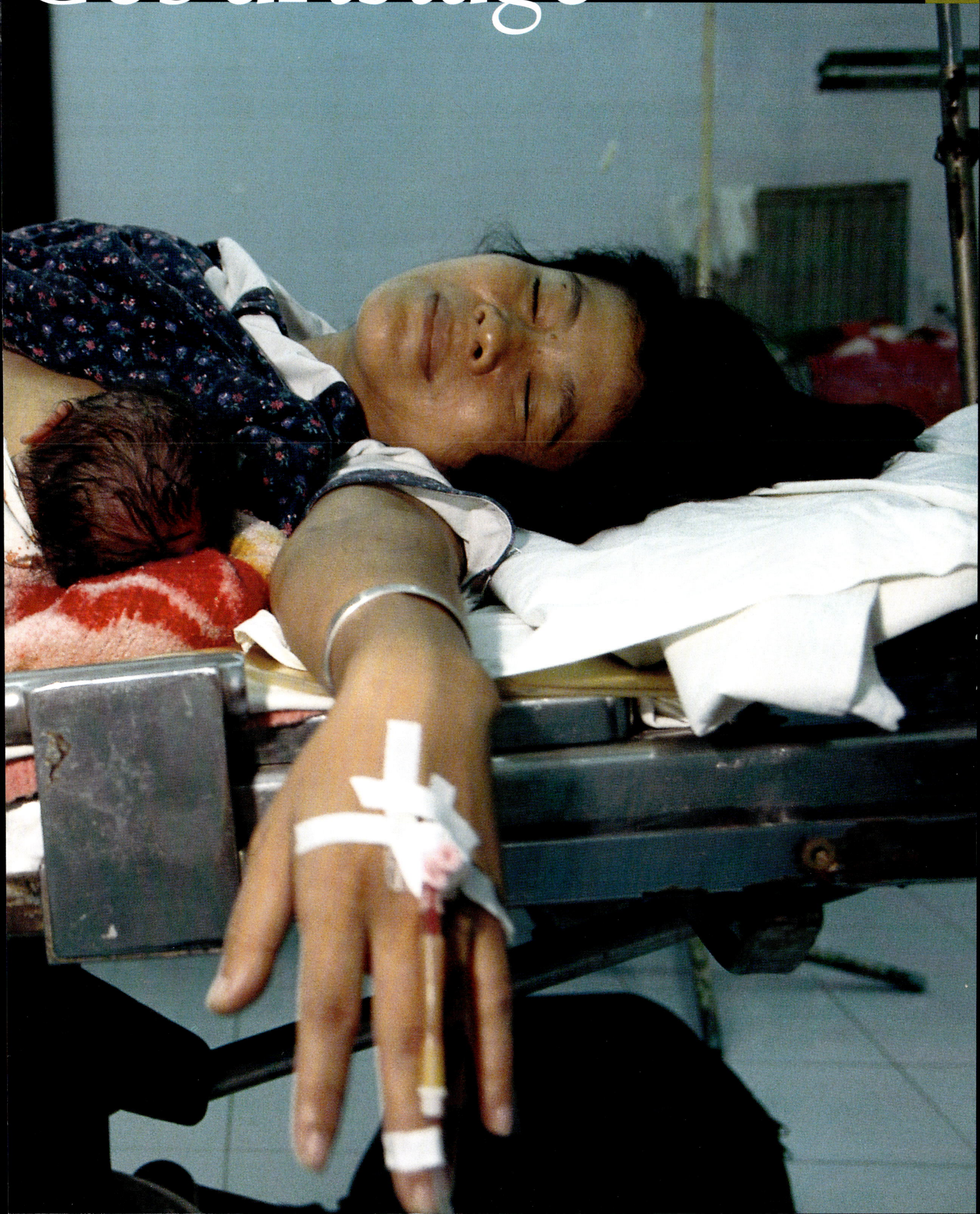

Die erste Umarmung: Paulina Hoffmann kommt am 4. November 1998 in der Hamburger Universitätsklinik zur Welt. Sie ist das erste Kind von Petra Hoffmann (32). Paulinas Geburt verläuft normal

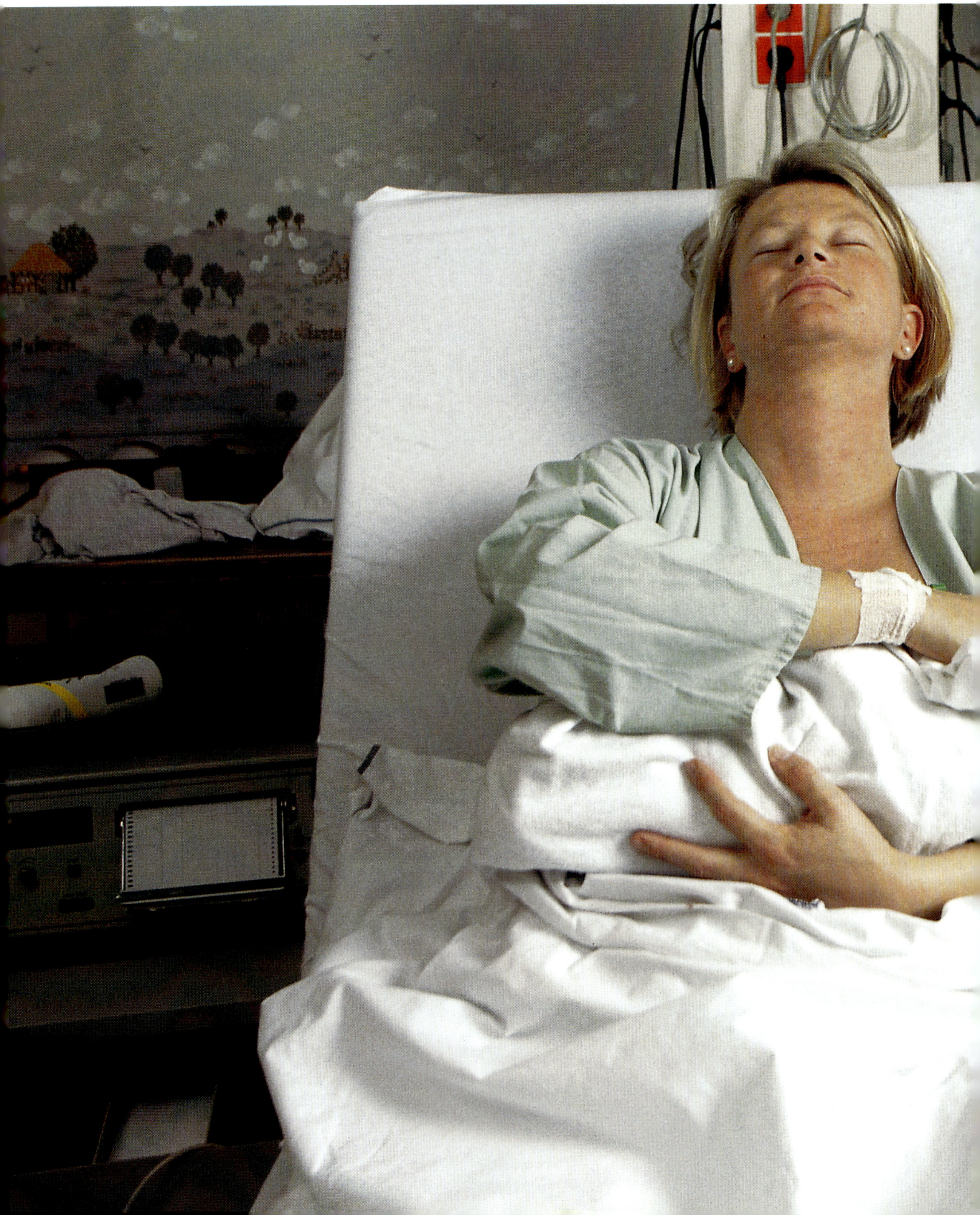

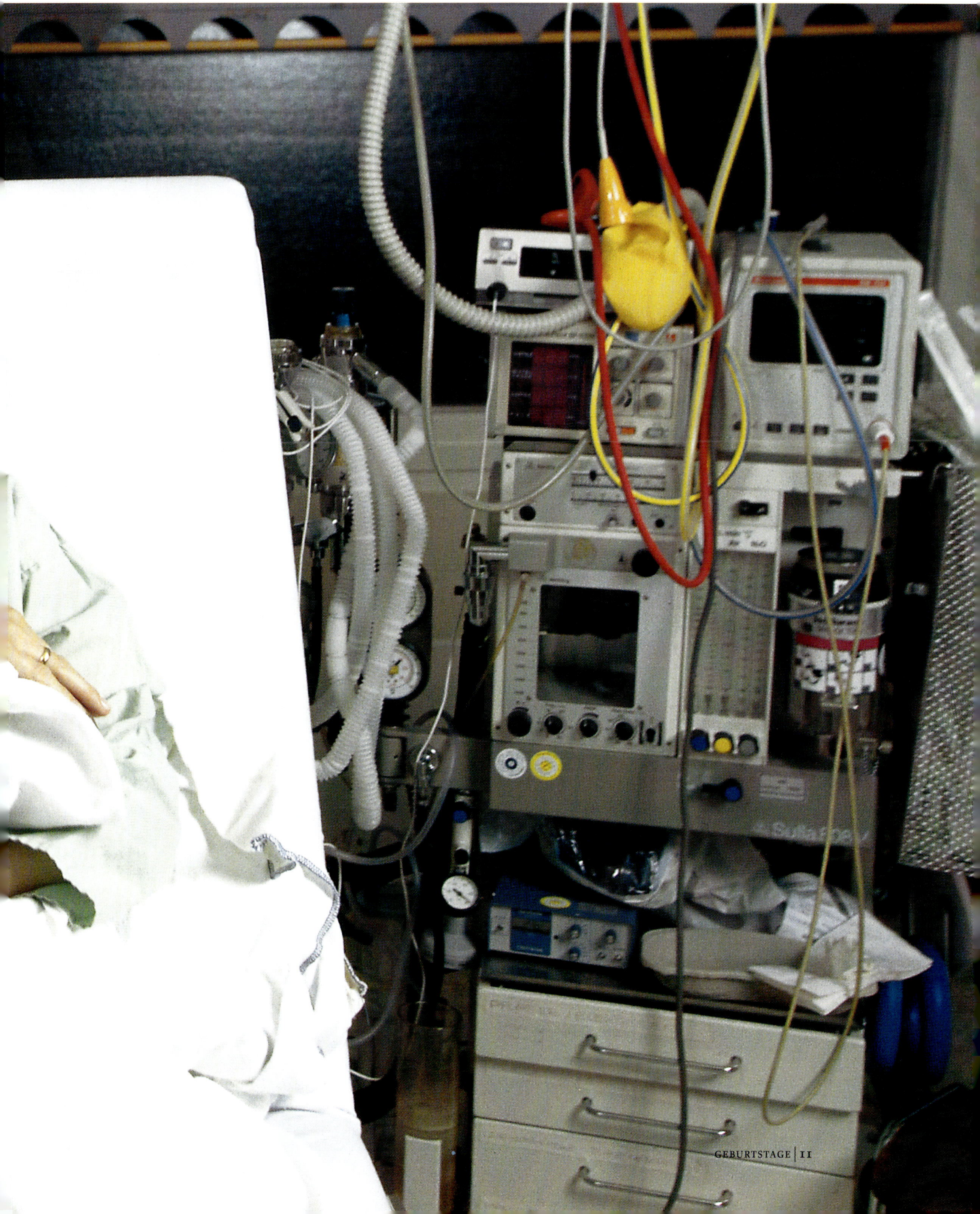

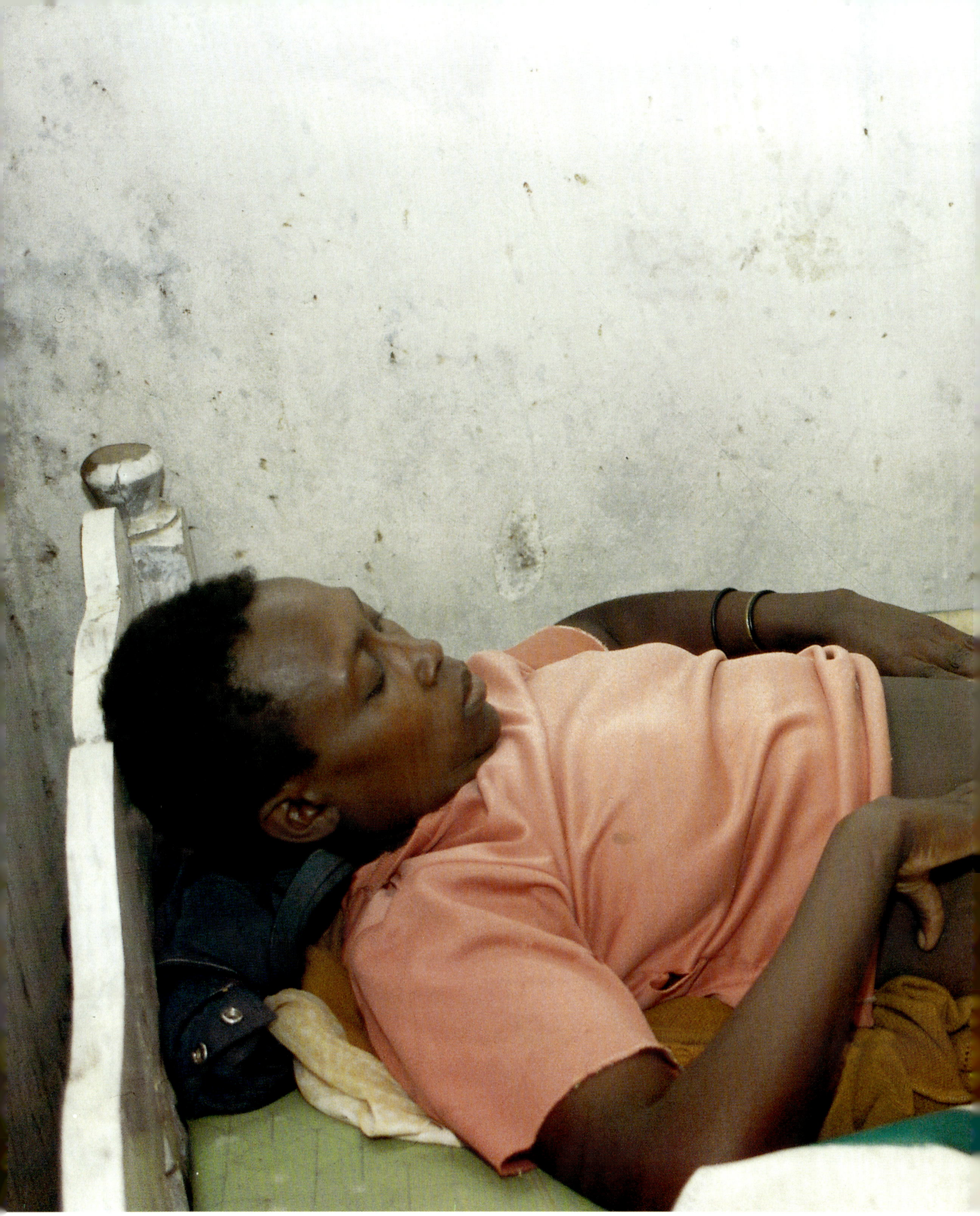

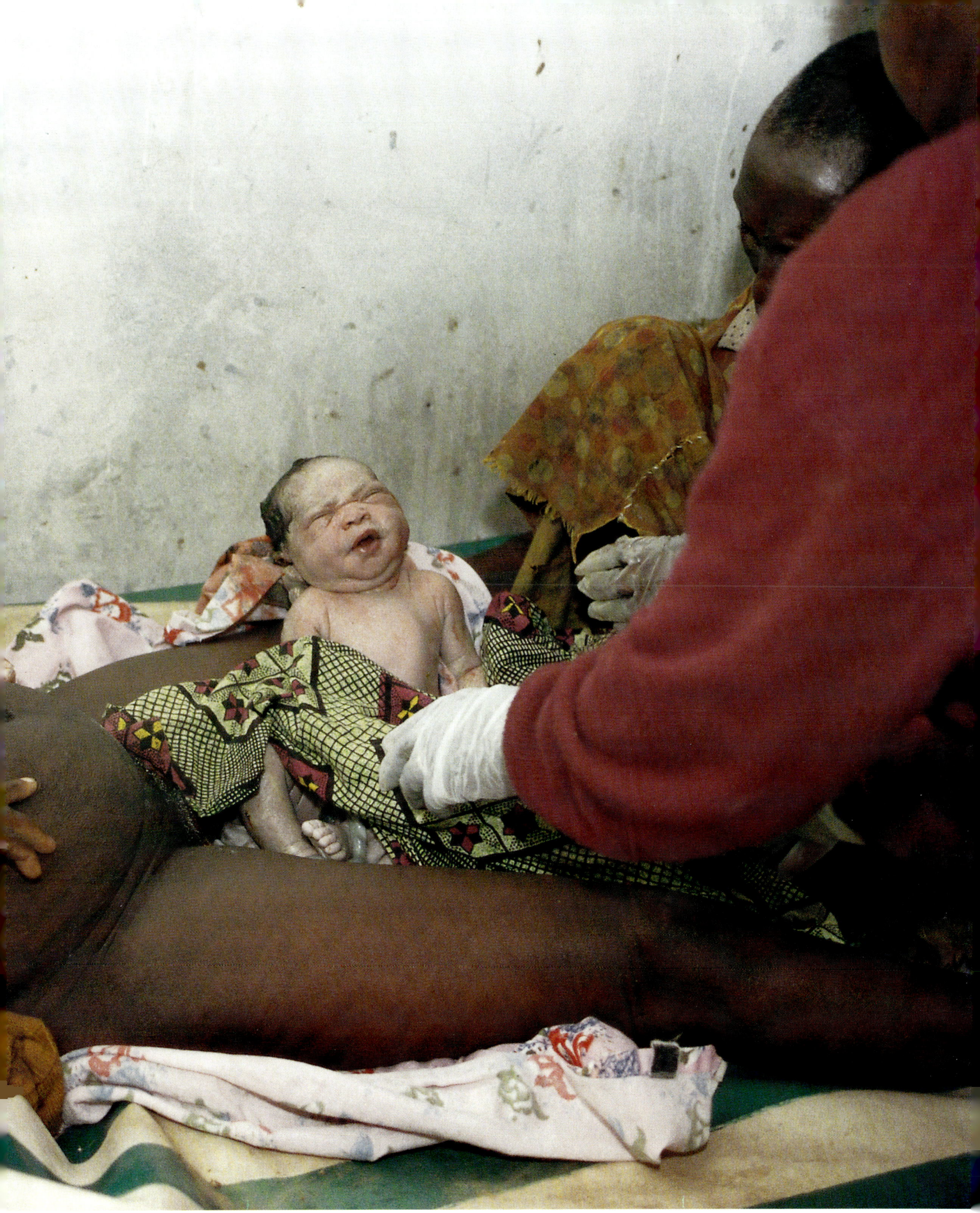

Der erste Schrei: Der Junge Francis Mutia David kommt am 5. November 1998 im Haus seiner Eltern im Dorf Musalala, im Südosten von Kenya, zur Welt. Er ist das neunte Kind von Susanna Mbili Ivote (34). Die Geburt kostet Francis Mutia und seine Mutter fast das Leben

Jeder Mensch hat das Recht …

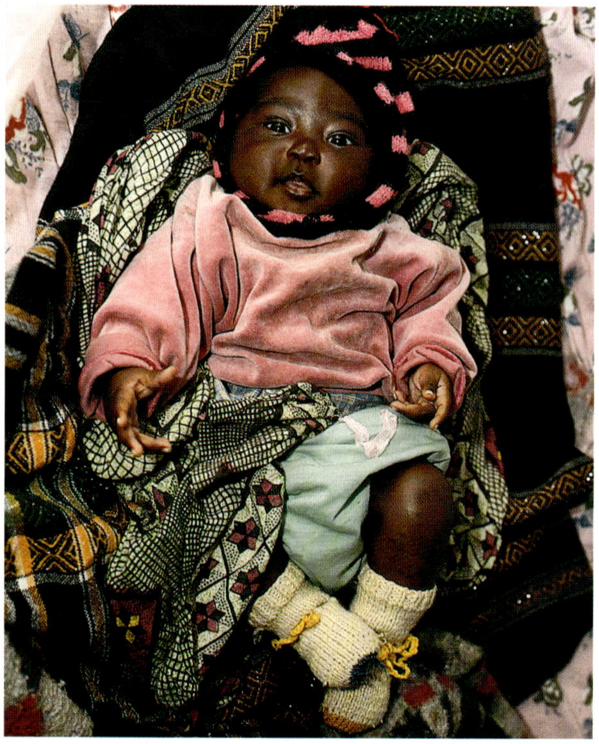

Francis Mutia David

Für drei Kinder in sehr unterschiedlichen Welten beginnt im November 1998 der Weg ins Leben: Francis Mutia David wird in einer kenyanischen Hütte geboren, durch deren Dach es regnet. Nguyen Ha Le in einem spärlich ausgestatteten Krankenhaus der vietnamesischen Hauptstadt Hanoi. Paulina Hoffmann medizinisch rundumbetreut in einer deutschen Universitätsklinik. So verschieden wie die Umstände ihrer Geburt ist das Umfeld, in das diese Drei hineingeboren werden. Francis Mutia ist der jüngste Spross einer Großfamilie, wie sie für Entwicklungsländer typisch ist. Ha Le der ersehnte zweite Sohn einer konfuzianischen Mittelstands-Familie in einem sogenannten »Schwellenland«. Paulina wird vielleicht das umhegte Einzelkind von Eltern bleiben, die, typisch für westliche Industrienationen, beide ihren Idealberuf und das Familienleben in Einklang bringen wollen.

Drei Gesellschaften. Drei Familien. Drei Neugeborene: Was Francis Mutia, Ha Le und Paulina, über alle materiellen und kulturellen Unterschiede hinweg, eint oder doch wenigstens einen sollte, ist 1948 in der *Universalen Erklärung der Menschenrechte* niedergeschrieben worden.

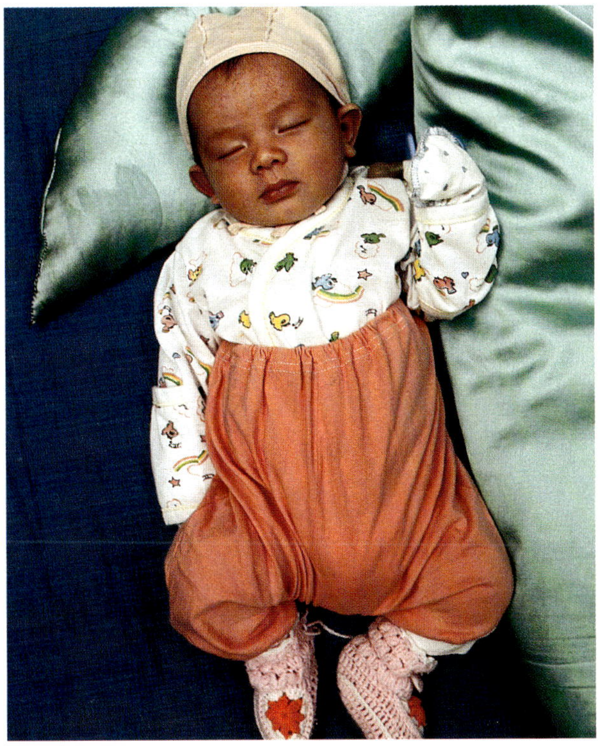

Nguyen Ha Le

Paulina Hoffmann

Artikel 25 erklärt, dass »jeder Mensch das Recht auf einen Lebensstandard hat, der ihm und seiner Familie Gesundheit und Wohlergehen ermöglicht, einschließlich Nahrung, Kleidung, Unterkunft, medizinischer Versorgung und sozialer Dienstleistungen …«. Weiter heißt es, dass »Mutterschaft und Kindheit zu besonderer Fürsorge und Beistand berechtigen«. In Artikel 26 wird das Recht eines jeden Kindes auf Bildung festgeschrieben. Doch trotz aller Erfolge bei der Reduzierung der Kindersterblichkeit, beim Kampf gegen Armut, Mangelernährung und Analphabetismus: Die Weltgemeinschaft ist weit davon entfernt, allen ihren jüngsten Bürgern die Erfüllung der universalen »Grundbedürfnisse« zu garantieren. Vor vielen Kindern liegt eine ungewisse Zukunft. Vor Francis Mutia zum Beispiel: Wird seine Mutter es schaffen, ihn gut zu ernähren? Wird er wenigstens zur Grundschule gehen können? Wird Ha Le, der in einem übervölkerten Haus im übervölkerten Hanoi lebt, je auf einen Baum klettern können? Werden seine Eltern das Geld für die erwünschte gute Ausbildung aufbringen können? Und was wird Paulina mit der großen Freiheit materieller Sicherheit, in die sie hineingeboren ist, anfangen?

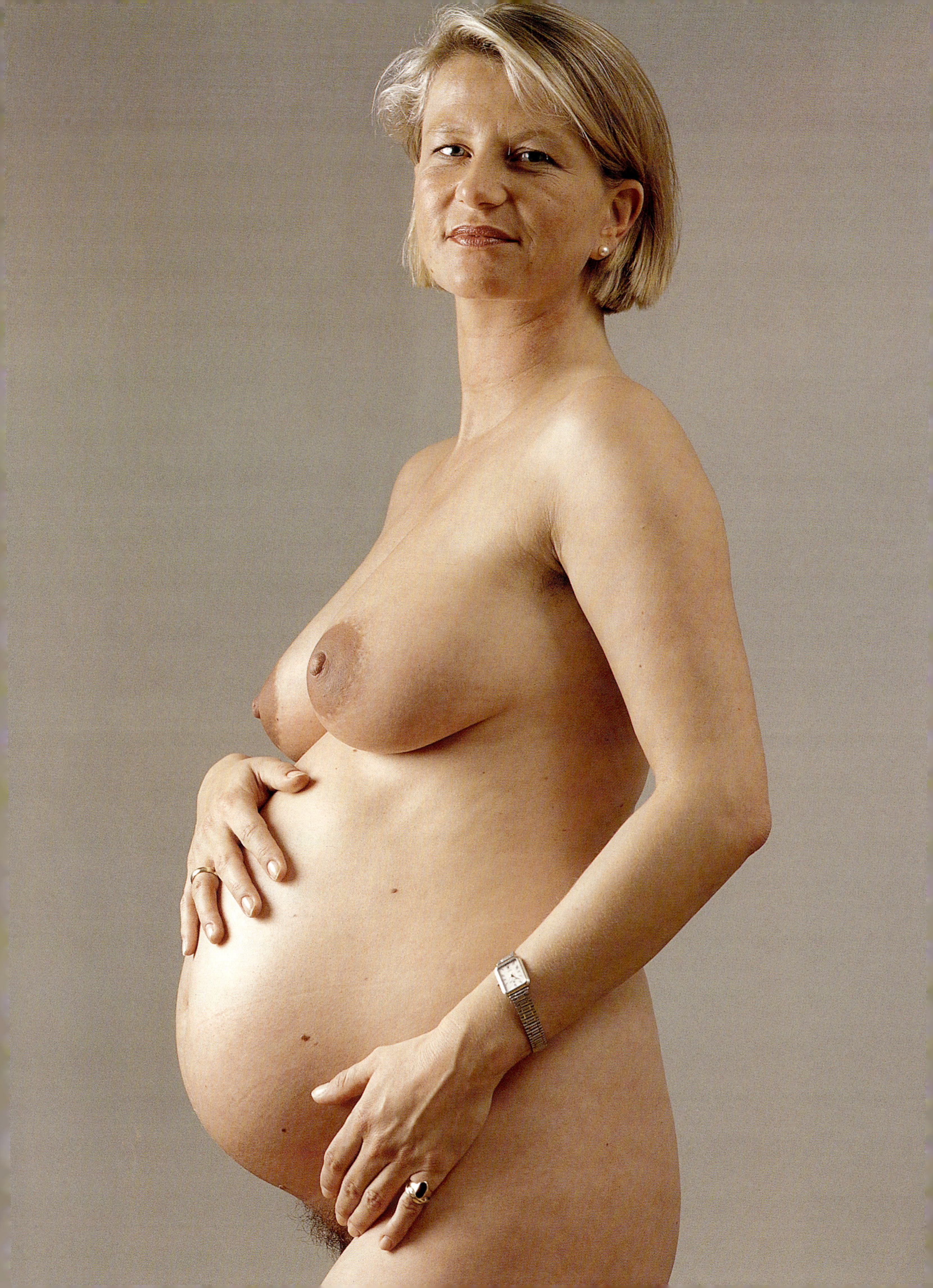

Die letzten Tage vor der Geburt: Allen drei Frauen fällt das Warten auf das Kind schwer. Petra ist nervös. Wann wird die Fruchtblase platzen? Und was dann? Wird sie es schnell genug ins Krankenhaus schaffen? Fragen einer Erstgebärenden. * Susanna ist erschöpft. Sie kann sich kaum noch um ihre acht Kinder kümmern. Die kleine Katungwa versteht nicht, was mit der Mutter ist. * Mai arbeitet bis zum letzten Tag vor der Geburt in der Motorradwerkstatt ihres Mannes. Sie schläft häufig auf der Liege ein, trotz des Lärms, trotz des Gestanks

Kinderliebe: Mwangangi und Wanza massieren ihrer Mutter die geschwollenen Füße. Ihre neunte Schwangerschaft wird für Susanna ein Kampf. Sie ahnt, dass ihr eine schwere Geburt bevorsteht

Kopfwäsche: Mai genießt den letzten Besuch im Frisiersalon vor der Geburt. Denn wenn das Kind erst einmal da ist, wird sie sich wochenlang nicht mehr die Haare waschen dürfen – eine traditionelle Vorschrift in Vietnam

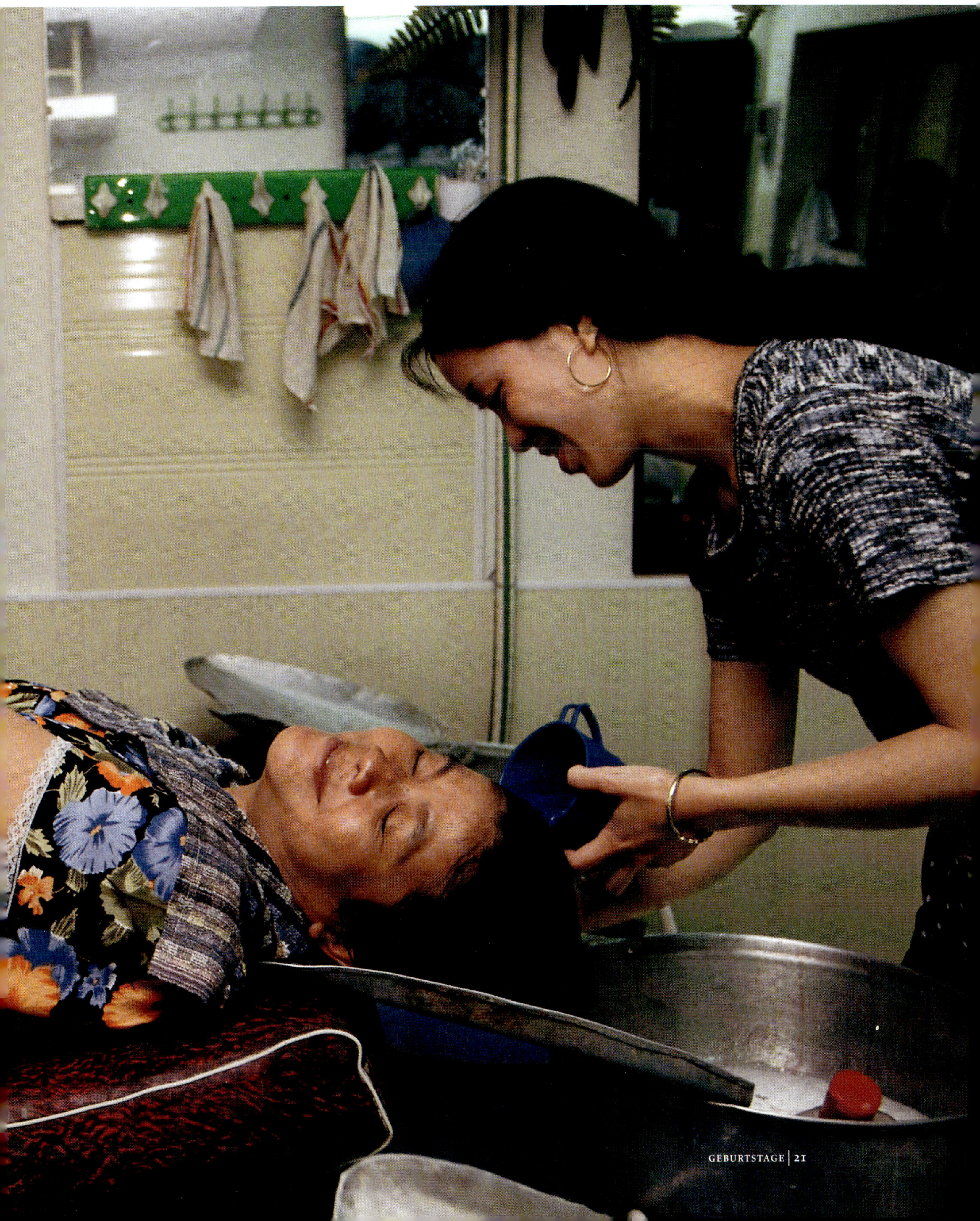

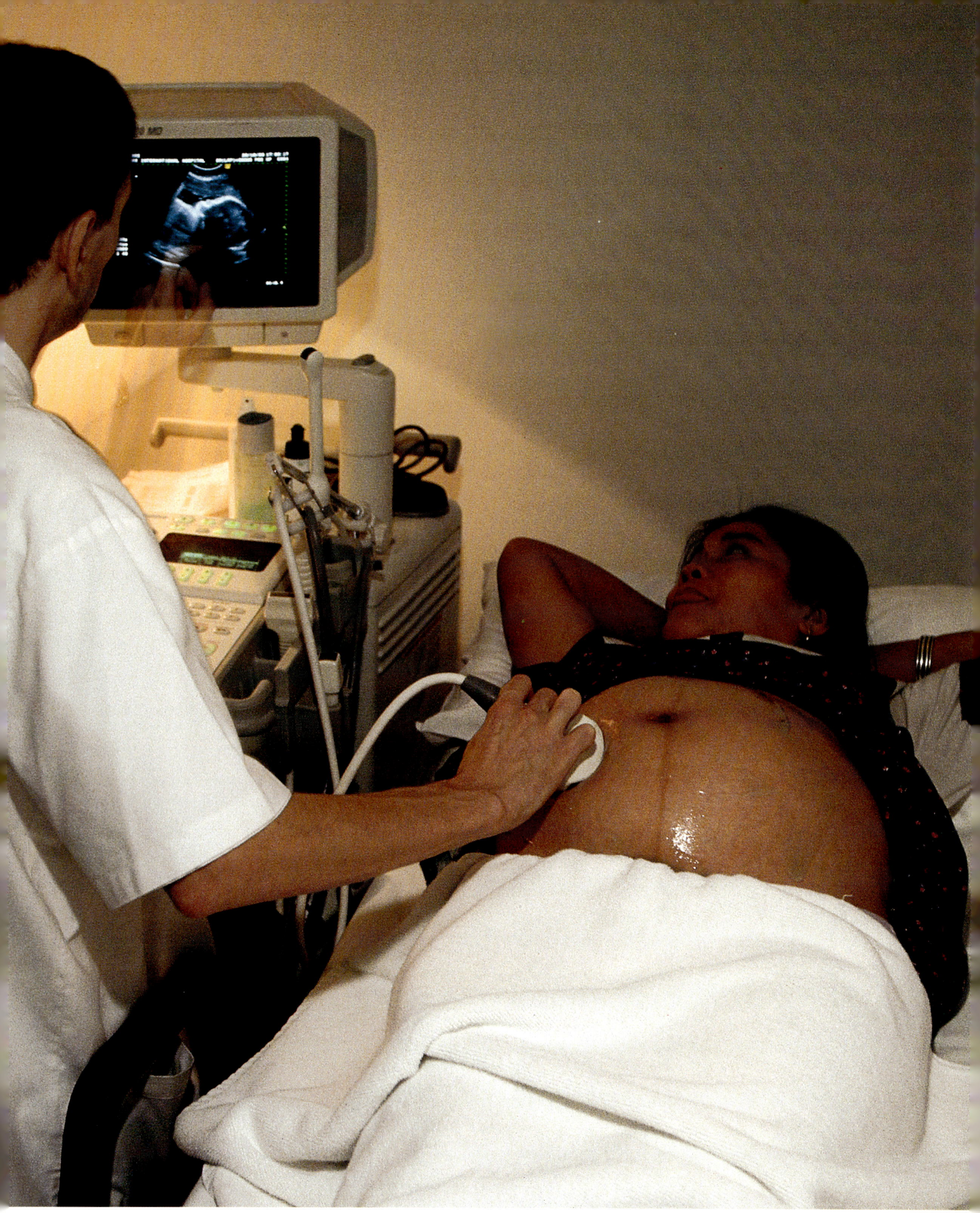

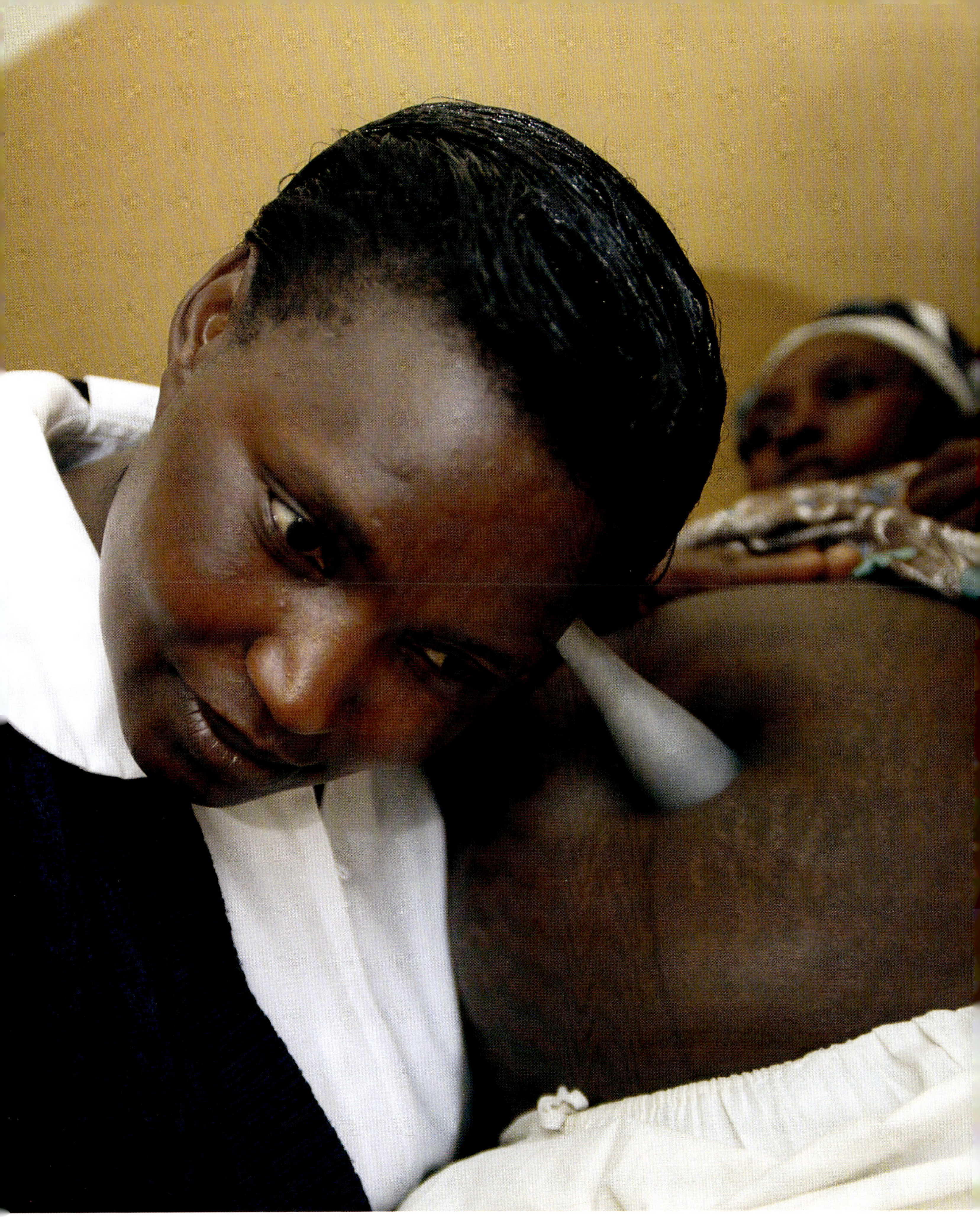

Letzte Kontrolle: Mai hat genügend Geld, um sich eine Ultraschall-Untersuchung leisten zu können. Die ist Luxus in Vietnam. Mai freut sich, wenn sie das Ungeborene auf dem Monitor entdeckt. Sein Geschlecht ist bestimmt, sein Geburtstag berechnet. * In einer Ambulanz, drei Stunden zu Fuß von Susannas Haus entfernt, kontrolliert eine Krankenschwester die Herztöne des Kindes. Wann wird es kommen? Jetzt irgendwann, sagt die Schwester. Bevor der Mond sich rundet, meint die traditionelle Hebamme. Sie wird das neunte Kind von Susanna zur Welt holen

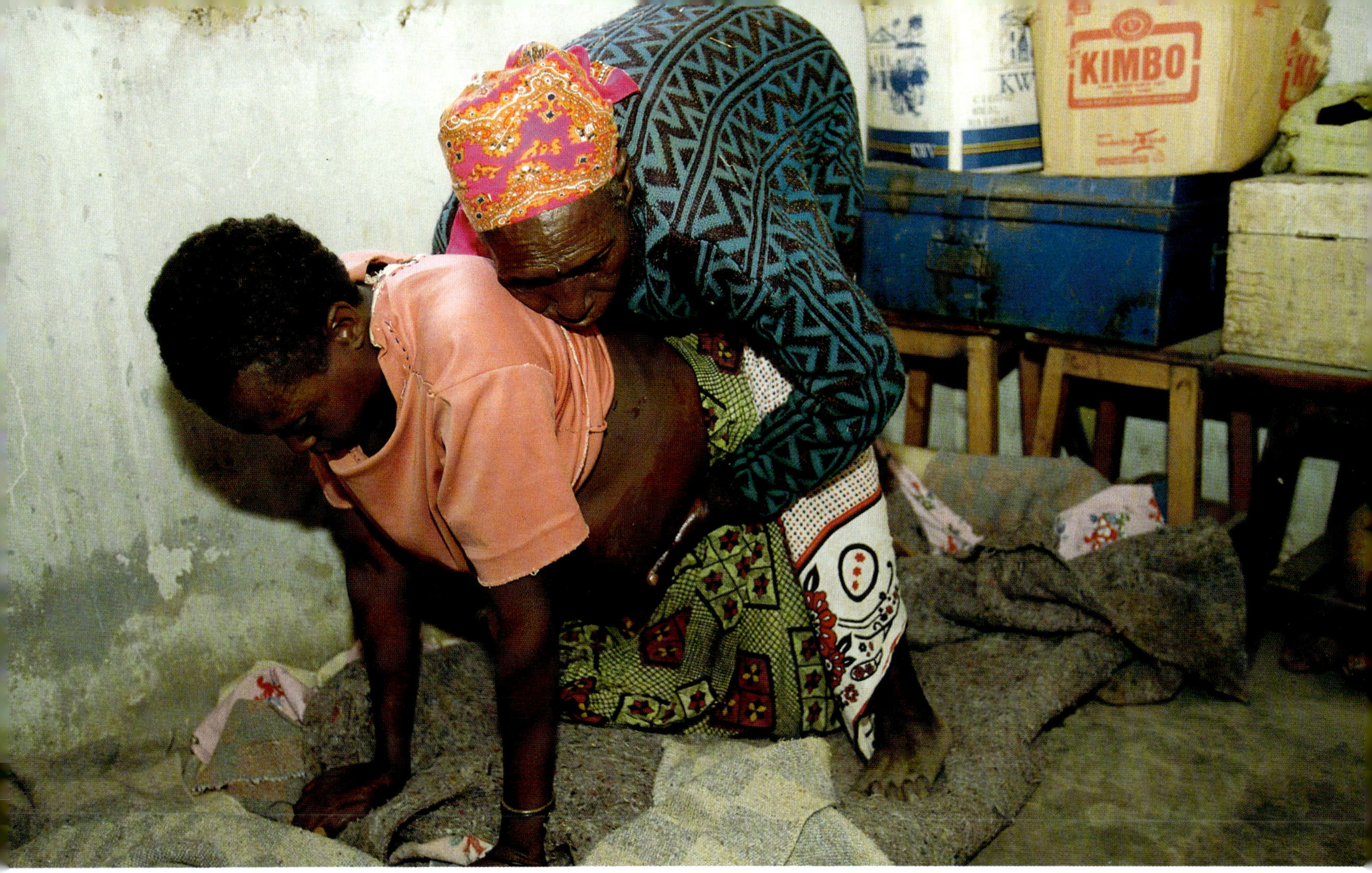

Schwangerschafts-Gymnastik auf afrikanisch: Die Hebamme Nzilani Kituu löst über heißer Asche ein paar Flöckchen Kochfett auf, um Susannas Bauch zu massieren. Nzilani hat 20 Jahre Erfahrung in Geburtshilfe – von Hygiene allerdings nur eine vage Vorstellung

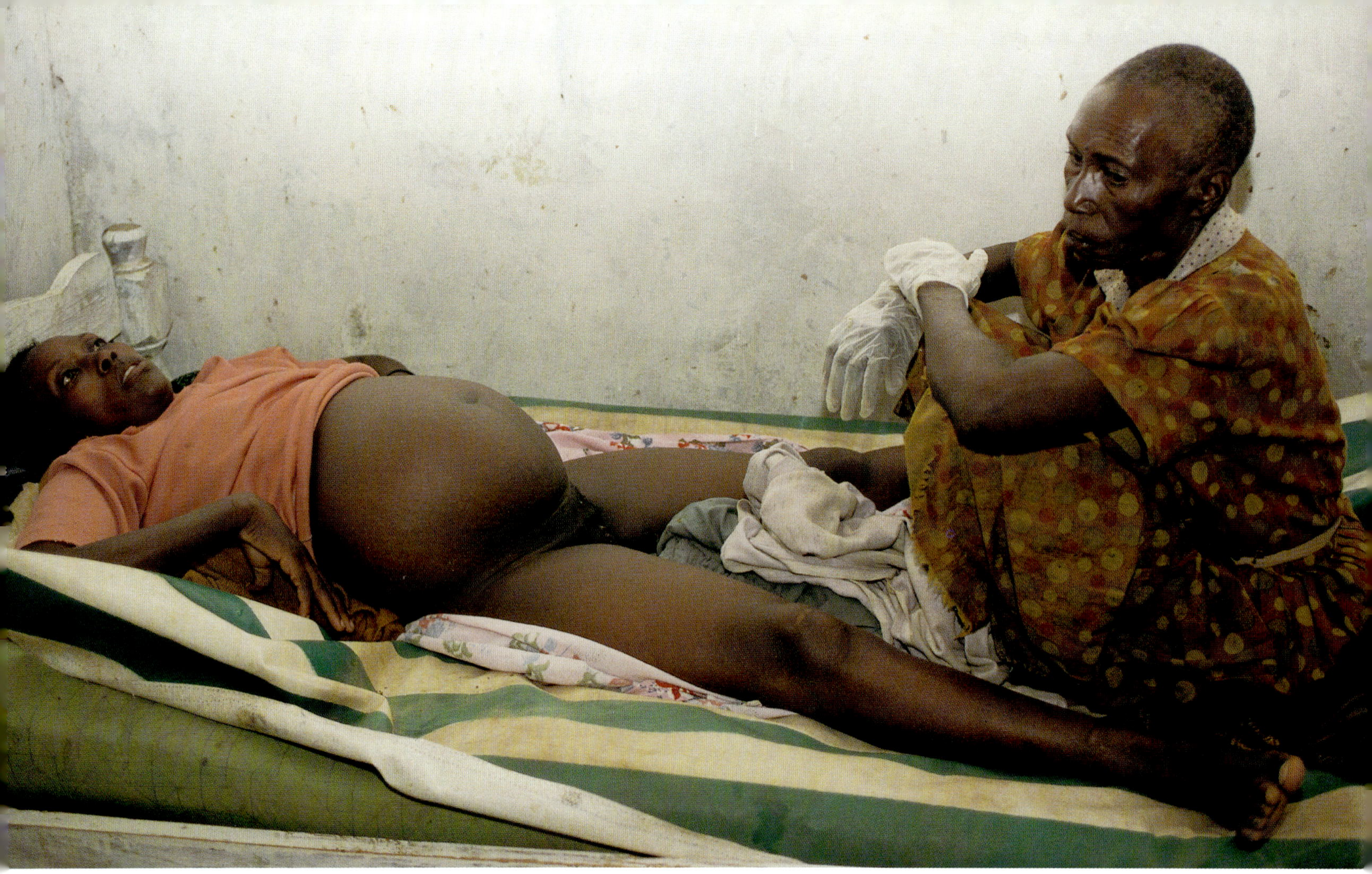

Verzweiflung: seit 14 Stunden Wehen. Nzilani weiß nicht weiter. Susanna will aufgeben. Mit allerletzter Kraft presst sie das Kind, das sie nicht gewollt hat, schließlich ins Leben. Weißhäutig wie alle afrikanischen Kinder kommt ein Junge zur Welt. Die Nabelschnur durchtrennt Nzilani mit einer Rasierklinge. Die ist ihr einziges Hilfsmittel

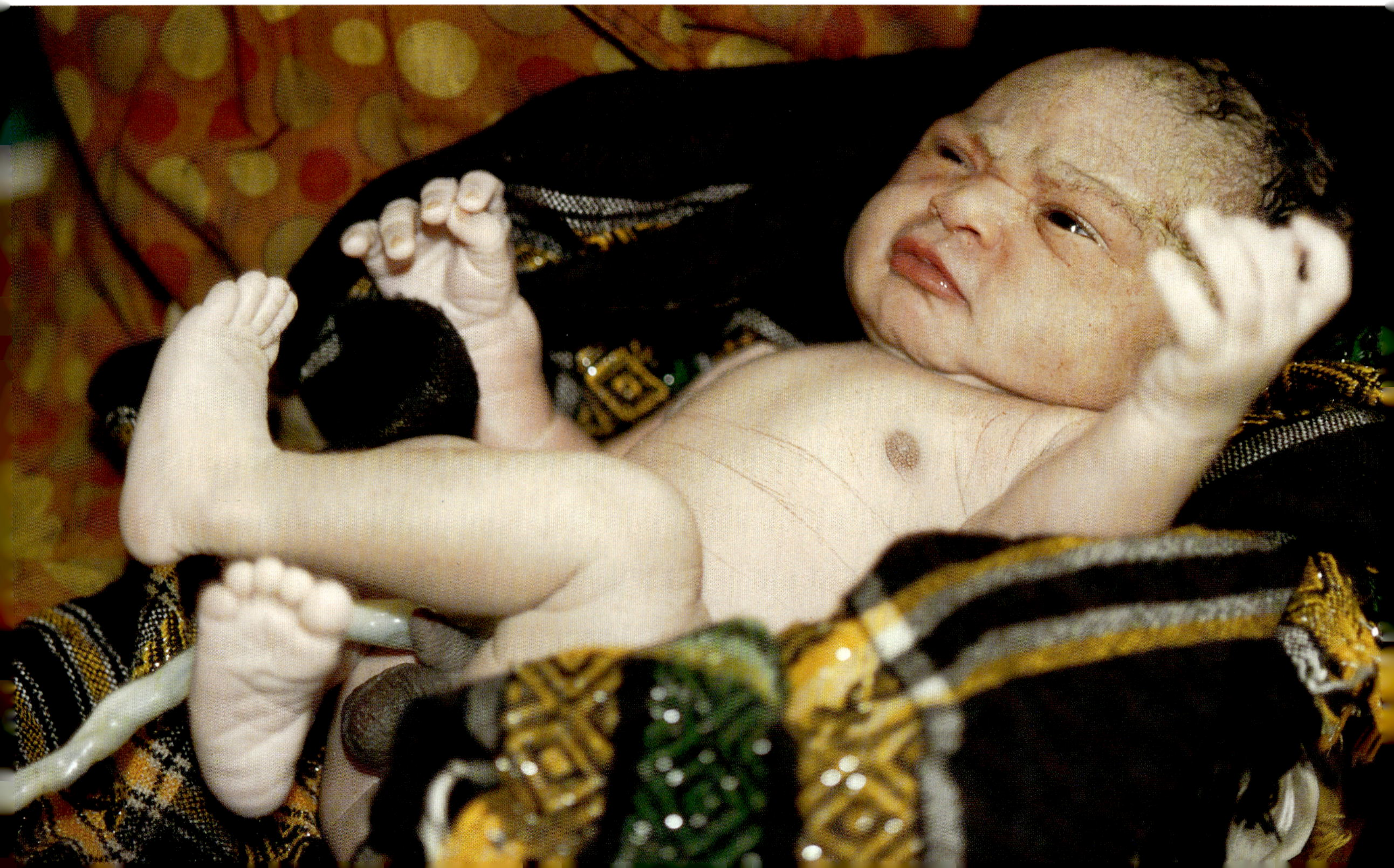

Geburt in Kachelkälte: Der Kreißsaal des Bach-Mai-Krankenhauses verfügt über die notwendige medizinische Grundausstattung, Ärzte und Hebammen sind solide ausgebildet. Doch Einfühlungsvermögen und Zuwendung fehlen

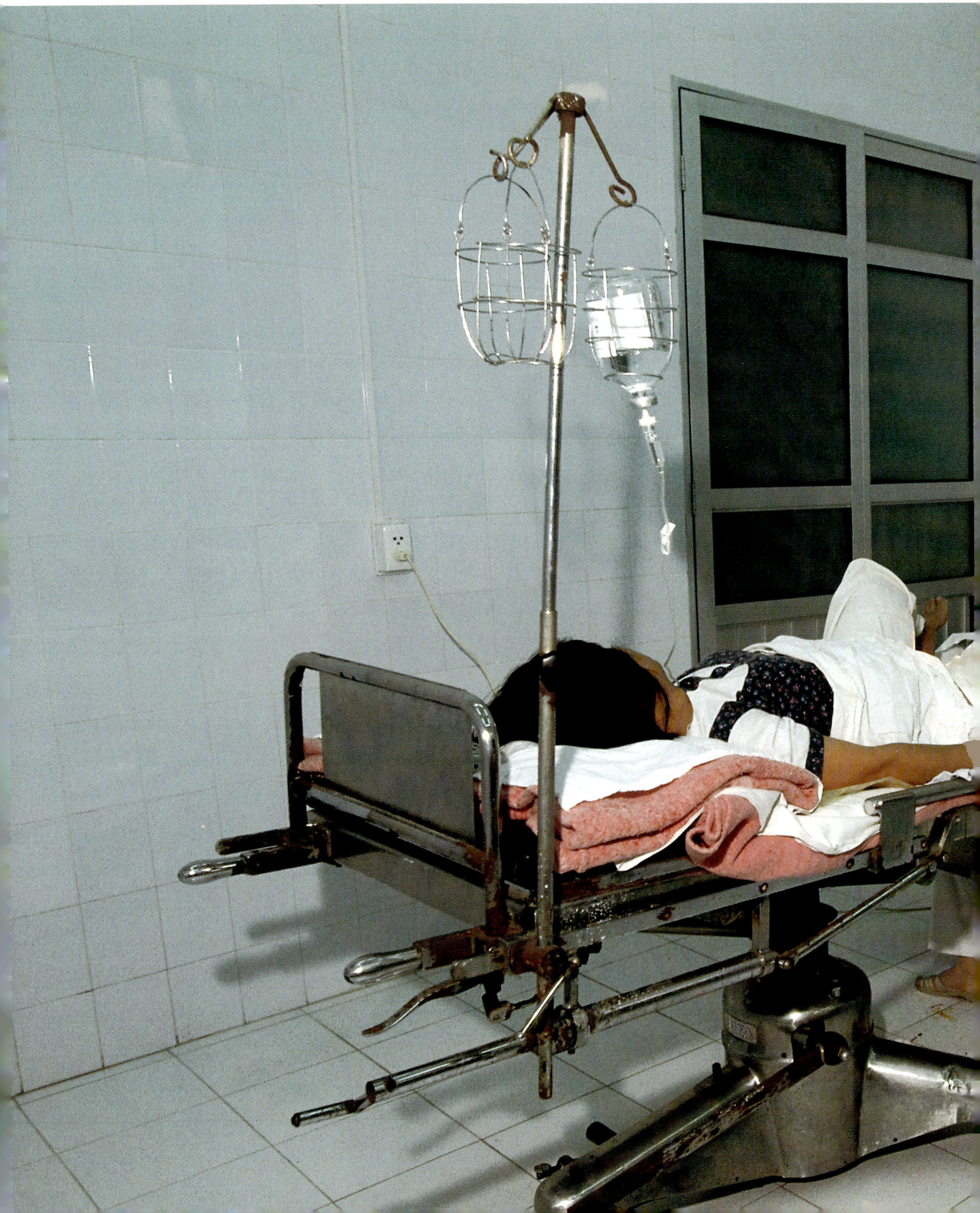

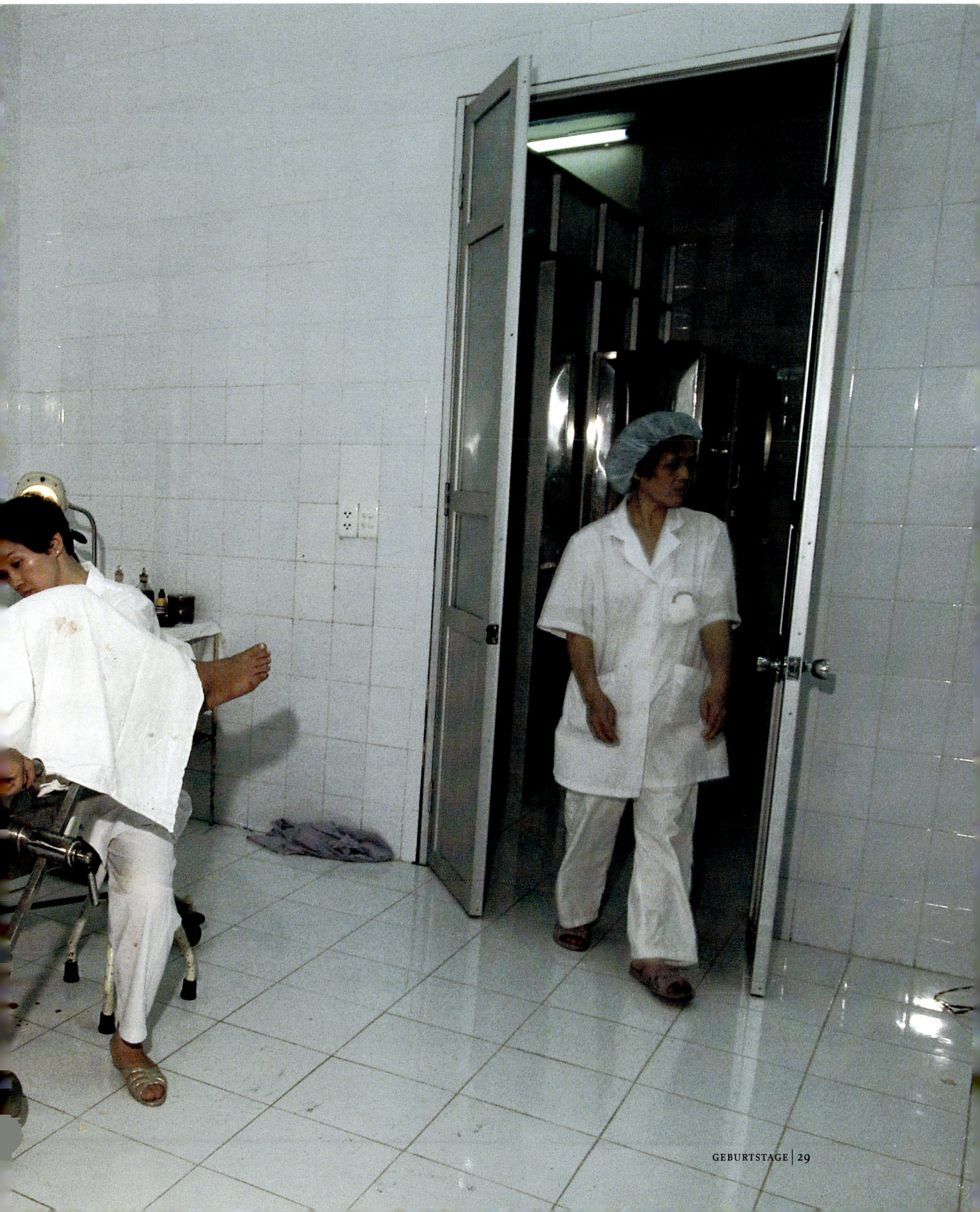

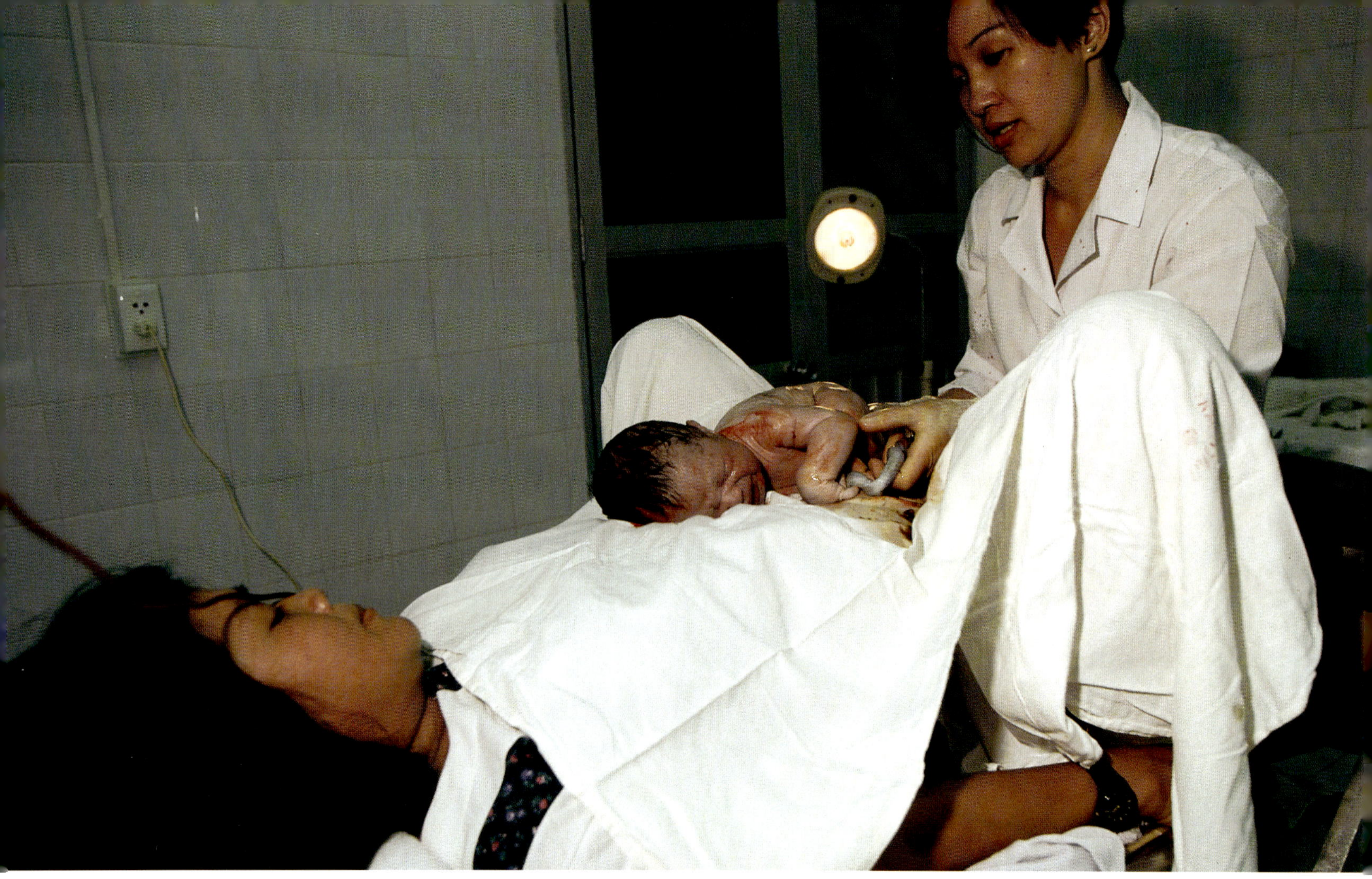

Erkannte, gebannte Gefahr: Doktor Sinh Thuy hatte schon vor der Geburt vermutet, dass die Nabelschnur um den Hals des Kindes lag. Mit einem schnellen Griff hat sie den Jungen aus der Schlinge befreit. Die Krankenschwester umwickelt den frischen Schnitt am Nabel mit einer Kompresse

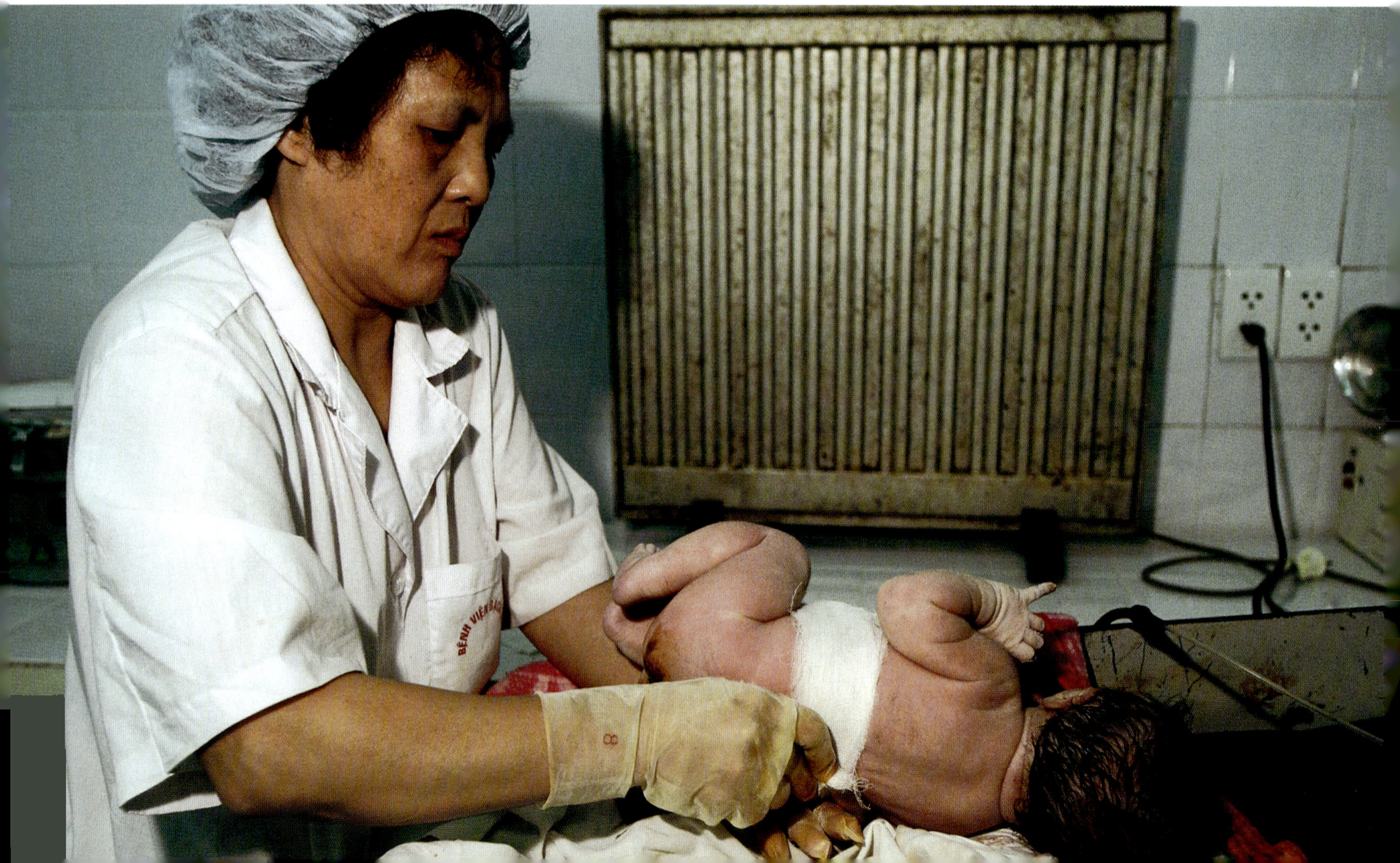

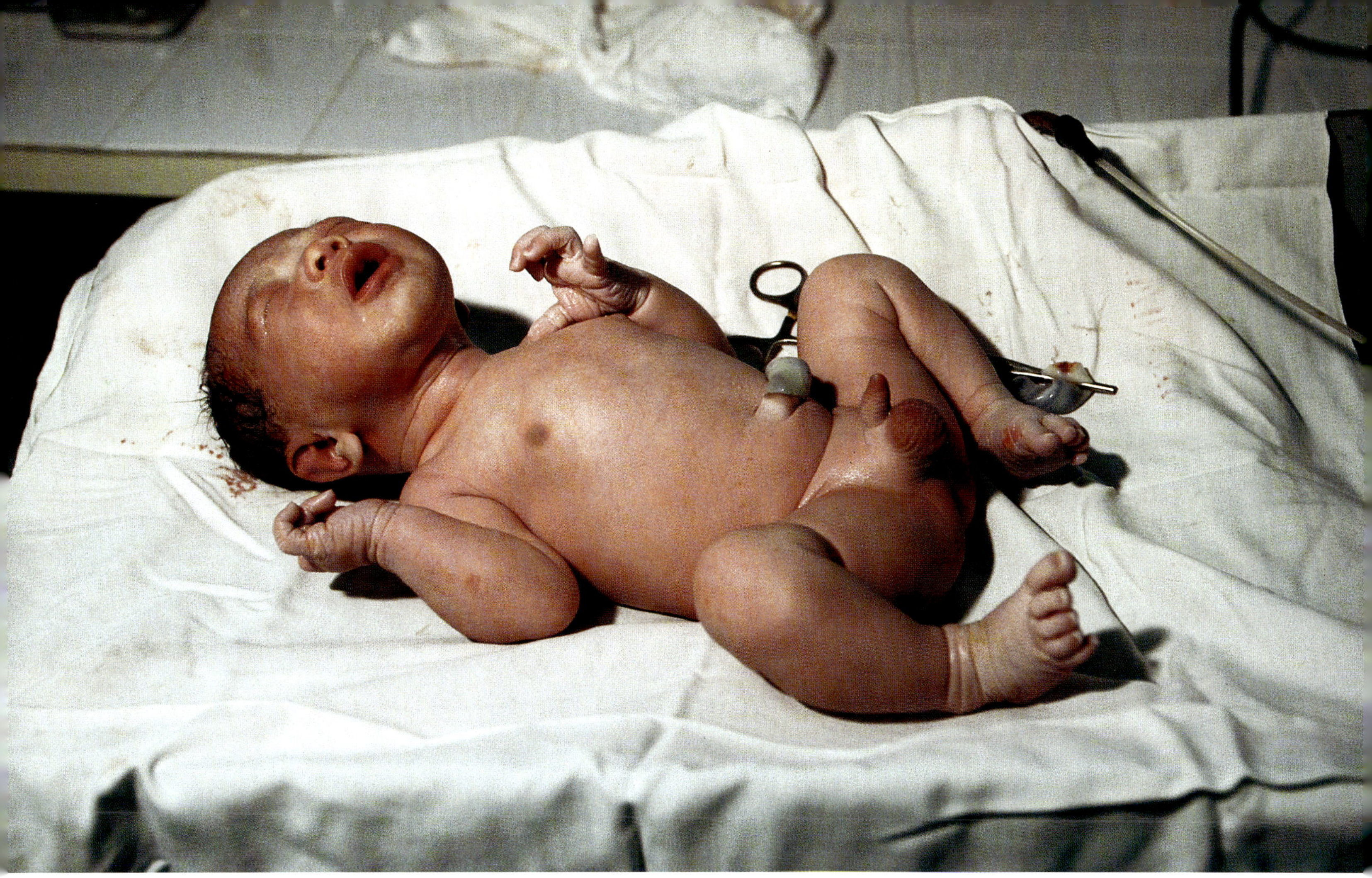

Ein erstes Strecken, eine erste Rose: Ha Le, unmittelbar nach der Geburt. Sein Vater, der Mechaniker Nguyen Duc Truong, hat die vier Stunden der Geburt wartend vor dem Kreißsaal verbracht. Er birst vor Stolz auf seine Frau und seinen zweiten Sohn: Denn Ha Le ist das ersehnte Wunschkind

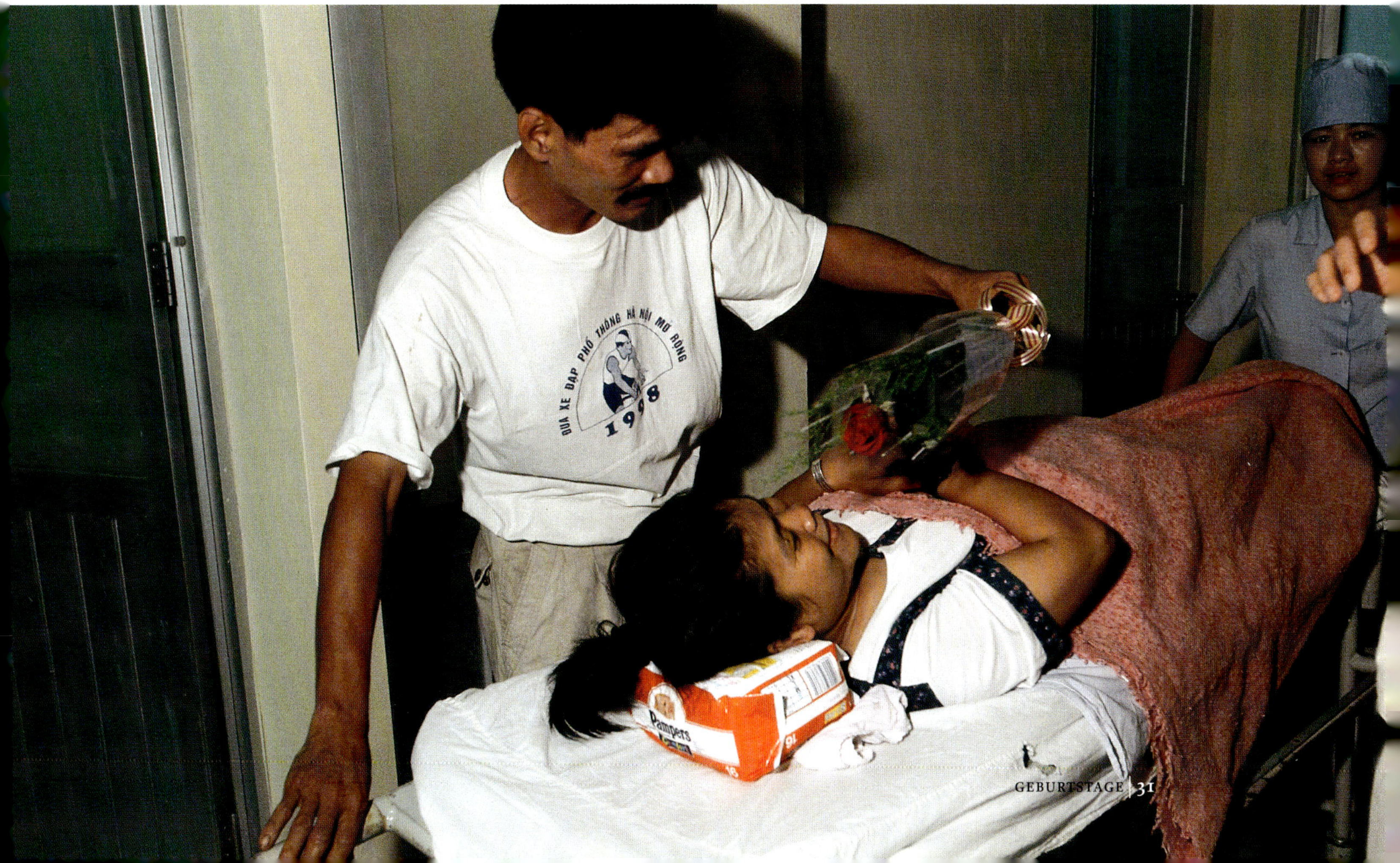

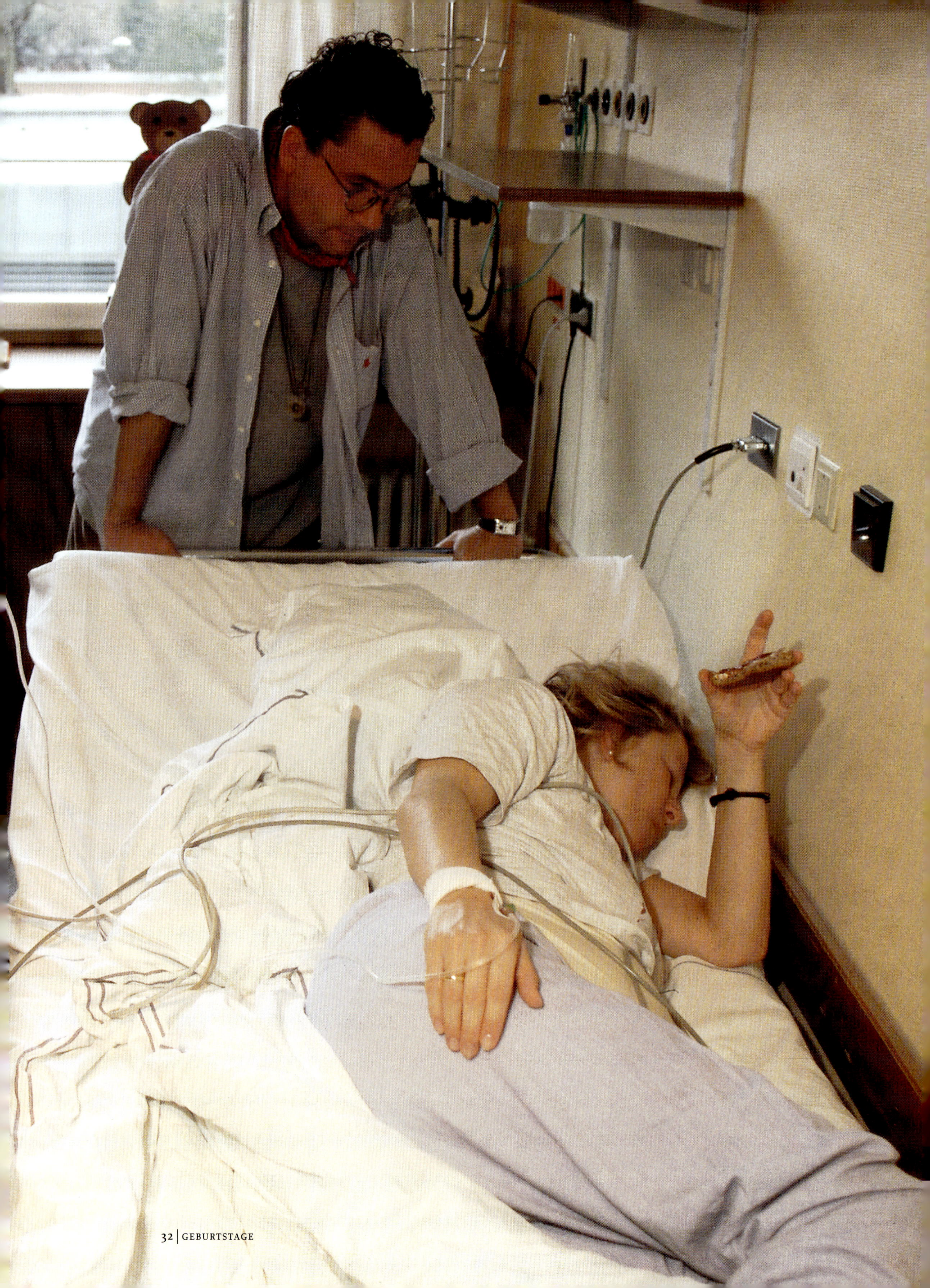

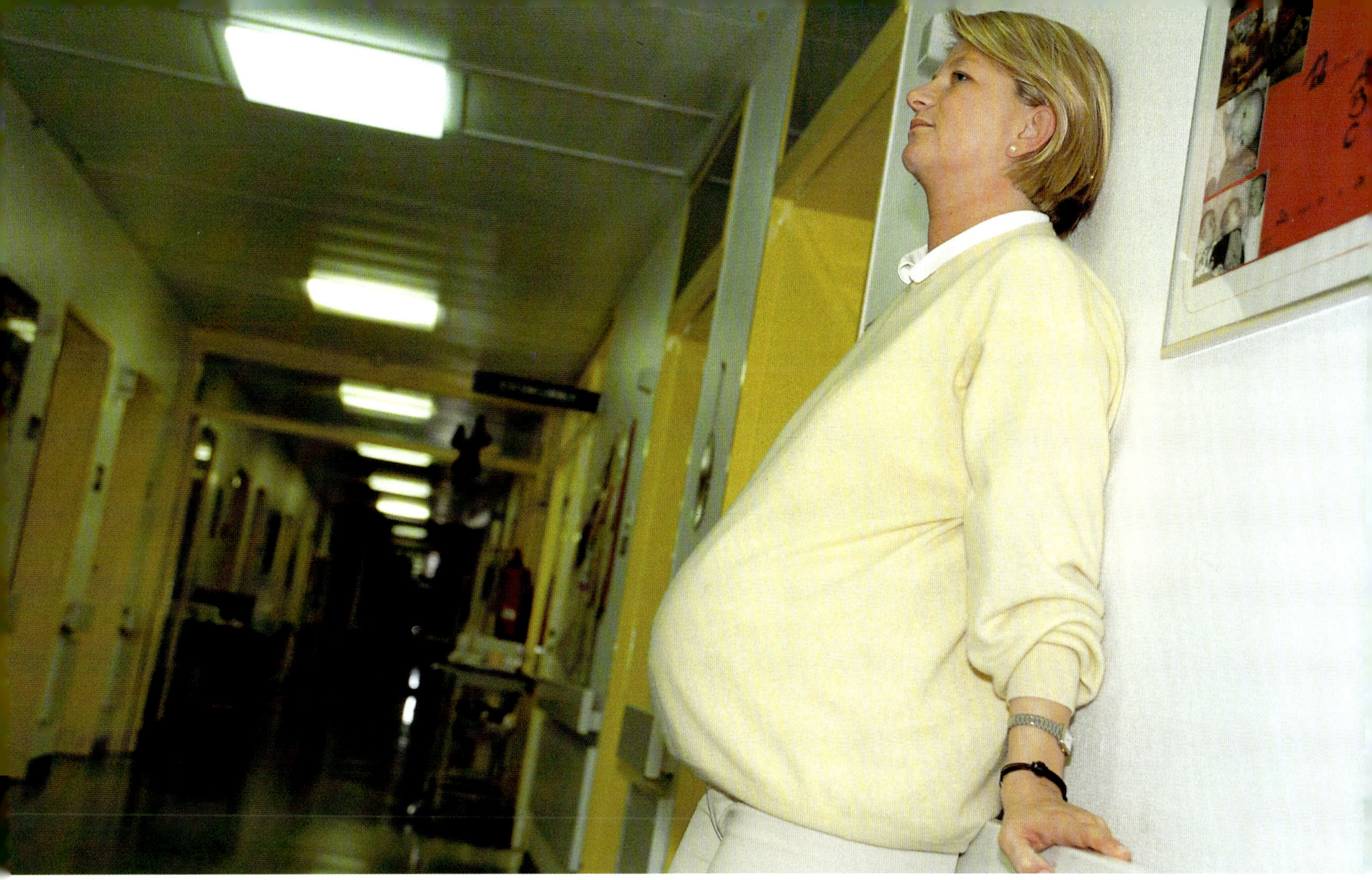

Gebären heißt, zunächst, warten: Petra am Abend vor der Geburt auf dem Gang der Universitätsklinik. Ein paar Stunden zuvor ist beim Einkauf auf dem Wochenmarkt die Fruchtblase geplatzt: Das Kind will kommen. Einige Tage zu früh zwar, aber erwartet. Petra hat sich – wie viele Schwangere auch – für eine Peridural-Anästhesie entschieden und damit für einen kontrollierten Geburtsschmerz. Entspannt und im Beisein ihres Mannes döst sie den Wehen entgegen. Im Laufe der siebenstündigen Geburt wird sie von sechs Ärzten und Hebammen betreut

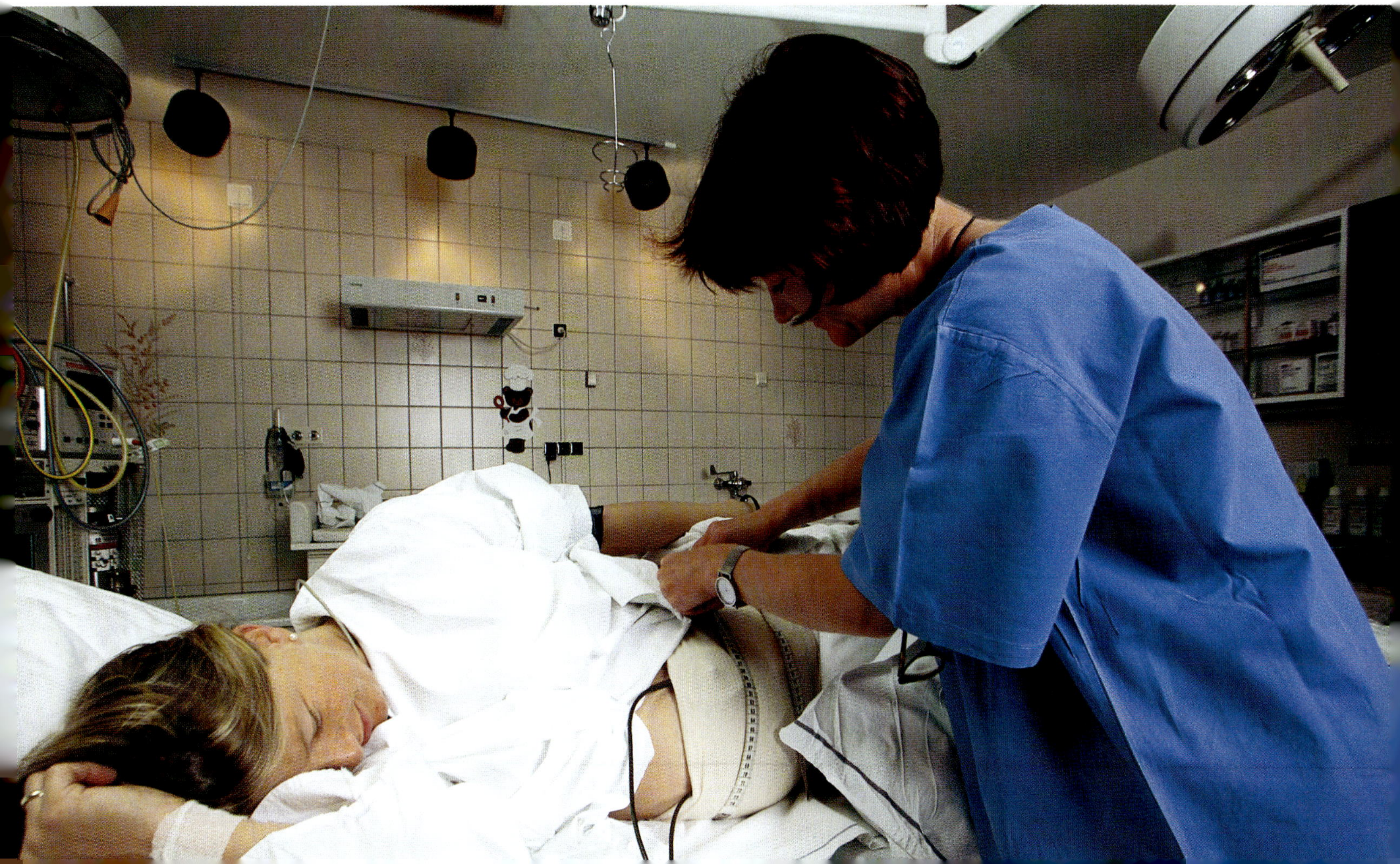

Erstes Vaterglück: Christoph Hoffmann hat die Nabelschnur seiner Tochter durchtrennt. Während der Geburt war er immer an der Seite seiner Frau – wie die meisten werdenden Väter in Deutschland

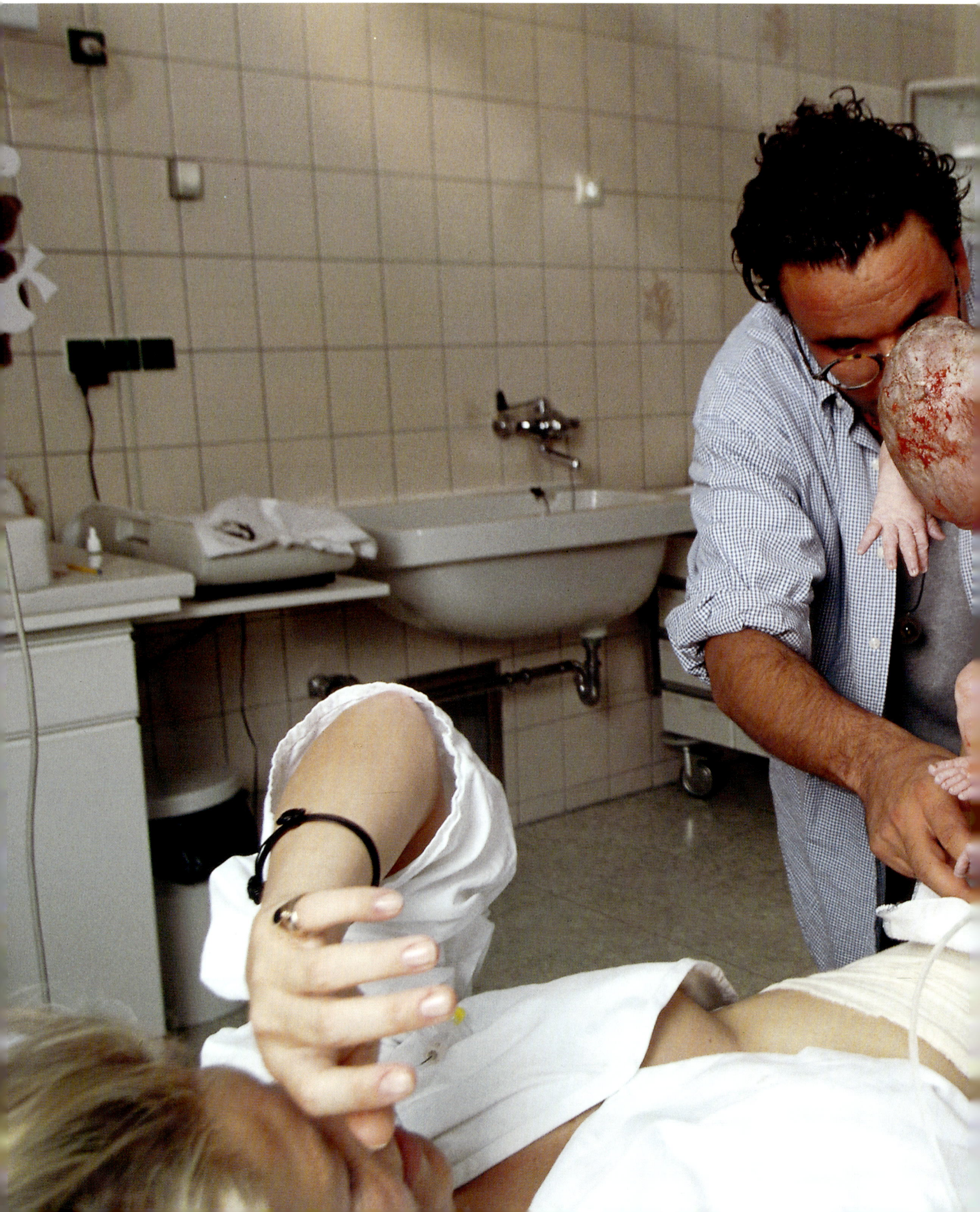

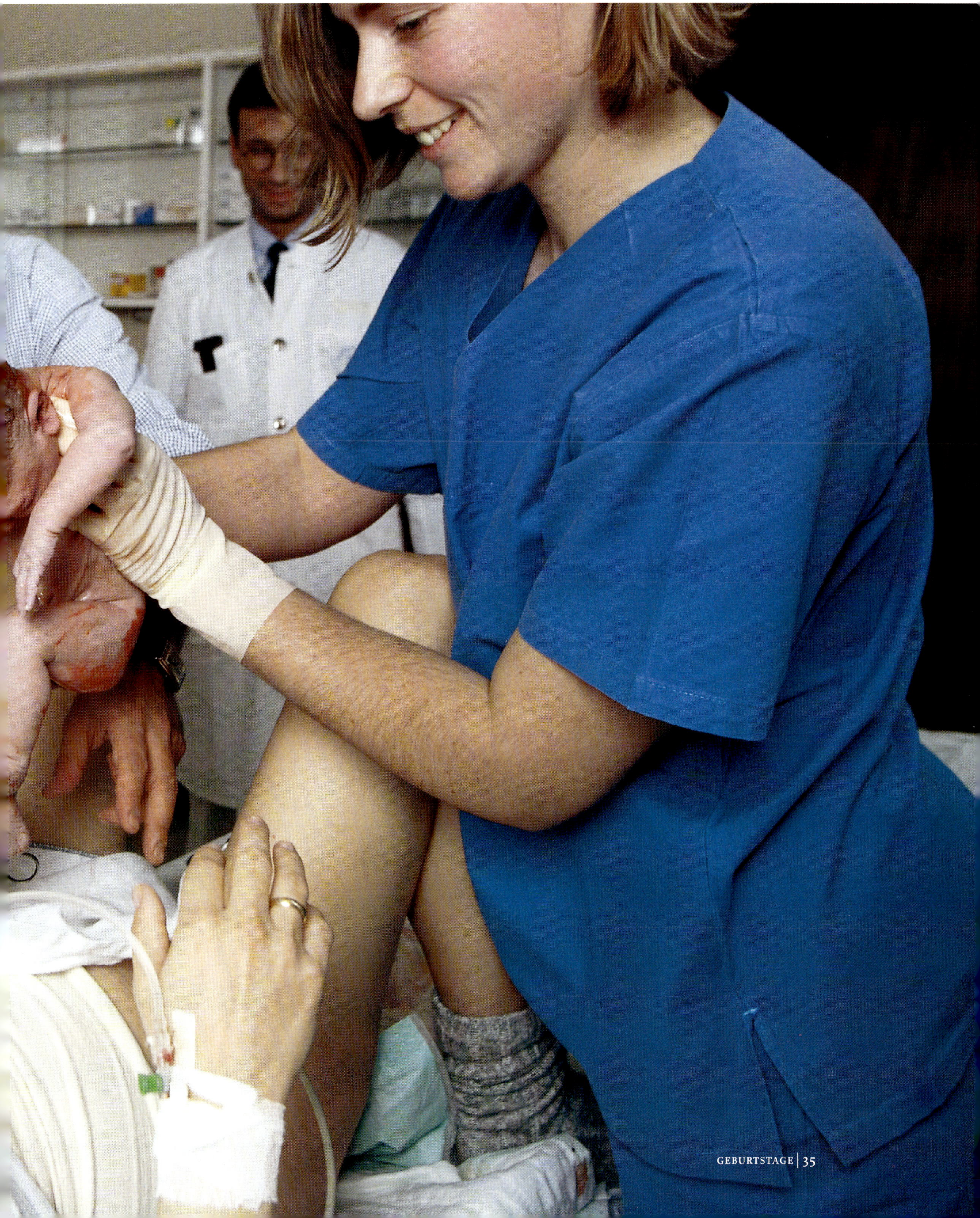

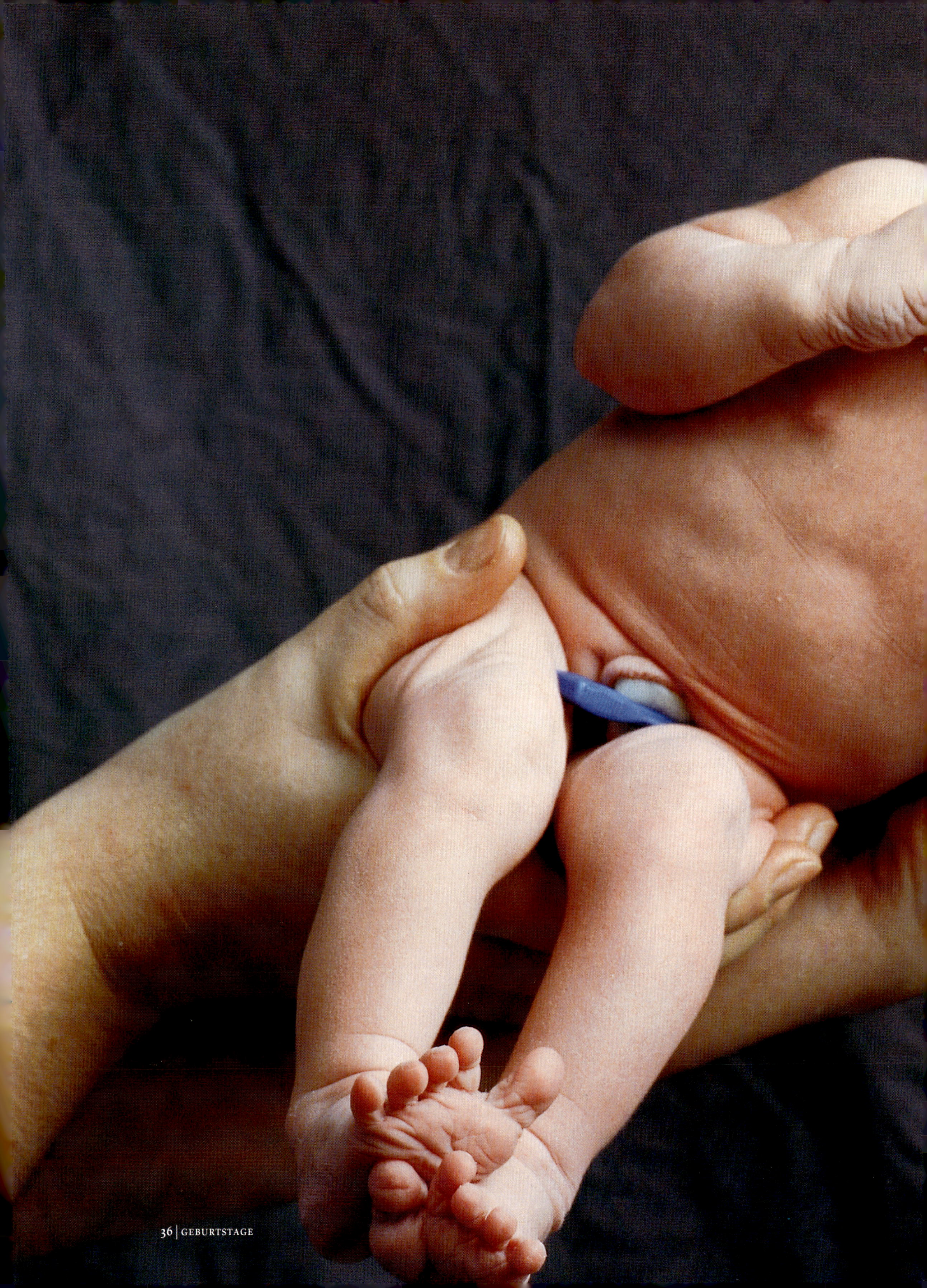

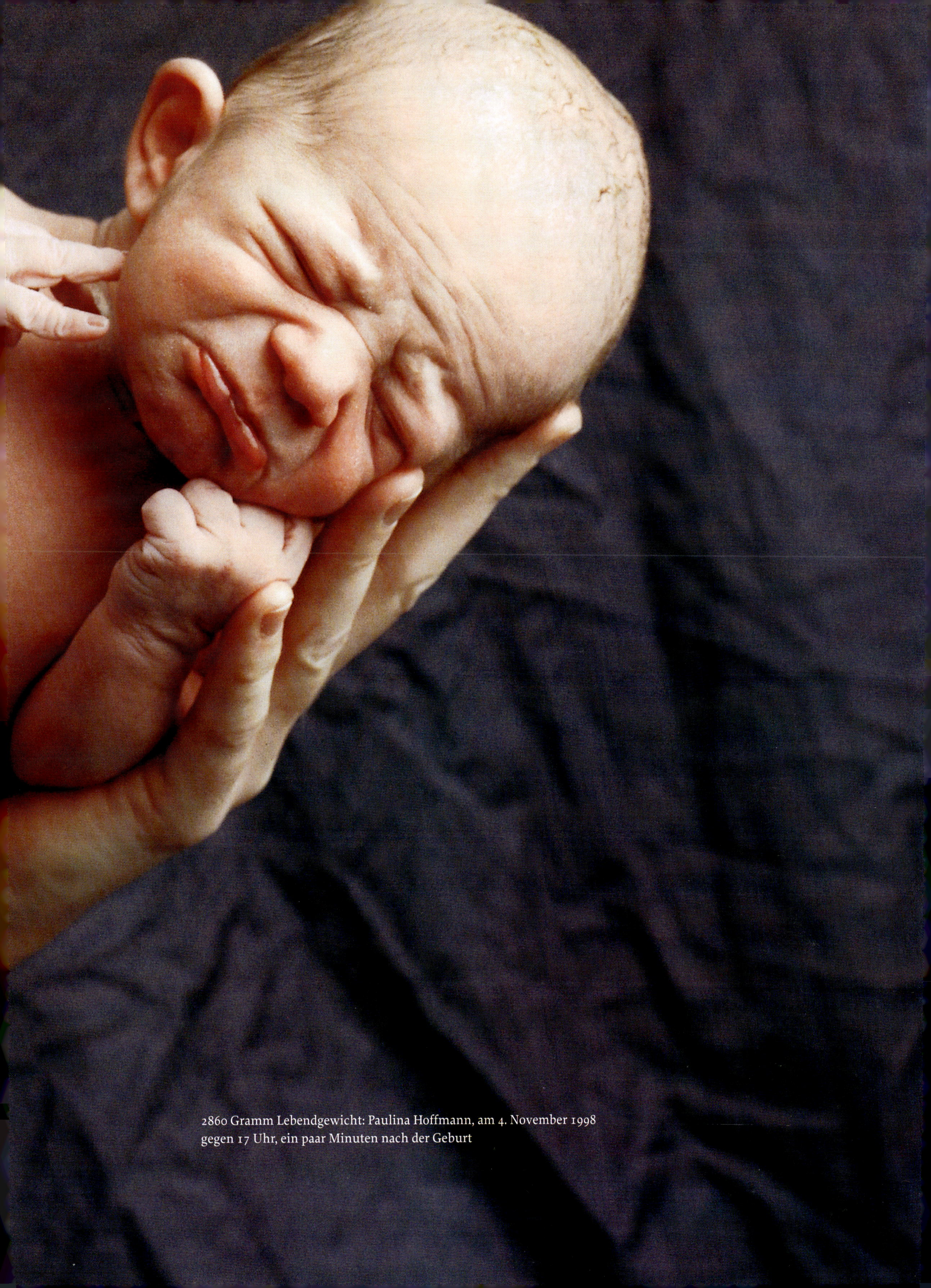

2860 Gramm Lebendgewicht: Paulina Hoffmann, am 4. November 1998 gegen 17 Uhr, ein paar Minuten nach der Geburt

Musalala, Kenya

»Gott, nimm mich fort von hier«, hatte die Mutter schon bei der achten Geburt gefleht; grenzenlos erschöpft, verzweifelt an einem Leben, von dem sie nicht mehr zu sagen wusste, was es ihren Kindern überhaupt noch würde geben können. »Du wirst dieses Kind nicht sterben lassen«, hatte die Nachbarin Lydia Kioko bei der neunten Geburt befohlen. Und so kam, unter Qualen, Francis Mutia auf die Welt und machte Karriere in seiner Familie. Eine ganz kleine afrikanische Karriere. Er lebt. Und immerhin hungert er nicht. Hungern – das müssen jetzt, manchmal, seine Geschwister

Löst alle Knoten«, sagt die Hebamme, »löst alle Knoten im ganzen Haus, löst alle Knoten sofort. Bindet die Schuhbänder auf und die Wäscheleine los. Öffnet den Sack mit dem Mais, trennt die Wollsöckchen auf.« Denn das Kind will nicht kommen. Etwas hält es fest im Leib der Mutter. Ein Zauber, vielleicht ein böser. Vielleicht war es jener Familienkrach neulich. Man hat sich nicht versöhnt, und vielleicht stehen die wütenden Worte wie Hindernisse in der Welt. Löst also die Knoten. Es ist halb vier Uhr früh am 5. November 1998.

Schon die ganze Nacht liegt Susanna Mbili Ivote in den Wehen. Die Schmerzwellen laufen mit Macht durch ihre Glieder und bewegen doch nichts. Susanna hat keine Kraft mehr. Sie friert. Es ist kalt, trotz des kleinen Holzkohlefeuers, das auf dem Betonboden brennt. Vor ein paar Stunden haben die ersten Schauer der Regenzeit eingesetzt. Das Wellblechdach ist undicht. Es tropft ins Zimmer. Hier steht, was die Familie David besitzt. Ein Bett, eine Kommode, darauf ein Haufen zerlumpter Wäsche, ein Transistorradio, eine Petroleumfunzel.

Die Hebamme hockt zusammengekauert am Fußende des Bettes. »Lauf rum, Susanna! Beweg dich!«, befiehlt sie, »damit sich das Kind endlich aus dir löst.« Sie weiß keinen anderen Rat mehr. Nzilani Kituu ist eine greise Sibylle mit glattem Ebenholzgesicht und altersmüden Augen. Seit zwei Jahrzehnten holt sie im Dorf Musalala in den Hügeln des südöstlichen Kenya die Kinder zur Welt. Sie hat keine anderen Hilfsmittel als ihre Hände, die groß und schrundig sind wie die eines Mannes; eine Rasierklinge zum Durchtrennen der Nabelschnur; und, vor allem, *das Ohr*: ein seltenes spirituelles Organ, mit dem sie Kontakt aufnehmen kann zum Ungeborenen. Einfühlung mag das sein, Intuition, Erfahrung. *Das Ohr* zu besitzen ist Schicksal. Wer Hebamme wird, entscheiden höhere Mächte. Nzilani Kituu ist von ihrer Vorgängerin ernannt worden, als die merkte, dass es ans Sterben ging, und genauso wird Nzilani Kituu, wenn ihre Zeit gekommen ist, den Ruf weitergeben.

In dieser Nacht wittert *das Ohr* Lebensangst, brunnentiefe Erschöpfung und deshalb große Schwierigkeiten. Dieses Kind wird nicht leicht zur Welt kommen. Niemand wird seine Ankunft feiern.

»Risikogeburt, Mamma Susanna, Sie wissen doch, daß Ihnen eine Risikogeburt bevorsteht?« Das hat vor zwei Tagen Schwester Madeleine im Missionskrankenhaus »*Precious Blood*« gesagt. Mit einem Höhrrohr hat sie die Herztöne des Ungeborenen kontrolliert. Das kleine Herz schlug gleichmäßig. Die Lage des Kopfes: ideal. Das Kind war bereit.

Und trotzdem: Risikogeburt. Weil Susanna Mbili ihr neuntes Kind zur Welt bringen wird. Sie ist 34 Jahre alt. Cathrin, Mwongeli, Mwangangi, Muendi, Wanza, Mwanzia, Kathini, Katungwa: Ihre Kinder sind einander in zu kurzen Abständen gefolgt, alle anderthalb, alle zwei Jahre eines. Kaum hatte sie sich von einer Geburt erholt, da war sie schwanger mit dem nächsten Kind. »Meine Kraft ist davongelaufen«, sagt Susanna, »mit jedem Kind ein wenig mehr. Jetzt habe ich kaum noch welche. Dieses letzte sollte doch nicht sein.«

In der Ambulanz des Krankenhauses hat Schwester Madeleine eine Faust gemacht, sie geöffnet und geschlossen mit einer raschen, pumpenden Bewegung: »Sehen Sie, die austreibenden Wehen werden natürlich schwächer, wenn eine Gebärmutter neun Geburten hinter sich hat. Wie soll man's sagen: Sie leiert halt aus. Und dann der Blutverlust, viele Frauen bluten und bluten, sie bluten einfach aus. Unfassbar, unstillbar. Und natürlich gefährlich.«

In jeder Minute stirbt auf der Welt eine Frau während der Schwangerschaft oder der Geburt: 585 000 im Jahr. Weitaus die meisten in Ost- und Westafrika. Auf 100 000 Lebendgeburten zählt hier die Statistik 1000 Todesfälle. Acht sind es in Deutschland.

Die Missionsschwester hat Susanna Mbilis Diagnose mit jener routinierten Nüchternheit gestellt, die man sich nach zwei Jahrzehnten Geburtshilfe in Armut zulegen muss, um das eigene Herz zu schützen vor zu viel folgenlosem Mitleiden. Das kleine Krankenhaus mit den 51 Betten ist das einzig funktionstüchtige im Bezirk Kilungu. Einmal in der Woche reist hier sogar ein Arzt an und hält Sprechstunde. Frauen, die sich untersuchen lassen wollen, stehen nachts auf und laufen Stunden bis zur Tagesklinik – wenn sie die Kraft und die Zeit dazu haben. Schwangerschaftsvorsorge? Ein Privileg. Die meisten Frauen bekommen ihre Kinder zu Hause, mit der Hilfe erfahrener Frauen wie Nzilani. »Ich will mir gar nicht vorstellen, was hier ohne diese Alten los wäre«, sagt Madeleine. »Sie haben weiß Gott Erfahrung und wissende Hände, aber auch nur eine vage Vorstellung von Hygiene.« Infektionen nach der Geburt sind, neben dem Blutverlust, eine

Nächstenliebe: Madeleine, katholische »Missionsschwester vom Kostbaren Blut«, leitet eine Tagesklinik drei Stunden Fußweg von Musalala entfernt. Ohne diese Ambulanz wäre die Gesundheitsversorgung im Bezirk Kilungu eine Katastrophe

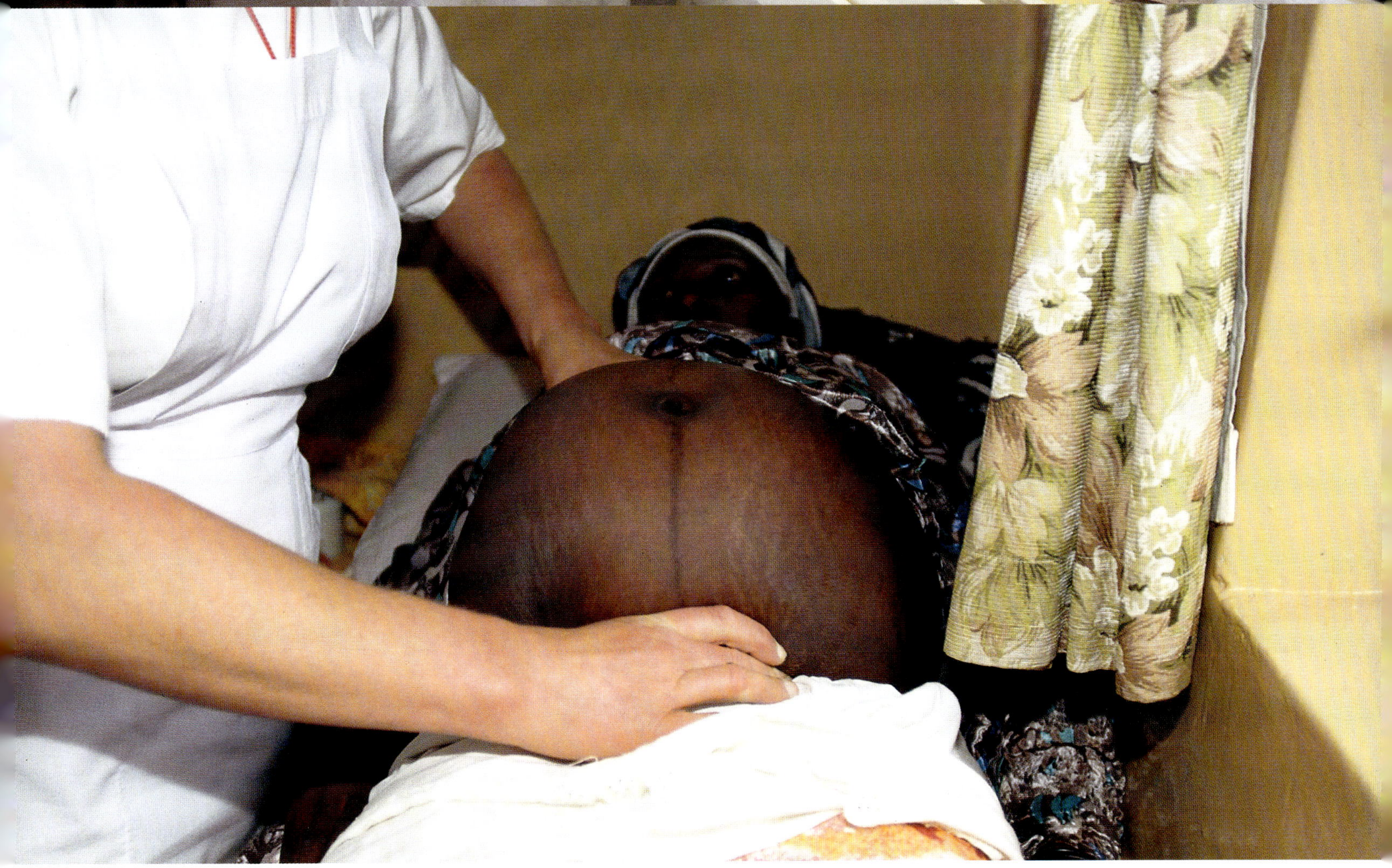

Risikogeburt: Susanna ist in Gefahr. Weil sie im Alter von 34 Jahren das neunte Kind erwartet. Weil sie erschöpft ist. Weil sie zu Hause gebären wird. Ohne medizinische Hilfe

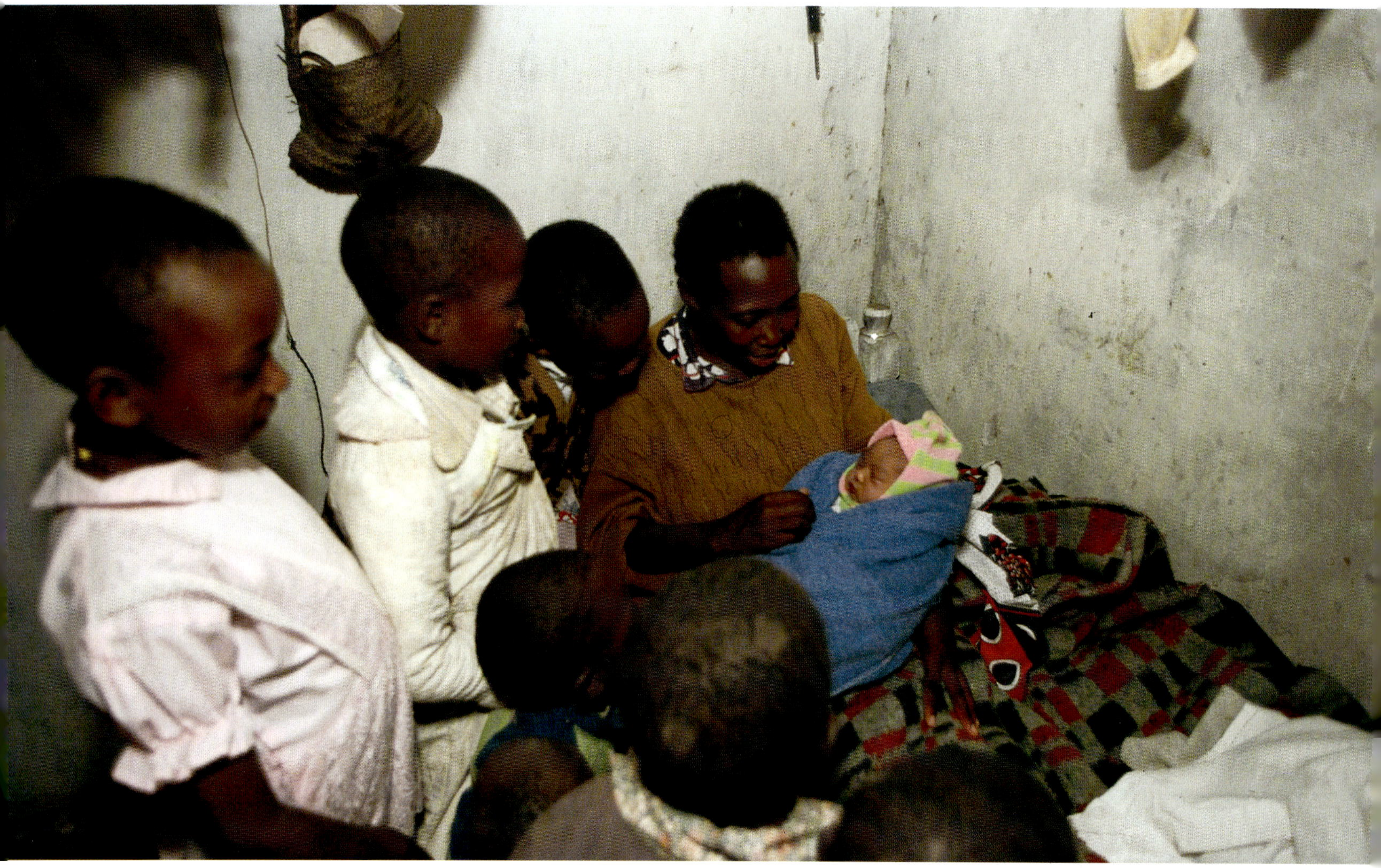

Geschwisterbande: Francis Mutia wird vorgestellt. Mutia bedeutet »der Zurückgelassene«, weil sein Vater selten zu Hause ist

der häufigsten Ursachen für die hohe Müttersterblichkeit. Madeleine hat Susanna, buchstäblich in letzter Minute, eine Tetanusspritze gegeben und der Hebamme ein Paar Gummihandschuhe.

Die sitzen fremd an Nzilanis Händen. Sie trägt so etwas zum ersten Mal bei der Arbeit. Mit kräftigen Griffen massiert sie Susannas Bauch, sie murmelt der Mutter Zuspruch zu und beschwört das Kind. Es ist neun Uhr morgens nach einer durchlittenen Nacht. Endlich öffnet sich der Muttermund, die Presswehen setzen ein. Der Kopf erscheint.

Und da gibt Susanna Mbili auf. Sie ist fortgerissen in eine Jenseitswelt, in der nur der Schmerz regiert, die Angst, und unerreichbar für Nzilanis Befehle: »Pressen! So press doch!« Kein Funke Kraft mehr ist in Susanna, nicht in ihrem Körper, nicht in ihrer Seele. Die Hebamme weiß nicht, wo sie zupacken, wie sie das Kind zur Welt zerren soll, ohne die Hilfe der Mutter und gegen ihren Willen. Es steckt fest, irgendwo zwischen Leben und Tod.

»Gott! Nimm mich fort von hier!«, hatte Susanna bei Katungwas Geburt, ihrer achten, gebetet. »Und dieses Neugeborene dazu. Ich kann nicht mehr.«

Jetzt holt diese Verzweiflung sie wieder ein, und nichts kann den Abgrund zwischen ihr und dem Leben überbrücken, nicht die Bitten der Hebamme können es, nicht die Wut der Nachbarin kann es. Die sanfte Lydia Kioko, die bei keinem Streit je die Stimme hebt, steht neben dem Bett und schreit, außer sich. »Bei Gott! Du wirst jetzt pressen! Du wirst dieses Kind nicht sterben lassen!« Sie hält Susanna Mund und Nase zu und lässt nicht locker, so sehr Susanna um sich schlägt in ihrer Not, und während sie nach Luft schnappt, fast erstickend in einem Krampf, der ihren Leib bäumt, rettet sie ihr Kind vor dem Ersticken: Es kommt. Milchschmierig, schwarzhaarig, hellhäutig wie alle afrikanischen Neugeborenen, mit genügend Lebenskraft für den ersten Schrei.

Es ist 11.05 Uhr am 5. November 1998. Francis Mutia David ist da.

Hab und Gut: Francis besitzt eine Waschwanne, Seife, Vaseline, zwei Windeln, ein Lätzchen, ein Kuscheltier …

Namen erzählen in Kenya Familiengeschichte, und wer ein Kind ruft, erinnert auch an die Umstände seiner Geburt. Susannas vierjährige Tochter Kathini ist »die im Bauch Schwierigkeiten machte«, weil der Mutter die Schwangerschaft schwer wurde. Wanza, die »draußen Geborene«, wurde von Susanna am Straßenrand hockend und ohne Hilfe zur Welt gebracht. Das war vor sieben Jahren; vor sechs Jahren kam Mwanzia, »der unterwegs Geborene«. In einem Taxi in Nairobi fing Susanna ihn mit einem Hüfttuch auf, mit dem anderen wischte sie Blut und Fruchtwasser vom Sitz.

Und jetzt Mutia: »der Zurückgelassene«. Gezeugt an einem dieser seltenen Tage, wenn der Vater die Familie besucht, wenn es Mais und Bohnen satt gibt und Zucker, Schokolade für die Kinder und ein neues Tuch für Susanna. Diese Wochenenden sind Feste, sie sind Ausnahme. Im Alltag sind die Kinder vaterlos und ist Susanna allein.

David Mwongela Sakai arbeitet seit Jahren als Gärtner in Nairobi. Was sollte er auch tun in den kargen Hügeln Musalalas, wo die Felder zu klein, zu ertragsarm sind, um einen Mann zu beschäftigen und eine Familie zu ernähren? David ist nur fünf Jahre lang zur Schule gegangen. Er kann nichts, und er besitzt nichts. Die ländliche Armut hat ihn, wie die meisten jungen Männer des Dorfes, in die Stadt getrieben. Sie arbeiten als Handlanger, im besseren Fall als Bauarbeiter, im allerbesten als Buchhalter. Reich ist in Nairobi keiner geworden. Die Männer leben die zerrissene Zwischenexistenz aller Arbeitsemigranten. Sie wohnen in billigen Absteigen oder Dienstbotenbehausungen. Sie arbeiten. Sie sparen. Für David ist die Heimfahrt ein Luxus. 3000 Schilling, etwa 100 Mark, verdient er im Monat, 140 Schilling kostet die zweieinhalbstündige Fahrt nach Hause. Bei Francis Mutias Geburt ist er nicht da.

Am Freitagabend, am Montagfrüh, und nur dann, quälen sich Sammeltaxis über die von der

Sonne hartgebackene und vom Regen zerfräste Piste. Diese *matatus* sind die einzige Verbindung der Dörfer in den Hügeln mit dem Rest der Welt. In den überladenen Irrwitzgefährten verknäulen sich die Arme und Beine der Fahrgäste zu einem vielgliedrigen Riesenleib; die Schrift auf den rot verstaubten Rückfenstern verkündet, je nach Gottvertrauen oder Draufgängertum des Fahrers, »In Christ we trust« oder »Hell's Driver«. Auf dem Dorfplatz, an dessen Rand die Betonkuben der Häuser balancieren, als hätten sie Furcht, zu Tal zu stürzen, zerren die heimkehrenden Männer Säcke, Sporttaschen und platzende Papp-kartons aus dem verschnürten Chaos auf dem Autodach.

Turnschuhe tragen die meisten, Jeans, Anzüge manche. Die auswärts arbeiten, sind gut gekleidet, keine Bauern mehr, darauf legen sie Wert. Und doch sind sie zu unbeholfen, zu bäuerlich-kantig für den wahren Städter. Wanderer eben: In der Ökonomie des Dorfes, in dem Bargeld knapp ist, sind sie wohlhabend. In Nairobi zugezogene Hungerleider. In der Stadt sind sie Diener fremder Herren. Im Dorf die Herren im Haus, wenn auch nur fürs Wochenende.

Musalala gehört den Frauen.

Den Alten, wie der Hebamme Nzilani Kituu, die einander mit festem, männlichem Händedruck begrüßen. Klein, dürr, lederzäh sind sie: von der Arbeit durchtrainierte Athletinnen, die ihr Leben damit zugebracht haben, Wasserkanister, Feuerholzbündel und Kleinkinder bergauf und bergab zu schleppen, barfuß, auf schwieligen Fußsohlen, die keinen Dorn, keinen Stein mehr spüren und nicht den ofenheißen Staub in der Mittagshitze. Das Dorf gehört den Bäuerinnen, wie der Nachbarin Lydia Kioko, die auf den Feldern Mais säen, die selbst gebrannte Ziegelsteine wuchten für den Hausbau und stundenlang zu Fuß, die Riemen der bunten, selbst geflochtenen Körbe um die Stirn, zum nächsten Markt unterwegs sind.

Die erste Lebenspflicht, in die halbwüchsige Mädchen eingewiesen werden, noch bevor sie richtig lesen und schreiben können, ist: Beuge den Rücken. Spanne den Körper ins Joch der Tragriemen. Susannas neunjährige Tochter Muendi hievt sich, sobald sie nachmittags aus der Schule kommt, mit einem Hüftschwung ihre kleine Schwester Katungwa auf den Rücken. Deren Knie schnappen um Muendis Taille zusammen, sie hört sofort auf zu plärren. Dann läuft Muendi los, zehn Kilo Kind auf der Hüfte, in der Hand das Strickzeug. Sie nadelt komplizierte Zopfmuster, während sie um Wirsingblätter zum Laden läuft oder eine Nachbarin um ein paar Hände Bohnen anpumpt.

Eine Frau, die hier oben nicht laufen kann und keine Kraft hat zum Tragen, wird zur Bettlerin. Denn nichts von dem, was die Familien zum Leben brauchen, ist selbstverständlich vorhanden. Schwerarbeit, die Teller mit einer warmen Mahlzeit zu füllen, die Hütten zu heizen, wenn sich am frühen Abend eine bissige Kälte über die Täler hermacht, sobald die Sonne verschwindet. Strom gibt es nicht, Wasser nur an Quellen und Tümpeln, die oft eine bis anderthalb Stunden Weg von den Anwesen entfernt liegen. Susanna allerdings hat Glück: Sie teilt sich mit den Nachbarn eine Quelle ein paar Schritte vom Haus entfernt. Den Oberkörper fast waagerecht zu Boden gedrückt und mit dem federnden Schritt derer, die fürchten, vom Gewicht ihrer Last niedergedrückt zu werden, tragen die Frauen Feuerholz nach Hause; manche sind zwei Stunden lang unterwegs für ein Bündel Reisig, das einen Tag zum Kochen reicht.

Jedes Jahr wird der Weg ein wenig weiter. Ohne es zu wollen und weil es eben nicht anders ging, haben sich die Leute von Musalala einer ihrer wertvollsten Ressourcen beraubt: Holz. Das Land um Musalala ist nahezu entwaldet; denn jeder Krümel Boden, jeder noch so steile Hang wird gebraucht, um Mais und Bohnen anzubauen. Nur ab und zu steht da ein ausladender Avocadobaum, ein Mango, eine Schatten spendende Baumgruppe nahe einer Hütte. Steinig, versengt, ausgewaschen ist die Lateriterde. Im letzten Licht des Tages strahlt sie glühendrot auf, dann wirkt das schroffe Land fast lieblich.

Es hat nur eine Generation lang gedauert, die Bäume um Musalala abzuholzen. Die Fünfzigjährigen erinnern sich an ihre Kinderzeit, als da unten, wo heute Susannas Haus am Hang klebt und sorgfältig befestigte Terrassenfelder liegen, Wald war. Unendlich schien er sich auszubreiten, bis über den Horizont hinaus. Hyänen hätten da geheult, und sogar von Löwen erzählt man sich, die ab und zu eine Ziege rissen. Aber das können Legenden sein für die Kinder.

Die Bäume verschwinden, die Äcker werden kleiner, das Wasser wird knapper, weil in Musalala

Karges Land, Mühe des Lebens: Die Wälder um das Dorf Musalala sind weitgehend abgeholzt. Deshalb sind die Frauen oft stundenlang unterwegs für ein Bündel Feuerholz, das einen Tag zum Kochen reicht

Gemeinsam gegen die Not: Die Frauen von Musalala bauen eine Krankenstation. Sie haben jeden Ziegel selbst gebrannt und herbeigetragen. Sie haben Beton gemischt und wuchten Holzbohlen. Die Frauen sind die Hoffnung des Dorfes

zu viele Menschen leben und es immer mehr werden. Kaum eine Familie, die weniger als fünf Kinder hat; das war früher so und ist heute nicht anders.

Lydia Kioko und Nzilani Kituu haben je sieben Kinder großgezogen. Susanna ist keine Ausnahme.

Zu viele!«, sagt Nzilani. »Zu viele Karnickelchen überall! Schau mich doch an, Susanna! Hässlich bin ich. Wie schön wäre ich noch, wenn ich nur drei Kinder bekommen hätte.« Sie kichert, ihr Gesicht besteht nur aus ihrem großen lachenden Mund, mit einem letzten Zahn in der Mitte. Rückblende: Drei Wochen vor Francis Mutias Geburt. Wir haben die Hebamme zu Susanna begleitet. Wir sitzen vor dem Haus und warten, dass *das Ohr* Nzilani flüstert, wann es Zeit ist, die Schwangere zu untersuchen.

Susanna geht es schlecht. Sie könne nicht mehr essen, sagt sie, Mais, Bohnen seien ihr zuwider, Geld für Fleisch ist nicht da. Das Kind scheint schwer zu sein; es drücke irgendwie auf die Beine, so sehr, dass sie sich kaum noch bewegen könne. Bei den anderen Schwangerschaften hat sie gearbeitet bis zuletzt und alle Kinder leicht bekommen, die meisten sogar ohne Hebamme. Eigentlich ist eine Geburt nichts Besonderes, auf das eine Frau sich vorbereiten muss, findet Susanna: Die Geburt passiert, so wie die Zeugung passiert. »Die Schmerzen kommen, dann kommt das Kind. Man schneidet die Nabelschnur durch. Dann wartet man auf die Nachgeburt.«

Aber diese neunte Schwangerschaft ist anders. Susanna war seit Wochen nicht mehr auf dem Feld, nicht mehr oben auf dem Dorfplatz. Sie verbringt ihre Zeit in einem Gartenstuhl vor dem Haus, eine schmale, zerbrechliche Gestalt, die der Sonne nachwandert, im täglich gleichen Rund, aus dem Schatten der Bananenpflanze am Feldrain in die Nähe der Küchenhütte, schließlich zur Hausmauer. Manchmal weht der ewige Wind Staubwirbel auf. Dann bedeckt Susanna mit einem Zipfel des Tuches ihr Gesicht und verkriecht sich fröstelnd in den Pullover.

Sie stemmt sich mit Mühe hoch, als die Hebamme unvermittelt sagt: »Komm. Leg dich hin.« Muendi bringt auf einer Schaufel glimmende Holzstücke aus der Küche; Susanna liegt auf dem Bett, unter der Leine mit dem Kleidervorhang, der Bauch ein großer Berg und darüber ihr kleines Gesicht. Nzilani spuckt auf Susannas Leib, das ist eine Art Segen. Dann löst sie zwischen ihren Handflächen über der Glut ein paar Flöckchen Kochfett auf und beginnt, zwischen Susannas Beinen hockend, den Bauch zu massieren. Erst vorsichtig tastend, dann, als sie die Lage des Ungeborenen erfühlt hat, kräftiger, so lange, bis der fettglänzende Bauch zu schwingen beginnt, als habe er sich selbstständig gemacht. Susanna schließt die Augen und entspannt sich. Es geht ihr besser. Im Hintergrund plärrt Musik aus dem Radio, gackern die Hühner, zanken sich Kathini und Mwanzia mal wieder, und Cathrin geht schreiend dazwischen.

»Warum hast du mich nicht früher gerufen?«, fragt Nzilani. »Das Kind liegt nicht gut. Ich muß wiederkommen.«

»Ich habe kein Geld!«, sagt Susanna. Die Hebamme verlangt für eine Untersuchung zehn, für die Geburtshilfe 100 Schilling. Das sind kaum mehr als drei Mark.

»Aber du kannst doch deine Schulden bei mir nach und nach bezahlen …«

»Denkst du«, sagt Susanna und versucht einen Scherz. »Ich habe noch nicht die eine Geburt bezahlt, dann bin ich schon mit dem Nächsten schwanger!«

»Zu viele Karnickelchen!« sagt Nzilani, und Überdruss vibriert in ihrer Stimme. »Zu viele Karnickelchen in zu kurzer Zeit! Deswegen habt ihr jungen Frauen keine Kraft mehr. Wir haben früher die Kinder auf den Knien geboren, das geht leichter als im Liegen, aber man braucht natürlich Kraft, um durchzuhalten. Die habt ihr nicht mehr, weil ihr das Gesetz vergessen habt: Das älteste Kind muss zum Ziegen hüten gehen können, dann kann das nächste kommen.«

So haben sie gelebt. Sie haben den Männern beigebracht, oder es wenigstens versucht, dass auf die Liebe verzichtet werden muss, damit das nächste Kind nicht kommt. Viel Kraft hat das gekostet, viel Streit hat das gegeben; früher, als das einzige und unsichere Verhütungsmittel war, Kinder lange diszipliniert zu stillen. Wie viel leichter könnte das heute sein! Wie viel Wut, wie viel Unfrieden könnte man sich ersparen. Und Schläge, denn ja: Das ist immer noch so, dass manche Männer, dumm, wie sie sind, einfach zuschlagen, wenn eine Frau ihren eigenen Kopf hat. »Wir leben doch in modernen Zeiten«, sagt Nzilani. »Es gibt Methoden.«

Als ob Susanna das nicht wüsste.

Sechs sind genug!, hat sie nach Mwanzias Geburt gesagt. Sechs Kinder: Das könnten wir schaffen. Mehr

Sparbüchse auf vier Beinen: Die Ziegen sind Susannas wertvollster Besitz. Zur Not kann sie die Tiere verkaufen

Kontaktpflege: Viel Zeit bleibt einer Mutter wie Susanna Mbili nicht, sich jedem einzelnen ihrer Kinder zuzuwenden. Und doch versucht sie es; und sei es mit kleinen Gesten und Hilfestellungen

nicht. Da war sie 28 Jahre alt und wollte sich sterilisieren lassen.

Ein kleiner, fast schmerzloser Eingriff am Eileiter ist das ja nur, danach wäre die Zukunft aller ein wenig sicherer gewesen. Susanna wollte ihren eigenen Willen gegen den Spruch des Schicksals setzen. Sie wollte es anders machen als ihre acht Geschwister, anders als ihre Mutter. Die hat, bis heute, 55 Enkel und kann sich nicht den Namen eines einzigen merken.

Doch David ist gegen den Eingriff. Er ist misstrauisch. »Solche Frauen gehen rum!«, sagt er. Der Satz hat sie damals gekränkt, er kränkt sie bis heute. »Solche Frauen gehen rum!« Das sagt man halt so unter Männern, ob im Dorf oder in der Stadt, in einer patriarchalen Kultur, in der ein Seitensprung den Mann zum Mann macht, die Einnahme der Pille die Frau aber möglicherweise zur Hure. Mit Schwangerschaften kann man eine Frau unter Kontrolle halten.

Außerdem ist David stolz auf seine große Familie, auch da ist er nicht anders als andere Männer. Als die »Mutter meiner Kinder« stellt ein Mann seine Ehefrau nach der Geburt des ersten Kindes vor. Sie ist ein wichtiger Einschnitt im Leben einer jungen Frau: Sie zeigt der Welt, daß sie keine *ngungu*, keine »Trockene«, ist, ein wertloses Gefäß, das man nicht füllen kann, das nichts hergibt. So eine kann ein Mann ohne weiteres verlassen, das wird jeder verstehen. Kinderlosigkeit ist eine existenzielle Katastrophe, ohne einen Mann, ohne Familie ist eine Frau nichts.

Kinder sind Beweise von Männlichkeit und Potenz. Das ist wichtig – und wird wichtiger, je seltener die Männer zu Hause sind, je weniger Einfluss sie auf die alltäglichen Geschicke der Familie haben. Wer sind sie schon in Nairobi, auf den Baustellen, in den Büros, in den reichen Vororten? Geh-her-da's allzu oft, billig, austauschbar. David hat keinen Arbeitsvertrag; nicht er, sondern der Geschäftsmann, dem er den Garten pflegt, entscheidet, ob er am Wochenende nach Hause fahren darf. Er kann David von einer Stunde auf die andere auf die Straße setzen, wie es ihm vor ein paar Jahren einmal passiert ist.

Zu Hause aber gilt sein Machtwort.

David antwortet nicht, wenn Susanna »Genug!« sagt, oder: »Pille!«. Zwischen ihnen simmert ein unausgesprochener Zwist. Sie will nicht streiten, vor den Kindern, sie will nicht mit lauten Worten diese kostbaren Wochenenden verderben. So hat sie irgendwann erschöpft klein beigegeben: Soll doch das Schicksal seinen Lauf nehmen. Stumpf sei sie geworden, im Inneren, sagt sie, und darüber zum siebten, achten, neunten Mal schwanger. Auf Francis Mutia freut sie sich nicht: Da kommt eine neue Sorge zur Welt, hat sie gedacht, und spürt keine Erwartung, keine Neugier und schon gar nicht das feste, runde Glück einer erwünschten Schwangerschaft.

Susanna liebt ihre Kinder. Und trotzdem: Mutterliebe nutzt sich ab, wird irgendwann von der Sorge verschüttet, ist abgegriffen von zu vielen klebrigen Fingern, wird in die Flucht geschlagen von zu lautem Kindergeschrei. Kein Ort, an dem Susanna sich erholen könnte. Kaum je eine Unterbrechung im Einerlei der Tage. Erschöpfung liegt wie ein Schatten über der Liebe

David ist ein guter Vater. Wenn er da ist, verwöhnt er die Kinder. Er ist ein guter Ehemann, er arbeitet hart. Er säuft nicht, wie so viele andere, er hat sie noch nie geschlagen. Und doch ist da eine Grausamkeit, die Susanna nicht versteht: Sieht er nicht, dass sie mit jeder Schwangerschaft schwächer, welker wird? Und warum gebraucht er seinen Kopf nicht zum Rechnen? Er kennt den Preis für ein Kilo Mais und den einer Schuluniform. Sie hat diese Zahlen ins Verhältnis gesetzt zu seinem Lohn und ihm klarzumachen versucht, dass mehr als seine 3000 Schilling nicht da sind und nie da sein werden, es sei denn, es geschieht ein Wunder. Unsinnig, dieser Stolz auf die Bande von Kindern, denen er sämtlich seinen Vor- als Familiennamen mitgegeben hat: Sieht er nicht, wie zerlumpt sie rumlaufen? Weiß er nicht, dass sie nachts frieren, wenn sie sich ohne Matratze und nur mit ein paar filzigen Deckenfetzen auf dem Boden zusammenkauern? Kann er ihre Sorgen nicht verstehen, wenn sie die Kinder hungrig zur Schule schicken muss?

Aus der Küchenhütte neben dem Haus kriecht der Qualm aus den Ritzen. Das Gebilde aus Lehm- und Reisigwänden ist baufällig und so vernachlässigt wie die Latrine der Familie, die ein Loch im Boden ist mit einem Blickschutz aus trockenen Maiswedeln. Um all das müsste man sich kümmern. Einmal, ein paar Tage vor der Geburt, hat Susanna es wenigstens geschafft, den Waschplatz hinter der Hütte herzurichten: Die Kinder haben die Planen gehalten, und sie hat sie um das Holzgestell für die Plastikschüssel

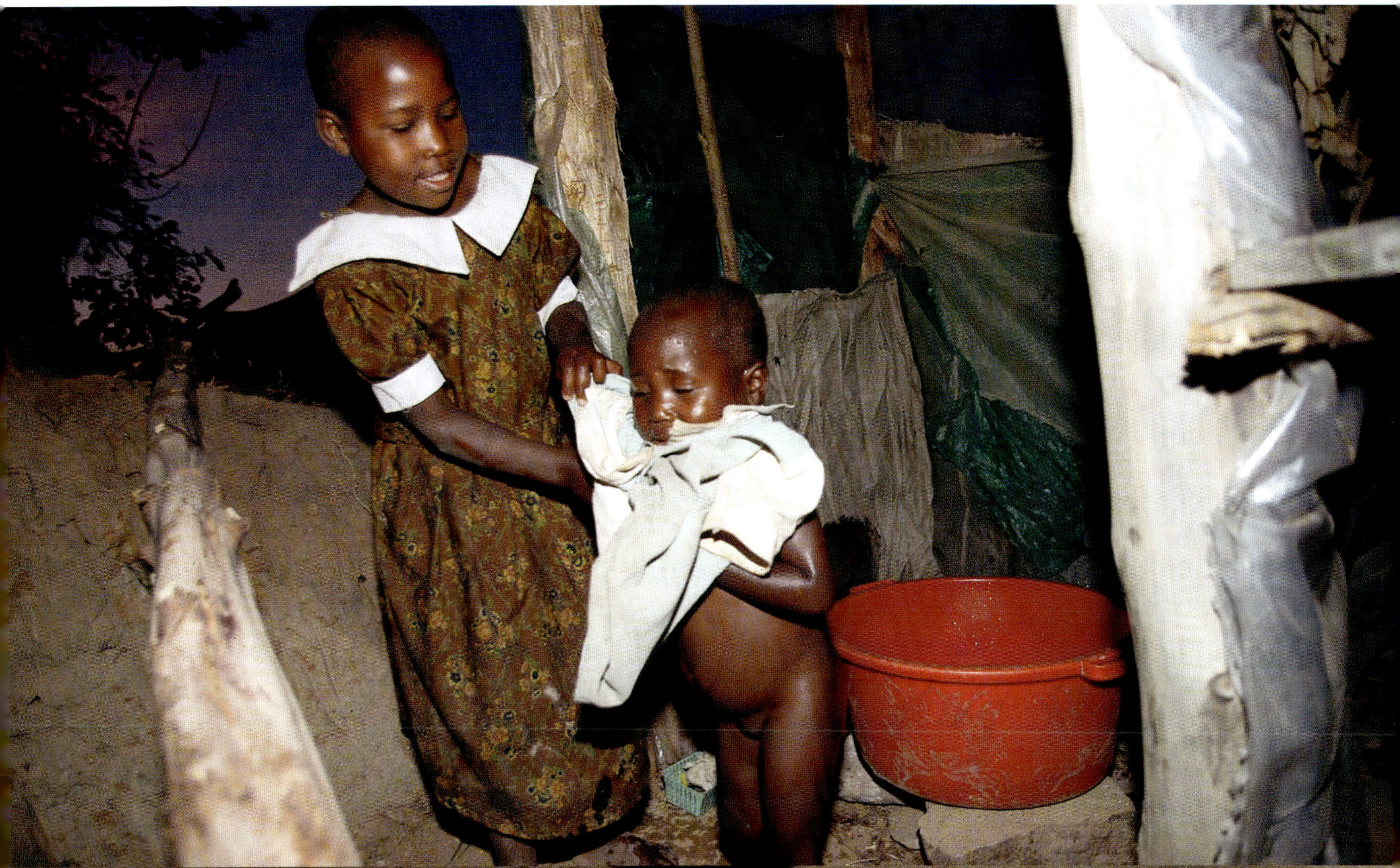

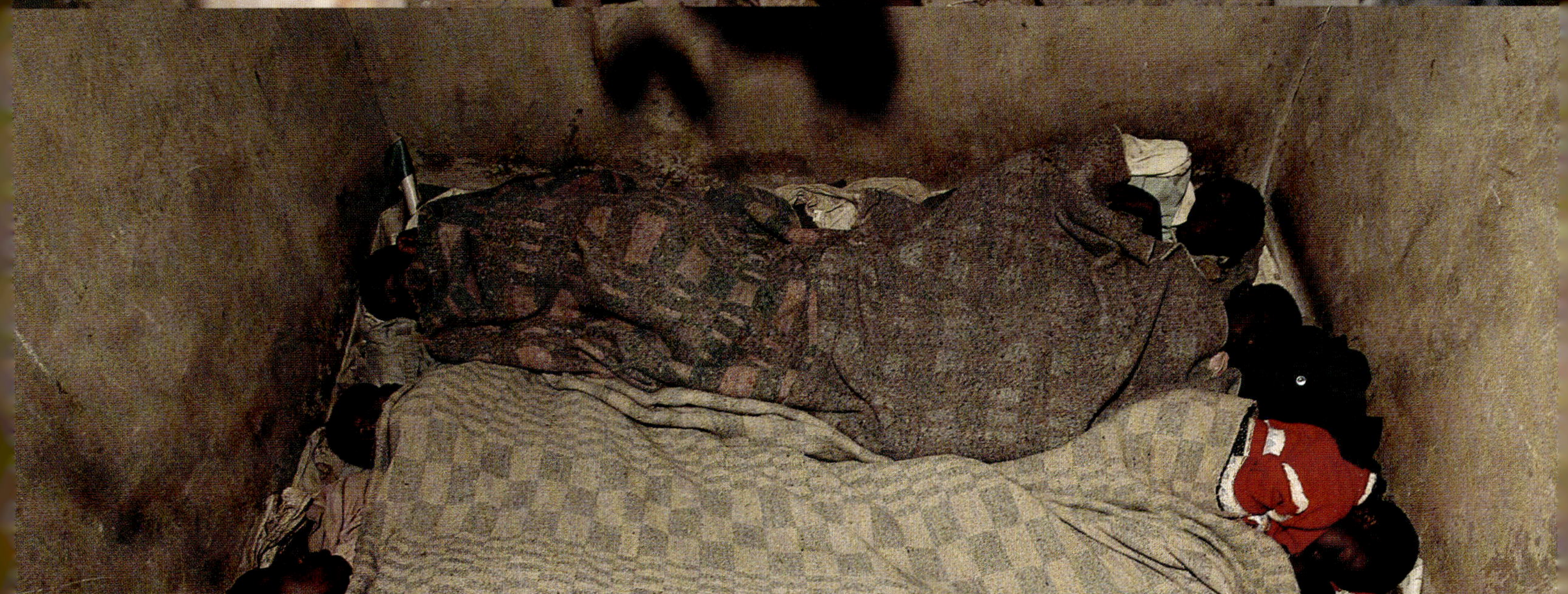

Selten »ich« und häufig »wir«: Muendi wäscht ihre Schwester Katungwa in der Waschecke der Familie. Die Kinder schlafen nachts gemeinsam in einer Nische, ohne Matratze, unter ein paar Filzdecken

genagelt. Ein winziges, armseliges Stück Komfort, wenigstens beim Waschen.

Cathrin kocht jetzt jeden Tag. Sie hockt auf einem Fußbänkchen vor dem offenen Feuer in der Küche, manchmal liegt Mwanzia lang hingestreckt auf dem Boden, döst mit offenen Augen und wartet auf das Essen. Die Hühner picken nach dem Topf mit den eingeweichten Maiskörnern. Wenn die vierjährige Kathini sie erwischt, packt sie die Viecher bei den Füßen und schleudert sie in die Luft. Auf dem Feuer simmert stundenlang der Tontopf mit *isyo*, Mais und Bohnen.

Mais gibt es jeden Tag; mit Bohnen, wenn welche da sind, oder als *ugali*, ein Maismehl-Brei, der so fest wird, dass man ihn in Scheiben schneiden kann. Dazu gekochtes *sukumawiki*-Gemüse, eine Art Wirsing.

Der Tag der Kinder beginnt morgens um sechs mit schwarzem, gezuckertem Tee und einem kleinen Schuss Milch. Frühstück gibt es, selten genug, wenn vom vorhergehenden Tag etwas übrig geblieben ist. Meistens gehen die vier Größeren hungrig zur Schule. Was Cathrin kocht, reicht kaum je für zwei, nie für drei Mahlzeiten. Wenigstens einmal am Tag aber sollen die Kinder warm essen, am frühen Abend, wenn sie aus der Schule kommen, damit sie nicht mit leerem Magen zu Bett gehen müssen. Das fände Susanna unerträglich.

Wir rechnen. »Ich brauche«, sagt sie, »vier Kilo Mais am Tag, die kosten rund 60 Schilling. Einen Korb Wirsingblätter, 20 Schilling. Ein paar Zwiebeln, einen Löffel Fett…« Susanna zählt an den Fingern ab: Macht rund 100 Schilling am Tag. Ohne Tee, ohne Milch, ohne Tomaten und Bananen, ohne Zucker, ohne Petroleum, ohne Batterien für die Taschenlampe: 100 Schilling nur für das Lebensnotwendigste.

»Aber David verdient doch nur 3000 Schilling im Monat!«

»Ja.«

»Also reicht das Geld nicht?«

»Nein.«

»Hungern die Kinder?«

»Nein. Oder vielleicht: manchmal. Es gibt Tage ohne Essen. Wenn Geld da ist, kochen wir. Wenn keines da ist, nicht.«

Susanna sagt das beiläufig, knapp und klaglos: Beschreibung einer Tatsache. Ob jemand arm ist, kann man an der Zahl der Bohnen im Mais ablesen. Denn Bohnen sind Luxus, Zucker ist Luxus, Kochfett ebenfalls und erst recht Fleisch. »Manchmal vergeht ein Jahr, ohne dass wir Fleisch essen«, sagt Susanna. Die Ziegen, die sie besitzt, die paar Hühner sind zu wertvoll, um sie zu schlachten. Schließlich ist ein Huhn auf dem Markt 250, 300 Schilling wert, die einzige Sparreserve, die Susanna hat und für Notfälle braucht.

Ohne die kleine *shamba*, nur angewiesen auf Davids Gehalt, könnte Susanna ihre Kinder nicht durchbringen. Sie baut Mais an, ein paar Stauden Kochbananen, ein wenig Maniok. Zwei Ernten bringt man in Musalala im Jahr ein, eine im März, eine im August. Sie sind die einzige Überlebensversicherung der Familie. Jetzt, kurz vor der Regenzeit, müsste das Feld bestellt sein, gepflügt, ohne Unkraut und bereit für die Schauer. Doch Susannas *shamba* liegt brach, am Rain sammelt sich Müll.

»Was wird, wenn du auf dem Feld nichts erntest?«, fragen wir.

»Das wird sich ergeben«, antwortet Susanna.

Ein paar Tage vor Francis Mutias Geburt ist der Sack mit den 35 Kilo Mais, die David bei seinem jüngsten Besuch mitgebracht hat, fast leer, sind die Bohnen aufgebraucht. Cathrin streckt das *ugali* mit Maniok. Das schmeckt zwar fasrig und nach nichts, aber es füllt wenigstens den Magen.

»Was wird, wenn der Sack leer ist?«

»Das wird sich ergeben…«

Dieser Satz ist Susannas stoische Anwort auf die Zumutungen eines Lebens, das keinerlei Sicherheit bietet. Die Familie lebt auf der Grenze, die Armut von Elend trennt. Alles, Arbeitslosigkeit, Missernte, Krankheit, kann die Existenz der Davids aus der prekären Balance schlagen. Da ist kein soziales Netz, das sie auffangen könnte.

Ein paar Tage vor der Geburt des Kindes kommt Susannas Schwager bei einem *matatu*-Unfall ums Leben. Er hinterlässt zwei Frauen und viele Kinder: unversorgt. Das Dorf sammelt Geld, für die Überführung des Toten, für die Beerdigung. Wer keine Schillinge zusammenkratzen kann, bringt unaufgefordert einen Korb Bohnen oder Mais in die Trauerhäuser. Anteilnahme am Schicksal der anderen ist die einzige soziale Sicherheit. Und doch setzt die Armut der Großzügigkeit enge Grenzen. Almosen, kurzfristige Unterstützung – mehr können auch die Nachbarn nicht aufbringen. Wer in Musalala fällt,

Der Speck fürs Leben: Francis Mutia wiegt in seinem siebten Lebensmonat pralle zehn Kilo. Er wird gestillt und mit Brei gefüttert. Die erste Krise in einem kenyanischen Kinderleben kommt, wenn die Kleinen auf Mutters Brust verzichten und die mageren Mahlzeiten der Erwachsenen teilen müssen. Viele verlieren dann die dicken Wangen, ihre Kraft

WEKA DAW
AMBAPO W
HAWAWEZI
KEEP MED
WHERE C
CANNCT

Reihen-Untersuchung: Der Laborant in der Tagesklinik des »Precious Blood«-Krankenhauses untersucht den Stuhl der David-Kinder auf Würmer. Die Darm-Parasiten sind eine Plage. Wer immer sie hat, gibt sie weiter, weil es an Hygiene mangelt, wo Latrinen offen sind und Kinderhände immer schmutzig

fällt ins Bodenlose. Der Tod von Susannas Schwager entscheidet über die Zukunft seiner Kinder: Werden sie genügend zu essen haben? Werden sie weiter zur Schule gehen können?

Am Tag der Beerdigung bleibt Susanna im Bett liegen und hält die Fensterläden geschlossen, als wolle sie den Gesang der Trauernden ausschließen und die Unwägbarkeiten, mit denen das Dasein ihr auflauert. Zukunft – das Wort macht Susanna Angst. Zukunft ist kein Versprechen, denn was soll das Morgen bringen, wenn das Heute nur mit Mühe zu bewältigen ist? Wie sollen, inmitten nie nachlassender Sorge, Träume blühen und die Hoffnung auf ein Leben, das mehr sein könnte als schieres Überleben?

»Was wünscht du dir für deine Kinder?«, fragen wir Susanna.

»Satt sollen sie sein«, antwortet sie, »zur Schule will ich sie schicken, wenn ich das schaffe.«

Ich gestehe!« Doktor Mathekas Hände schweben in der Luft. »Manchmal wäre mir eine ordentliche Hungersnot lieber!« Die Hände krachen auf den Schreibtisch. Behutsam ist der Arzt nur mit seinen Patienten; Worte benutzt er wie Waffen, spitzig-ironisch, verbale Schnappmesser, die plötzlich aufspringen. »Im Ernst«, sagt er dann, »bei einer akuten Nahrungskrise, nach einer Dürre, nach einem Krieg, kann man die Trommel schlagen und Hilfe! Hilfe! brüllen. Ihr kommt mit euren Hilfslieferungen. Man füttert die Leute. Man begräbt die Toten, und dann« – er reibt sich die Hände, als wolle er etwas Lästiges abstreifen – »zurück zur Normalität! Doch wir hier haben eine schleichende, chronische Mangelernährung. Die ist auf den ersten Blick nicht spektakulär, kein brüllender Hunger, keine aufgeblähten Kinderbäuche. Manchmal ist sie sogar unsichtbar. Aber sie ist dennoch gefährlich.«

Mangelernährung ist das kleine, nagende, auszehrende Gefühl, nicht richtig satt zu sein, das Muendi, Wanza und Mwangangi empfinden, wenn sie morgens um halb sieben, nach nur einer Tasse Tee, den Berg zur Schule hinaufsteigen. Wenn sie in der Mittagspause an einem Stängel Zuckerrohr nagen, damit die wässrige Süße die Leere im Bauch betäubt, wenn sie einen Tag Unterricht überstehen müssen, bis zur ersten Mahlzeit am späten Nachmittag. Mangelernährung ist das tägliche Einerlei von Mais und Bohnen, ist zu wenig Milch, zu wenig Obst, zu wenig Fleisch.

Einmal in der Woche hält Doktor Matheka Sprechstunde im Missionskrankenhaus »Precious Blood«. Draußen, vor dem Sprechzimmer und unter den bunten, naiv-simplen Plakaten, die vor Aids warnen sollen, zur Schluckimpfung auffordern und den Segen von abgekochtem Wasser erklären, warten seine Patienten; wenn es sein muss, stundenlang. Denn Matheka ist der einzige Arzt im Umkreis von 100 Kilometern, der Kranke für ein paar Schilling oder kostenlos behandelt. »Hier oben sind die Leute arm, und die Armut sieht man ihren Körpern an.« Matheka tätschelt meine Hand. Dann kneift er blitzschnell zu. »Testen Sie selbst! Gehen Sie raus und kneifen eines der Kinder in den Arm. Was haben Sie zwischen den Fingern? Schönen Speck? Oder bloß Haut?«

Zu klein, zu leichtgewichtig für ihr Alter sind viele der Kinder, die Matheka hier zu Gesicht bekommt, wachstumsgestört allzu häufig. Ihnen fehlen Proteine, Fett, Kohlenhydrate, Mineralien wie Eisen und Zink, Vitamine, vor allem Vitamin A – jene Energielieferanten, die lebensnotwendig sind in den ersten, kritischen Jahren, wenn der kindliche Organismus nur auf eines eingestellt ist: möglichst groß und möglichst stark zu werden. Die Körperzellen brauchen nur winzige Mengen von Spurenelementen, in Größenordnungen von einem tausendstel Gramm pro Tag oder weniger. Ohne sie kann der Körper jedoch nicht die Enzyme, Hormone und anderen Substanzen herstellen, die das Wachstum steuern und das Immunsystem stärken. Unzureichende Ernährung macht schwach und schließlich krank. Eisendefizit zum Beispiel verursacht Blutarmut, das weltweit häufigste ernährungsbedingte Leiden. Sie schwächt die Abwehrkräfte, vermindert die körperliche und geistige Leistungsfähigkeit, ist eine der Ursachen für die hohe Müttersterblichkeit. Und schon leichter Vitamin-A-Mangel schwächt die Widerstandskraft gegen Durchfallerkrankungen, macht Masern zu einem Killer und liefert die Leichtgewichte der Malaria schutzlos aus.

In Afrika ist jedes dritte Kind mangelernährt, schreibt Unicef. Allein in Kenya sterben im Jahr 115 000 Kinder unter fünf Jahren an den Folgen unzureichender Ernährung, sechs Millionen Kinder sind es weltweit. Mangelernährung hat bei mehr als der Hälfte der 1995 in den Entwicklungsländern registrierten 11,6 Millionen Todesfälle bei unter Fünfjährigen eine Rolle gespielt. Mehr als 2000

Die Verlassene: Bis zu Francis Mutias Geburt war die zweieinhalbjährige Katungwa das umsorgte »Baby« der Familie. Ihr junger Bruder hat sie vom Schoß der Mutter, aus deren Bett vertrieben. Und Katungwa trauert, spielt häufig allein

Der Schwache: Mwanzia ist ein in sich gekehrtes Kind. Er verkriecht sich oft in seine Höhle im Abhang hinterm Haus

Patienten kommen im Monat zur Tagesklinik nach »Precious Blood«. Schwester Madeleines akribische Statistik versammelt die Klassiker der Armutskrankheiten: Malaria führt die Liste an, Amöbenruhr folgt, dann Bronchitis, Lungenentzündung und Typhus. Tuberkulosefälle nehmen seit einiger Zeit zu, die Zahl der Aids-Infizierten wächst langsam zu einer Katastrophe. Kinder unter fünf Jahren sterben hier, wie in allen armen Regionen der Welt, hauptsächlich an Durchfall und Lungenentzündung.

»Die Kleinen leiden schon unter schlichten Erkältungen entsetzlich«, sagt Schwester Madeleine. »Sie haben kaum körperliche Reserven, die sie im Krankheitsfall mobilisieren können.«

Viele Kinder werden in den Teufelskreis des Mangels hineingeboren. Denn was die Mütter nicht haben, fehlt auch den Kleinkindern. Schon den Schwangeren, den Stillenden fehlen Fett, Proteine, sogar Flüssigkeit; sie sind schlecht ernährt und blutarm, weil auch sie an Eisen- und Vitamin-A-Mangel leiden. Vielen versiegt deshalb die Milch – sie aber garantiert den besten Start in ein gesundes Leben, denn sie liefert die Proteine und Antikörper, die ein Neugeborenes braucht, um sein Immunsystem aufbauen zu können.

Stillen kann sogar über Leben und Tod entscheiden: Trockenmilch ist teuer, und weil die Mütter sparen müssen, verdünnen sie das Pulver zu armseliger Brühe, und das allzu oft noch mit unreinem Wasser. Und wie sterilisiert man Flaschen und Sauger auf offenen Feuern, im Staub der Küchenhütten? Das Risiko, am Durchfall zu sterben, ist deshalb für Flaschenkinder mehr als 14-mal so hoch wie für gestillte Kinder.

»Mamma! Du musst essen!«, predigt Schwester Madeleine den Müttern deshalb, immer, aber dienstags besonders, denn da ist Impftag in »Precious Blood«, und Madeleine hängt vor dem Labor die Kinderwaage auf. »Mamma, du musst satt sein, damit du Milch hast!

Die Wilde: Kathini ist laut, fröhlich und geschickt. Immer die Erste beim Essen, immer die Erste auf den Bäumen

Dann bekommt dein Kind alles, was es braucht.« Dick und rund hocken die, die gut ernährt werden, in den Tragetüchern der wartenden Frauen: schwarze Babybuddhas, mit blitzblanken Augen, die kleinen Glieder verpackt in Fettpolster. So muß es sein: Das ist der Speck fürs Leben. Madeleine empfiehlt den Müttern, mindestens sechs Monate, am besten zwei Jahre lang, zu stillen und die Kleinen erst ab dem vierten Monat zusätzlich mit energiereicher Nahrung zu versorgen. Doch viele füttern ihre Kinder mit Maniok-Brei, diesem billigen Magenfüller: »Teufelszeug! Da ist nichts drin außer Kohlenhydraten!« Die erste, schwere Krise in einem Kinderleben kommt, wenn die Kleinen auf Mutters natürliche Kraftnahrung verzichten und die mageren Mahlzeiten der Erwachsenen teilen müssen. »Furchtbar! Da fallen selbst die Kräftigsten zusammen: Speck weg, Kraft weg! Ich sage immer: Gebt ihnen Hirsebrei, mit Milch, nicht mit Wasser. Gebt ihnen Banane mit Zucker und Ei. Aber Hirse ist teuer, und wer hat hier schon ein Ei übrig?«

Susannas Tochter Katungwa steht steifbeinig auf der Waage, Schultern Richtung Ohren gezogen, Pausbacken aufgeblasen. Sie fürchtet sich, Pinkelbäche laufen ihr die Beine herunter, auf die Schuhe, auf die Waage, sie heult, und Kathini sagt voller Verachtung: »Du Baby!« Denn Kathini ist schon vier Jahre alt und weiß Bescheid: Die Zunge immer ganz weit rausstrecken! »Mensch, mach doch endlich den Mund zu!«, flüstert Muendi nach einer Weile und haut Kathini den Ellbogen in die Rippen. Heute Morgen um sechs hat sie ihre beiden kleinen Schwestern gewaschen; Susanna hat ein jedes Kind mit Vaseline eingeschmiert, damit die Gesichter speckig glänzen. Die Fahrt mit uns zum Krankenhaus ist eine aufregende Reise. Alle stecken in ihren besten Kleidern, Kathini in einem zerknitterten gelben Acrylrüschentraum und Lackschuhen. Alle habe ein zerknülltes Taschentuch in der Faust und die Pappkarten mit den Impfdaten. Sie sind gegen Tuberkulose, Diphtherie, Keuchhusten, Tetanus, Polio und Masern geimpft – darauf hat Susanna geachtet, obwohl jeder Besuch im Krankenhaus eine kaum zu organisierende, kaum zu bezahlende Expedition ist.

Schwester Madeleine hebt die Zweieinhalbjährige aus der Pfütze. »10 Kilo«, sagt sie, »das ist in Ordnung für ihre Größe und ihr Alter« Sie wiegt die David-Kinder eines nach dem anderen, läßt sie »Ahh!« sagen, tief Luft holen und diktiert ihrer Helferin über die Schulter die Rezepte: »Eisen! Vitamine! Und natürlich alle entwurmen!«

Das Labor hat in Kathinis Stuhl Rundwurmeier gefunden, und die wird sie an ihre Geschwister weitergeben, weil die Parasiten dort, wo es an Hygiene mangelt, wo Latrinen offen und Kinderhände immer schmutzig sind, sehr leicht übertragen werden. »Einer hat sie – alle haben sie«, sagt Madeleine, die in ihrem Krankenschwesterleben »wahrscheinlich schon Lastwagenladungen von Wurmtabletten« verteilt hat. Infektionen mit den gierigen Geißeln gehören zu den am weitesten verbreiteten Krankheiten überhaupt. 1,5 Milliarden Menschen weltweit sind mit Rundwürmern angesteckt, fast ein Drittel aller afrikanischen Kinder mit Peitschenwürmern. Es ist nicht ungewöhnlich, dass ein Kind bis zu 1000 Haken-, Rund- und Peitschenwürmer in sich trägt. Die Darmparasiten leben vom Blut und stehlen den Kindern so Eisen und Nährstoffe. Sie machen, unter anderem, blutarm, verstärken die Mangelernährung und verzögern deshalb schleichend die körperliche und intellektuelle Entwicklung der Kinder.

Schwester Madeleines Hände tasten über Mwanzias Bauch, seine Augen wandern ihnen hinterher, als seien sie mit unsichtbaren Fäden verbunden. Stumm, fast apathisch lässt der Sechsjährige die Untersuchung über sich ergehen. Er ist das zarteste von Susannas Kindern und der Schwächste in der Geschwisterbande; ein in sich selbst gekehrter, kleiner Junge, der wenig spricht. Beim Essen sitzt er am Rand, und beim Spielen zieht er oft den Kürzeren. Er ist das Lieblingsopfer seiner Schwester Kathini. Die ist zwar zwei Jahre jünger, aber beweglich und wild wie eine Hornisse: Immer die Schnellste am Topf, immer die Erste auf den Bäumen. Sie treibt geschickt mit einem Stock das alte Fahrradfelgen-Ei über Stock und Stein und macht sich über jedes Missgeschick ihres ungelenken Bruders lustig.

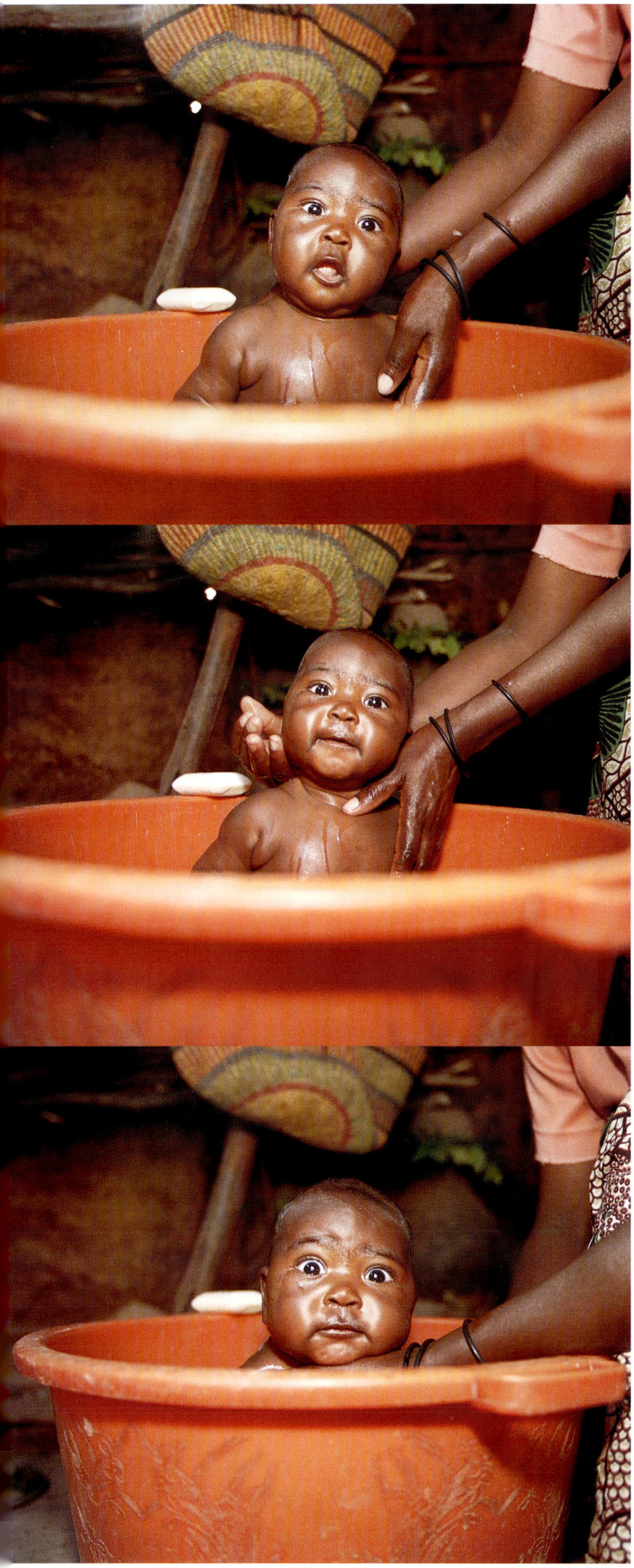

Der Dicke: Francis Mutia, sechs Monate alt, wird verwöhnt; mit Essen, mit Liebe, mit Pflege

»Na, du bist aber mager!«, sagt Madeleine und streicht über die trockene, rissige Haut auf Mwanzias dürren Beinen, über die kreisrunden Male der Pilzinfektion, mit denen sein Körper bedeckt ist – ein Zeichen von Abwehrschwäche. »Eine Runde Appetitanreger noch!«, ruft die Schwester. Eigentlich aber, findet sie, seien die David-Kinder »gut beieinander«. Ein bisschen blutarm zwar, ein bisschen zu dünn, aber weit entfernt vom Hungerhorror, den Madeleine manchmal hier sieht. Dann hocken Kinder mit grauer Haut vor ihr – »Das kann ich gar nicht genau beschreiben: schwarze Haut, die grau wird! Und Haare, die sich rot verfärben.« Es sind die klinischen Symptome schwerer Auszehrung, des Marasmus.

Am Fußende der Untersuchungsliege steht Musyoki. Seine Mutter ist vor ein paar Monaten im Krankenhaus an den Folgen von Hunger gestorben; Musyoki haben die Missionsschwestern gerettet. Der Zwölfjährige steckt im Körper eines Fünfjährigen, der Rücken verwachsen, der Bauch aufgebläht, sein linkes Auge ein toter, blinder Fleck. Hunger und Vernachlässigung haben ihn verblöden lassen. »Guter Junge! Guter Junge! Musyoki ist ein guter Junge!«, piepst er, wenn er Madeleine wie ein Schatten folgt, den übergroßen Kopf schaukelnd, als sei der zu schwer für seinen Zwergenleib.

Doch Mangelernährung ist mehr als eine individuelle Katastrophe, ist mehr als eine Frage des bloßen Überlebens. Kinder müssen satt und richtig genährt sein, damit sie ihre körperlichen, intellektuellen und sozialen Fähigkeiten entwickeln können. Mangelernährte Kinder können ihre Lernfähigkeit nicht optimal ausprägen. Bei Kleinkindern stumpfen Motivation und Neugier ab, ihr Spieltrieb leidet, schließlich ihre Seele. Wer hat Lust zu lernen, wenn der Magen knurrt? Woher sollen Kinder, die hungrig zur Schule gehen müssen, die Kraft zur Konzentration nehmen? Ihre Leistungen lassen sich schlagartig verbessern, wenn vor dem Unterricht ein Frühstück verteilt wird. Das wurde in Studien festgestellt. Aber um das zu verstehen, muss man kein Wissenschaftler sein: Aus einem Hungerhaken wird nie und nimmer ein heller Kopf. Nur kräftige Kinder wachsen zu kräftigen, leistungsfähigen, selbstbewussten Erwachsenen heran.

Deswegen hängt die Entwicklung einer Gesellschaft von der Gesundheit der Mütter und ihrer Kinder ab. In einem Land, in dem sie gut versorgt sind, steigen die Chancen auf wirtschaftlichen und sozialen Fortschritt.

Obwohl nach Schätzungen von Unicef weltweit immer noch über 500 Millionen Menschen chronisch mangelernährt sind: Es gibt Hoffnung. Hunger, Krankheit, früher Tod und Entwicklungsstillstand müssen kein Schicksal sein. In den meisten Entwicklungsländern ist die Mangelernährungsrate in den vergangenen zwei Jahrzehnten gesunken. Viele Staaten haben Vorbildliches geleistet, weil sie das Wohlbefinden der schwächsten ihrer Bürger als Priorität auf die politische Agenda gesetzt haben. Thailand hat in weniger als einem Jahrzehnt, von 1982 bis 1990, die schwere Mangelernährung bei den unter Fünfjährigen im Land praktisch beseitigt. 81 Prozent der thailändischen Kinder dieser Altersgruppe sind heute ausreichend ernährt. Auch aus einigen südamerikanischen Ländern kommen gute Nachrichten: Peru zum Beispiel hat – obwohl mausarm – mit gezielter Still-Propaganda und Hygiene-Programmen die Rate der Sterblichkeit unter fünf Jahren gesenkt.

Afrika aber ist anders. 32 der 48 von der Uno identifizierten am geringsten entwickelten Länder der Erde liegen auf dem Kontinent, der mit jeder Horrormeldung zur Metapher geworden ist für politische Instabilität, gesellschaftliche Stagnation und unsagbares menschliches Leid. Afrika ist Aids und Hungersnot, ist scheinbar unaufhaltsames Bevölkerungswachstum, ist atavistischer Krieg und bodenlose Korruption.

Die Prognose ist düster. 226 der 580 Millionen Bürger in der Sub-Sahara-Region leben nach Schätzungen des Entwicklungsprogramms der Vereinten Nationen (UNDP) heute in so genannter Einkommens-Armut – sie haben weniger als einen Dollar am Tag zur Verfügung. Diese Zahl wird steigen. Immer noch haben hier nur die Hälfte der Bürger Zugang zu Gesundheitsdiensten (in den Entwicklungsländern allgemein: 80 Prozent). Auf 18 000 Menschen kommt hier im Durchschnitt ein Arzt (Entwicklungsländer allgemein: 1 zu 6000, Industrienationen: 1 zu 350). Und wer wird die kommenden Generationen ernähren? Während die Pro-Kopf-Lebensmittelproduktion in den Entwicklungsländern insgesamt seit 1980 um 22 Prozent gestiegen ist, ist sie in Afrika südlich der Sahara um drei Prozent gefallen. Seit den

Die Fürsorgliche: Muendi kümmert sich selbstverständlich um ihre Geschwister. Katungwa liebt es, von ihr herumgetragen zu werden

Familienkonferenz: abends, auf dem Platz vor der Hütte, kurz vor dem Schlafengehen. Die Davids gehen früh zu Bett, gegen neun Uhr, nach dem Essen

Die Schweigsame: Wanza beaufsichtigt Francis Mutia. Alle Mädchen der Familie übernehmen früh Pflichten im Haus und Verantwortung für ihre jüngeren Geschwister

frühen neunziger Jahren melden die Länder einen Anstieg der Mangelernährungsrate. Sie ist die Folge der politischen und wirtschaftlichen Dauerkrise.

Schwester Madeleine hat, es ist fünf Uhr nachmittags, die Apotheke und das Labor abgeschlossen; die letzten Patienten haben sich auf ihren langen Heimweg gemacht. Wir sitzen mit Doktor Matheka in Madeleines kleinem Sprechzimmer, Musyoki schmiegt sich an sie, als wolle er in den gestärkten Falten ihres weißen Kleides verschwinden. Auf der Untersuchungsliege trocknen Ringelblumen. Madeleine will Salbe daraus kochen, so wie man das früher zu Hause in Bayern gemacht hat. Ist gut gegen Verbrennungen und als Wundheilmittel. Madeleine experimentiert mit Kräutermischungen, weil es der Pflanzennärrin Spaß macht, weil es hilft und weil es billig ist. Das Krankenhaus, wie die angeschlossene höhere Schule für Mädchen, wird ausschließlich mit den Spenden finanziert, die die »Missionsschwestern vom Kostbaren Blut« zusammenbetteln. In »Precious Blood« wird gespart, wo immer es geht. Tabletten werden einzeln abgezählt, aus alten Verpackungskartons schneiden die Helferinnen die Patientenkarteien: Basis-Medizin in einem armen Land.

Madeleine arbeitet seit 20 Jahren in Kenya; sie hat in Ambulanzen, Waisenhäusern und auf Geburtsstationen den stetigen Niedergang des ehemaligen afrikanischen Musterlandes miterlebt. »Die Leute werden ärmer. Das Geld, das ein Tagelöhner, und von denen gibt es viele, verdient, steht in keinem Verhältnis zu den Lebensmittelpreisen. Wie soll jemand, der 100 oder 120 Schilling am Tag verdient, 40 Schilling für ein Kilo Bohnen zahlen?« Seit der Unabhängigkeit im Jahr 1963 hat sich in Kenya das Pro-Kopf-Einkommen drastisch verringert, von 700 auf 280 Dollar. Entsprechend ist die Kaufkraft für Nahrungsmittel gesunken: Die Teller sind leerer als je zuvor. 80 Prozent der Kenyaner müssen von weniger als den von Unicef empfohlenen 2250 Kalorien am Tag leben.

Und so pflanzt sich der Mangel fort, von Generation zu Generation, und auch diese Geschichte erzählen die Körper: »Aus unterentwickelten Mädchen werden keine gesunden Frauen. Die haben keine Hüften, die haben kein Becken! Wie sollen sie ohne Komplikationen gesunde Kinder zur Welt bringen?« Auch deshalb ist die Müttersterblichkeitsrate hoch.

Mangelernährung ist die Folge von Armut – und eine ihrer Ursachen. »Entwicklung!«, sagt Doktor Matheka. »Entwicklung heißt: Wir müssen raus aus diesem Teufelskreis. Nur wie? Die Armut ist ein großes, gefräßiges Mahlwerk: Sie zerreibt die Leute. Sie sind erschöpft, kraftlos an Leib und Seele. Wie wollen sie ein Land vorwärts bringen, gar eine zivile Gesellschaft aufbauen, mit Menschen, deren Lebensenergie beim Versuch draufgeht, ihren Magen zu füllen?«

Hungrige Menschen sind leicht zu kaufen. Sie haben keine Wahl, und deswegen ist mit ihnen kein demokratischer Staat zu machen. Politische Partizipation: wie denn – wenn der Magen knurrt? Wer arm ist, ist allzu häufig: Stimmvieh. 14 der 28 Millionen Kenyaner leben unter der absoluten Armutsgrenze: ein halbes Volk als Reservoir für billige Wählerstimmen. Es gibt handfeste politische Interessen, dass dies auch in Zukunft so bleibt. Als etwa im Wahlkreis Ukambani eine Hungersnot ausbricht, schickt der damalige Landwirtschaftsminister Mudavadi 1000 Sack Mais in das Gebiet. Aber nicht, um schnell zu helfen, sondern um seine Wiederwahl zu garantieren – wie jedenfalls westliche Diplomaten vermuten. Die staatlichen Nahrungsmittelreserven, eingerichtet für Notfälle, sind – keiner weiß, warum – nur zur Hälfte aufgefüllt, trotz der Maisrekordernten in anderen Landesteilen.

Mit Geschenken nach Mudavadi-Art sichern in Kenya die Mächtigen seit jeher ihre Positionen. »Wer will den Leuten in den Dörfern vorwerfen, dass sie sich ihre Stimmen abkaufen lassen?«, sagt Matheka mit dieser Mischung aus Müdigkeit und Wut, die sich einstellt, wenn man über Jahre die Wiederholung des Immergleichen beobachtet. »Da kommt ein Kerl daher und stellt sich vor: ›Guten Tag, ich bin dein Abgeordneter! Den Mais hier schenk ich dir!‹ Die Kinder haben Hunger. Welche Frau würde da nicht sagen: Ach! Er füttert die Familie! Er tut uns Gutes. Also tue ich ihm auch was Gutes. Kostet ja nichts. Außer meinem Fingerabdruck auf einem Zettel.«

Öffentliche Moral? Fremd in einem Land, in dem als Dummkopf gilt, wer seine Position nicht ausnutzt, um seine Taschen zu füllen, ob als Verkehrspolizist auf einer Kreuzung in Nairobi, als Zöllner im Hafen Mombasa, als Minister im Amt. Bestechlichkeit und Bestechung sind institutionalisiert: Kenya spielt ganz vorn mit in der Liga der korruptesten Länder

Immer mittendrin: Mutter und Sohn sind unzertrennlich. Francis lernt greifen, während Susanna Sisal spelzt zum Körbeflechten

der Welt. Im August 1997 hatte der Internationale Währungsfonds genug davon, die kenyanischen Eliten zu alimentieren: Er fror auf unabsehbare Zeit Kredite im Wert von 205 Millionen Dollar ein. Entwicklungshilfe-Organisationen zweifeln am Sinn der Zusammenarbeit mit der kenyanischen Regierung und fürchten, dass Geld, das für die Entwicklung des Schulsystems, des Gesundheitswesens gedacht ist, im Bodenlosen, Ungewissen verschwindet. »Hier herrscht Selbstbedienungsmentalität«, sagt ein Entwicklungshelfer. »Die Verantwortlichen verspielen rücksichtslos die Zukunft der Kinder. Korruption kostet Menschenleben.«

Ihren Präsidenten Daniel arap Moi nennen die Kenyaner »Moibutu« oder König der »Wabenzi«. Das ist die Klasse der Mercedesfahrer. Seit mehr als 20 Jahren ist arap Moi an der Macht, einer der letzten Diktatoren des Kontinents – auch wenn er 1992 nach internationalem Druck zum ersten Mal Wahlen mit der Beteiligung mehrerer Parteien zuließ. Die Abstimmungen waren so demokratisch, wie es eben geht in einem Land, in dem die Mehrzahl der Medien staatlich kontrolliert wird, die Versammlungsfreiheit beschnitten ist, Oppositionelle verhaftet und Demonstranten auseinander geknüppelt werden.

Moi und seine Kanu-Partei haben die Wahl 1997 für sich entschieden, sie entspricht »im großen und ganzen«, schrieben unabhängige Beobachter, »dem Wählerwillen«. Der 76-Jährige regiert jetzt angeblich in seiner letzten Amtsperiode. Er zeigt sich gern mit einem schwarzen Stock mit rundem Knauf, ganz der gütige afrikanische Patriarch der 140 kenyanischen Völker. Moi gilt als einer der reichsten Männer Afrikas. Sparsam allerdings ist er: Im Sommer 1998 teilte er den damals streikenden Lehrern mit, er werde sein Präsidentengehalt von umgerechnet 1400 Mark auf 700 Mark kürzen. Die regierungsnahe Tageszeitung »East African Standard« nannte das einen »kühnen Schritt zur Ankurbelung der Wirtschaft«.

Die kann es brauchen. Kenya ist bankrott. Für 1999 erwartet das Land ein negatives Wirtschaftswachstum. Der Staat ist mit mehr als sechs Milliarden Dollar im Ausland verschuldet. Allein ein Drittel des Haushaltes geht für den Schuldendienst drauf. Die Infrastruktur des Landes, seine öffentlichen Einrichtungen sind verlottert und verkommen: Der Highway Nairobi–Mombasa, die Hauptverkehrsader des Landes, ist stellenweise eine Schlaglochpiste, auf der Lastwagen im Stau stecken. Normal, dass Telefone nicht funktionieren, der Strom ausfällt, Wassermangel herrscht. Geld für Lehrer- und Krankenschwestergehälter, für Impfstoffe und Schulbücher verschwindet. Währenddessen bereichern sich die »Mercedesfahrer«. In Kenya erhielten 1998 zehn Prozent der Bevölkerung 48 Prozent des nationalen Einkommens, berichtet die Weltbank. Tiefer war die Kluft zwischen Arm und Reich nur noch in Brasilien.

Wo also ist Hoffnung?

Wer kann für das Wohlergehen künftiger Generationen sorgen – wenn es der Staat nicht tut?

»Die Leute selbst, in den Dörfern«, glaubt der Arzt Matheka. »Wir Afrikaner sagen seltener ›ich‹ als ihr Europäer und dafür öfter mal ›wir‹. Das wird unsere Rettung sein. Wenn es eine gibt.«

Wer hat noch Kraft in diesem entkräfteten Land?

»Die Frauen«, sagt Matheka.

Frauen wie Lydia Kioko, jene Nachbarin, die Susanna Mbili zwang, ihr Kind zu gebären. Die Alten wie die Hebamme Nzilani und ihre Freundin Mery, zwei respektable Spottdrosseln, die sich über die jungen Frauen lustig machen: »Guck mal! Schon wieder schwanger! Du wirst noch so hässlich wie ich!« Und erst recht über die störrischen Männer: »Nimmt sich eine zweite Frau, der Idiot!« Kraft haben junge Frauen wie Sicilia, die mit 17 das erste Kind bekommen hat; da war es vorbei mit der Ausbildung zur Schneiderin, und eben das soll ihrer Tochter nicht passieren. Oder Penina, die drei Kinder hat und sagt: »Es reicht!« Und 29 andere: die Frauengruppe von Musalala.

Es ist Tradition in Kenyas Dörfern, dass Frauen einander bei der Feldarbeit helfen, sich bei der Kindererziehung unterstützen, vor allem, wenn die Männer in den Städten arbeiten. Frauen reden miteinander, sie teilen ihre Sorgen. Die eine kennt die Furcht der anderen, wenn ein Kind krank ist, kennt den Schrecken, schon wieder ungewollt schwanger zu sein.

Musalala braucht eine Gesundheitsstation, beschlossen sie deshalb 1997. Damit Hilfe nah ist, wenn ein Kind Durchfall hat. Damit man nicht wegen ein paar Schmerztabletten drei Stunden laufen muss. Damit zweimal in der Woche eine Krankenschwester Sprechstunde im Dorf halten kann. Die Frauen des Dorfes haben eine »Chairlady« gewählt – Lydia Kioko – und ein Bankkonto eröffnet. Sie haben sich Uniformkleider genäht, aus lilafarbenem Stoff, damit bei offiziellen Anlässen jeder sofort sieht: Hier kommen die Frauen von Musalala. Sie haben bei der »Deutschen Stiftung Weltbevölkerung« (DSW) einen Antrag gestellt, und er wurde genehmigt: 12 700 Mark für ein *bamako*. Die Ambulanz trägt ihren Namen nach der »Bamako-Initiative«, die sich seit 1987 in mehreren afrikanischen Ländern erfolgreich bemüht, eine medizinische Grundversorgung in Dörfern zu garantieren und so der kontinentweiten Krise in der Gesundheitsversorgung entgegenzuwirken.

Bauarbeiten: Zu leisten von den Frauen, steht im Vertrag mit der DSW. Und so haben sie Ziegel gebrannt und sie – immer vier, fünf Stück in einem Stirntrageriemen – den Berg hinaufgeschleppt. Sie haben Beton gemischt und sich mit Bankbeamten herumgeschlagen. Manchmal lag die Baustelle für Wochen still, weil der Mais geerntet werden musste; weil die Frauen, die vom Morgengrauen bis zur Abenddämmerung zu Hause beschäftigt sind, die Stunden für die gemeinsame Arbeit nicht aufbringen konnten. Jetzt steht das Haus, zentral am Dorfplatz, gegenüber der Bar und gleich um die Ecke von der Kirche. Es riecht nach frischer Ölfarbe, noch fehlen die Regenrinnen, noch ist die Krankenschwester nicht eingetroffen, die die Regierung schicken will, noch fehlen Medikamente …

»Ich bin eine Hexe!«, wispert Kamene, verschwörerisch, rollt die Augen, rollt die Schultern, die Schellenbeutel vor ihrem Bauch rasseln, die Perlenschnüre klackern. Und Kamene lacht. Und schlägt die Trommel zwischen ihren Beinen. Erst zaghaft, tastend, als warte sie darauf, dass der Rhythmus sich ihr offenbare, dann schneller und schneller und drängender. Sie schließt die Augen und gibt sich hin. Ihre Hände gehorchen und fliegen. Der Rhythmus greift nach den Frauen, die im Halbkreis um die Trommlerin stehen. Mery feuert die Tanzenden an, ein dürrer alter Derwisch in schnürsenkellosen Turnschuhen ist sie, der einen Kuhschwanzwedel schwingt. Das Geschrill von Trillerpfeifen punktiert das Trommel-

Die Unzufriedene: Cathrin hat ihr erstes Kind, Susanna, mit 17 bekommen, ungewollt. Den Namen des Kindsvaters nennt Cathrin nicht. Sie lebt wieder zu Hause mit ihrer Familie und träumt vom Leben in Nairobi

Die Großfamilie David von links nach rechts: Cathrin (17) mit ihrem ersten Kind Susanna (3 Monate), Mwanzia (6), Mwangangi (12), Kathini (4), Susanna Mbili (34) mit Francis Mutia (15 Tage), Katungwa (2), Muendi (9), Wanza (7)

Nicht auf dem Bild sind David Mwongela Sakai (42) und Mwongeli (14). Der Vater arbeitet in Nairobi, Mwongeli hat die Schule abgebrochen und ist als Dienstmädchen angestellt

gedröhn, Ketten aus Kronkorken rasseln. Die Frauen beginnen sich zu wiegen, aufzustampfen, und plötzlich sind alle einig im Takt: ein vielgliedriger Frauenkörper in kraftvoller Bewegung. Am Rand des Platzes laufen die Kinder zusammen und bleiben die Männer stehen. Die Frauen feiern ihr *bamako* – und sich selbst.

Der Tanz ist ein Echo aus einer vergangenen und zugleich die Begrüßung einer neuen Zeit. So wurden früher in Initiationsriten Mädchen und Jungen über die Schwelle der Erwachsenenwelt geführt; die Sprechgesänge, die zum Tanz gehören, das rhythmische Frage-Antwort-Spiel zwischen einer Vorsängerin und der Gruppe waren auch immer Aufklärung. Sie sind es noch heute.

»Was ist, wenn du zu viele Kinder hast?«, ruft die Chairlady.

»Streit im Haus!«, antwortet die Gruppe.

»Ihr solltet weniger Kinder haben! Ihr sollt sie ernähren können!«

»Ja, du hast Recht!«, summen die anderen.

»Lauft nicht weg, wenn ihr die blauen Taschen seht!«

»Lauft nicht weg! Lauft nicht weg!«

Sie singen es vor allem in Richtung der Männer, in Richtung der Bar da drüben. Denn da hocken sie und wispern und spinnen Gerüchte; beim Tusker-Bier, das der Wirt der düsteren Bude über die Theke schiebt. *Die Pille wollen sie schlucken! Dicke Beine werden sie davon kriegen, die werden schon sehen! Familienplanung – modernes Palaver! Und in den blauen Taschen haben sie diese Gummi-Dinger, und hast du schon gehört, einen Holzpenis! Nicht zu fassen! Angeblich, um den Gebrauch der Dinger zu zeigen … Aber trau einer den Frauen …*

Der Inhalt der blauen Taschen ist Skandalon und Versprechen in einem. Vorsichtig versuchen die Beraterinnen die Balance zu halten zwischen den Wünschen der Frauen und dem Misstrauen der Männer. Sie treffen ihre Nachbarinnen manchmal heimlich zu Beratungsgesprächen, weil die Schwiegermutter die Pillenpackung nicht sehen darf. Sie stecken jungen Männern Präservative zu. Sie lernen offen mit ihren Töchtern über Sexualität zu sprechen. Familienplanung ist zu einem Thema in Musalala geworden.

*

Musyoki ist tot. Wir vermissen seine kleine Gestalt, als wir einige Monate später wieder ins Krankenhaus kommen: Er saß immer auf den Stufen der Klinik, selbst bei stechender Hitze in seinen himmelblauen Pullover vergraben und vertieft in ein babbelndes, unendliches Gespräch mit sich selbst. Eines Tages, erzählt uns Schwester Engelberta, sei das Kind aufgestanden und habe Blut erbrochen. Es mochte nicht essen und war ganz schwach. Ein paar Stunden später starb Musyoki. Vermutlich an einer Magenblutung, weil sein vom Mangel geschundener Körper trotz aller Zuwendung nicht mehr weiter konnte.

*

Iss! Bossi-Bossi-Bossi, iss!«, singsangt Cathrin und zwingt einen Löffel Brei zwischen Francis Mutias Lippen. Der bäumt sich widerstrebend auf, dicke Arme, dicke Beine schlagen in alle Richtungen; seine Backen sind breiverschmiert. Rund, erdenschwer wie zwei Gewichte hängen sie an seinem Gesicht. Er äugelt aus kleinen Schlitzen nach seiner großen Schwester. »Haps! Boss! Haps!« umkost sie ihn. Er grinst. Dann lässt er sich herab und öffnet den Mund und sitzt auf ihrem Schoß in speckiger Pracht und mit der Aura eines verwöhnten, fetten Fürsten. Er wiegt in seinem siebten Lebensmonat zehn Kilo.

Boss: Irgendjemand, keiner weiß mehr, wer, hat ihn eines Tages so genannt. Wenn Susanna ihn ruft, wenn sie ihn hochstemmt, dass sich sein Hals in pralle Falten wirft, ist Stolz, Verwunderung in ihrer Stimme: Wie hat sich dieses Kind entwickelt, nach einer Geburt, die sie beide fast das Leben gekostet hat! Mit unschuldig gnadenloser Babygier darf sich Francis Mutia durchsetzen, wenn er hungrig ist, wenn er Zuwendung braucht oder Unterhaltung. Er schreit kaum. Er ist nicht eine Minute allein, seine Familie ist ein körperwarmes Nest. Stundenlang döst er im Tragetuch auf Muendis oder Cathrins Rücken. Er wälzt sich, seine Glieder mit denen der kleinen Susanna verknäult, glucksend auf einem alten Sack in der Sonne. Er wandert von Arm zu Arm, liebkost und umschmust in unermüdlicher Fürsorge: Als wollte seine Familie ihn an Leib und Seele wohlgenährt in das karge, unsichere Leben entlassen, das auf ihn wartet. Nachts liegt er in Susannas Bett, und das wird ihm die nächsten zwei, drei Jahre gehören.

Bis zu seiner Geburt war dort Katungwas Platz, da war sie das umhegte »Baby« und lebte im Luxus. Jetzt muss sie sich die Zuwendung ihrer Mutter erschleichen und ertrotzen.

Schälen!«, wispert sie und hält ihrer Mutter eine Mandarine hin. »Mach selber!«, sagt Susanna,

Gefährliche Reise in die Hauptstadt: Sammeltaxis, *matatus*, verbinden Musalala mit Nairobi. Sie fahren nur freitags und montags, sind immer gnadenlos mit Fahrgästen und Gepäck überladen

Um Nairobi wuchern Slums. Hier leben die meisten Arbeitsemigranten und Landflüchtlinge

Arbeit fern von zu Haus: David ist Gärtner bei einer wohlhabenden Familie in Nairobi. Er verdient umgerechnet knapp 100 Mark im Monat. Damit muss die Familie auskommen

Besuch von zu Haus: Alle paar Monate fährt Susanna mit den beiden Jüngsten nach Nairobi. Diese Reisen sind luxuriöse Unterbrechungen im Einerlei ihrer Tage

Teure Fülle: Der Besuch im Kaufhaus ist etwas Besonderes für Susanna. Was kann sie sich leisten? Die Davids müssen mit jedem Schilling rechnen

Familienausflug: Der Kenyatta-Park ist das grüne Herz Nairobis. Als er 1999 in Bauland verwandelt werden sollte, kam es zu Straßenschlachten zwischen Polizei und Demonstranten

Katungwa schüttelt den Kopf. Du hast mich verlassen!, steht in solchen Momenten auf ihrem Gesicht geschrieben, es hellt sich erst auf, wenn ihre Mutter Boss zur Seite setzt und sie auf den Schoß hebt. Die jetzt Dreijährige zieht sich nicht mehr selber an, nur zur Not isst sie jetzt ohne Hilfe, als wolle sie darauf hinweisen, dass auch sie zu jung ist, um sich um sich selber zu kümmern. Sie ist eifersüchtig. Manchmal, wenn keiner guckt, kneift sie Boss; sie ist die Einzige in der Familie, die ihn ignoriert, wo immer es geht. Wie alle Kleinkinder, die plötzlich ihren privilegierten Platz in Mutters Herzen verlieren, muss Katungwa teilen lernen. In dieser Familie aber ist das eine Existenzbedrohung.

In Katungwas Nasenlöchern blühen dick und eitrig zwei Rotzblumen. Auch Kathini schnieft und hat ihre Arme um sich geschlungen, als wolle sie sich trösten. Bewegungslos sitzen die beiden vor dem Haus. Sie sehen schmutzig, vernachlässigt, traurig aus. Selbst die fröhliche Kathini, die vor ein paar Monaten durchs Leben tobte wie eine wilde Tanzmaus, ist verstummt. Sie ist in den vergangenen Monaten kaum gewachsen und nur eine Handbreit größer als ihre dreijährige Schwester. Steckendürr schauen ihre Beinchen unter dem Rock hervor.

»Mir ist so übel…«, murmelt sie.

»Was hast du gegessen?«, fragen wir.

»Nichts«, sagt das Kind.

Denn wieder ist der Mais aufgebraucht und der Vorrat an Bohnen erst recht. Susanna Mbili ist Stunden unterwegs auf der Suche nach Cassava oder einem Laden, der das Kilo Maniok um einen Schilling billiger verkauft als die Händler am Dorfplatz. Sie muss sparen, selbst wenn das heißt, den Mais von weit her auf dem Rücken herbeischaffen zu müssen. Die Familie wird, wie alle hier oben in den Hügeln, nicht genug ernten in dieser Saison. Denn der Himmel war geizig während der jüngsten Regenzeit.

Auf den *shambas* krallt sich verkümmerter Mais in den trockenrissigen Boden. Die Mahlzeiten werden noch magerer ausfallen als sonst. Mancher wird hungern. Die Regierung habe, hören wir, Notrationen in die Dörfer geschickt.

Boss, der Familienkönig, und nur er, residiert über ein Schlaraffenland mit ergiebigen Milchseen und unerschöpflichen Breibergen: Er ist das einzige von Susannas Kindern, das nie hungrig ist. Er wird gestillt. Er wird mit Brei voll gestopft – und die anderen kommen zu kurz, denn Susanna schafft es noch weniger als sonst, die Familie ausreichend zu ernähren. Der Mangel zeichnet langsam, schleichend die Körper der vernachlässigten Kinder. Kathinis Haar lichtet sich über der Stirn zu kahlen Flecken, der fusselige Schopf der kleinen Susanna leuchtet ungesund rötlich: Zeichen von chronischer Mangelernährung. Es ist das Diktat der Armut, dass sich mit Resten zufrieden geben muss, wer zu jung ist, um für sich selbst zu sorgen, zu still oder ein Mädchen.

Und so gedeiht Boss und macht sich breit auf Kosten seiner nächsten Geschwister. »Komm, komm, Katungwa!«, ruft Cathrin und schwenkt nachlässig den Topf, wenn Boss nicht mehr mag. Dann kauert sich die traurige Dreijährige, die vor kurzem noch alles hatte, hin, den rußigen Pott vor sich, einen Teelöffel in der Faust, und kratzt die angebrannten Maisbreifetzen vom Topfboden. Kathini bekommt an diesem Mittag nicht einmal etwas vom Bodensatz ab. Sie muß sich mit einer unreifen Guajava zufrieden geben, die ihre Schwester Muendi ihr zusteckt.

Auch Susanna ist noch schmaler geworden. Sie versinkt in ihrem löchrigen gelben Pullover, den sie vor Francis' Geburt immer trug. Arbeit müsse sie suchen, erzählt sie uns. Neulich hat sie sich bei einer Familie eine Stunde Weg von zu Hause vorgestellt, als Dienstmädchen für die Feldarbeit, für die Kinderbetreuung. Sie hofft, ein paar Schilling dazuzuverdienen.

Aber was wird aus den Kindern? Wer würde Kathini mittags nach der Schule fragen: »Wie viel ist eins und eins?«? Wer würde Katungwa die kopflose Barbie-Puppe auf den Rücken binden und sagen: »Geh mit deinem Baby Wasser holen!«? Wer würde darauf achten, daß Mwanzia die Male der Pilzinfektion, an der er immer noch leidet, regelmäßig mit Salbe beschmiert? Und Boss? Sie müsste abstillen, obwohl er ihre Milch eigentlich noch Monate brauchen wird. Zur Arbeit mitnehmen könnte sie ihn nicht.

Susanna hat Angst, die vier Kleinen zu vernachlässigen. Mwangangi, 12, und Muendi, jetzt 10, hingegen sind selbstständige Kinder. Der Junge verschwindet nach der Schule zum Fußballspielen. Mit seinen Freunden trifft er sich auf dem Bolzplatz; sie kicken stundenlang mit dem aus alten Plastiktüten zusammengedrehten Ball. Muendi ist ein stilles Mädchen mit einem eigenwillig schönen Gesicht.

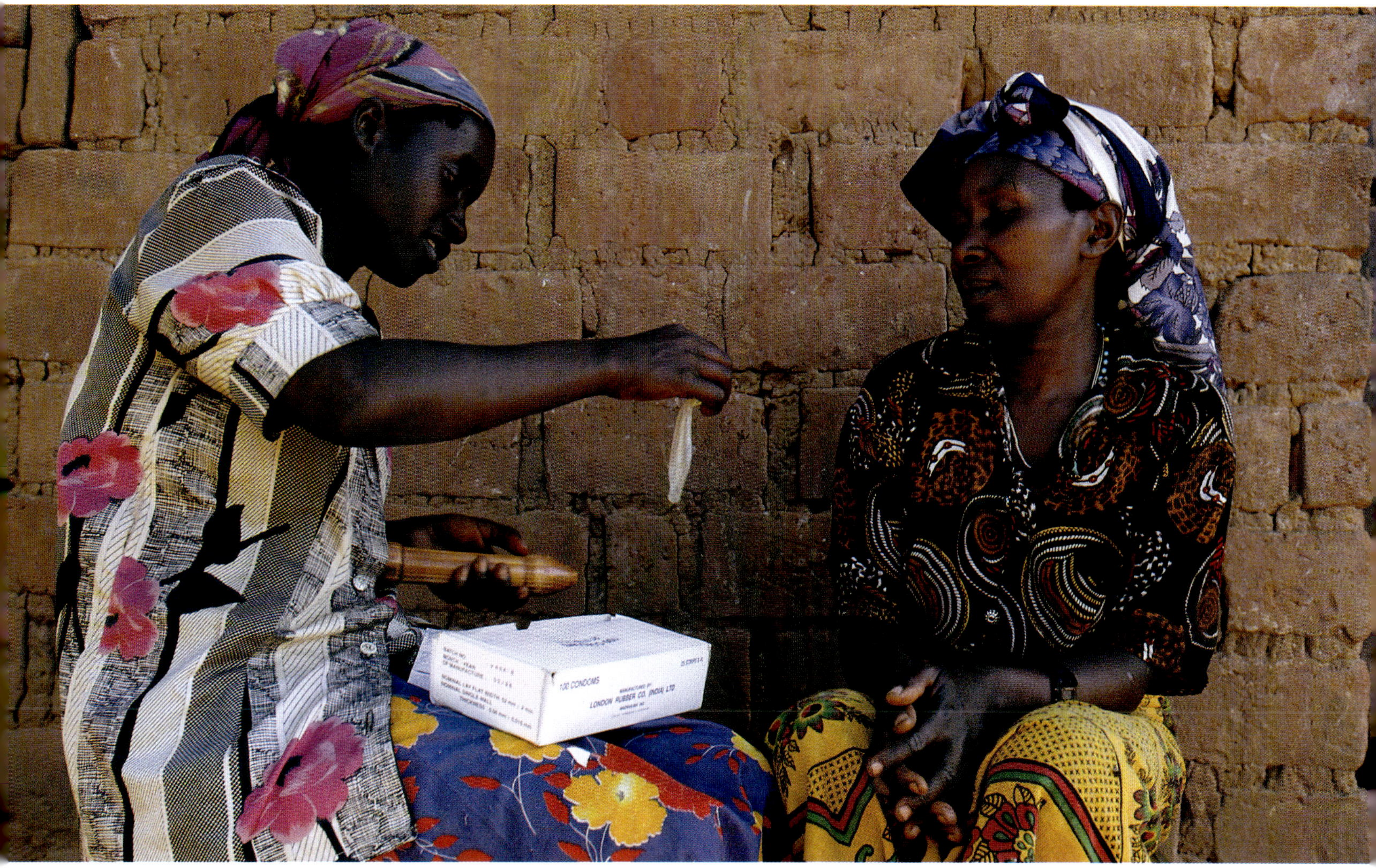

Sex nur mit …: Penina und Theresia, zwei der freiwilligen Gemeindehelferinnen, mit Anschauungsmaterial. Seit neuestem reden Musalalas Frauen über Familienplanung

Zu erwachsen wirkt sie für ihr Alter: eine kleine Hausmutter, die sich selbstverständlich um ihre Geschwister kümmert und jeden Tag dafür sorgt, dass in der Tonne frisches Wasser ist.

»Ich muß einfach arbeiten«, sagt Susanna, »alles andere wird sich ergeben.«

Denn da sind noch die Schulden. Susanna muss die elfköpfige Familie mit umgerechnet 25 Mark im Monat durchbringen. Davids Arbeitgeber behält zur Zeit 2000 der 3000 Schilling Gehalt zurück. Er hat der Familie vor einem Jahr einen Kredit gewährt. Damals war Susannas älteste Tochter Cathrin schwanger, zur gleichen Zeit wie ihre Mutter.

Es ging ihr schlecht, sie hatte kein Geld, Arzt und Medikamente, schließlich die Geburt des Kindes im Krankenhaus zu bezahlen.

Den Namen des Vaters ihres Kindes nennt die Siebzehnjährige nicht. Ihr Gesicht erstarrt im Trotz, wenn Susanna ihr Vorwürfe macht. Stumm verschwindet sie in der Küchenhütte, wenn es um jene Monate in Nairobi geht. Von Männern habe sie genug, ein für alle Mal, presst Cathrin allerhöchstens hervor. Dann sieht sie aus wie ein gekränktes Kind.

Der Rest ist Vermutung: Cathrin hat in einem Kiosk in Nairobi gearbeitet, als dieser Kerl auftauchte. Vielleicht hat er ihr eine Cola ausgegeben. Vielleicht hat er sie sogar ins Kino eingeladen oder ihr einen billigen Lippenstift gekauft. Ein bisschen Luxus schmückte plötzlich das armselige Alltagseinerlei hinterm Kiosktresen, da war plötzlich jemand, der sich um sie kümmerte, der sie begehrte. Vielleicht hat er ihr geschmeichelt; sicher hat er sie bedrängt. Und Cathrin hat nicht nein sagen können …

Cathrin war eines von Tausenden junger Mädchen, die vom Dorf in die Stadt gehen, voller Hoffnung und Lebenshunger, und dafür die Grundschule abbrechen. Wenn die Mädchen Glück haben, finden sie einen Job als Haushaltshilfe. Viele aber gehen in den Slums von Nairobi verloren, enden im schlimmsten

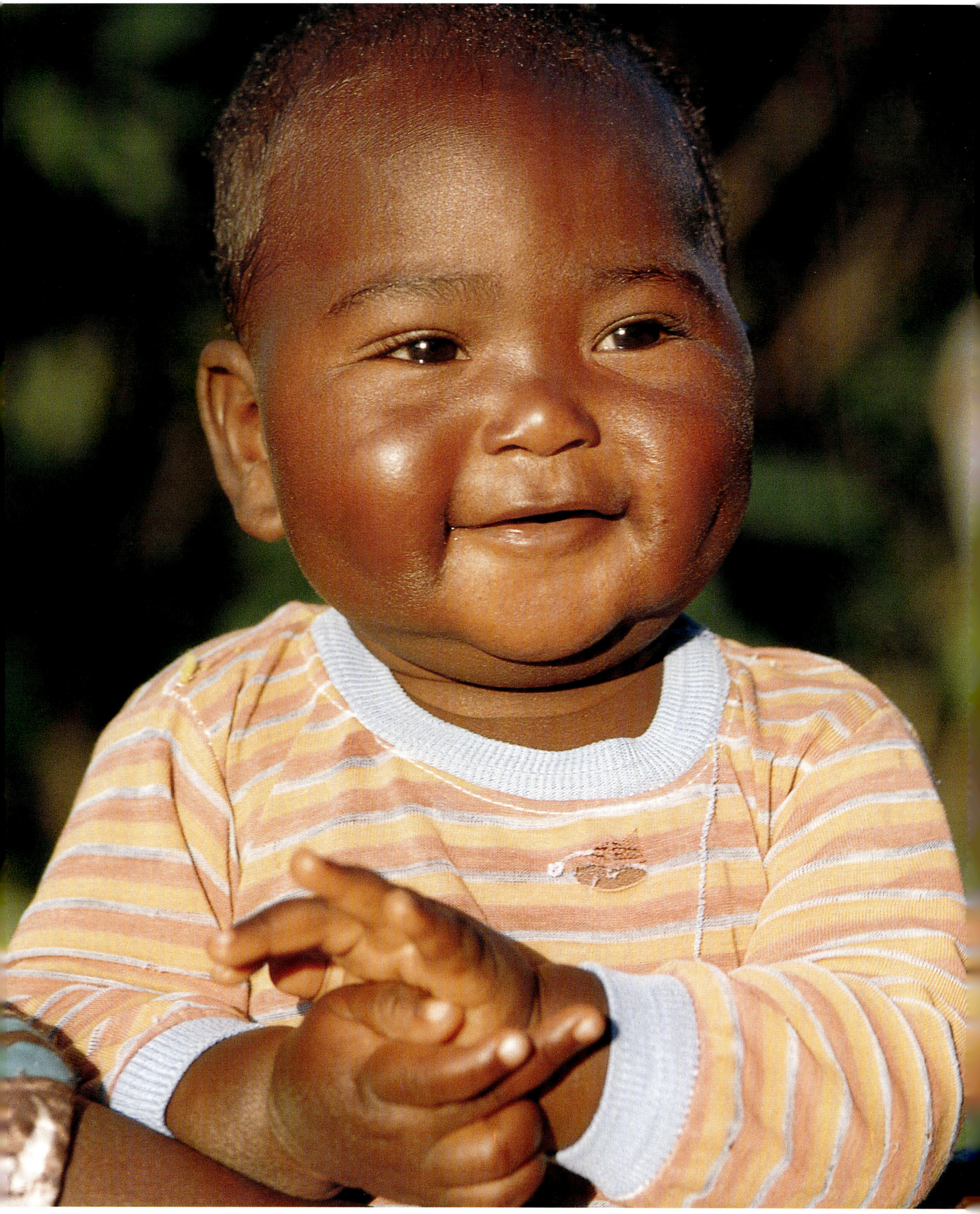

Der Familienkönig: Seine Geschwister nennen ihn »Boss«. Weil er bekommt, was er will, immer zuerst und von allem viel

Fall als Huren, ausgebeutet und missbraucht von rücksichtslosen Freiern, die auf ungeschütztem Sex bestehen. Eine Studie des Aids-Programms der Vereinten Nationen (UNAIDS) hat festgestellt, dass in der Altersgruppe der 15- bis 19-Jährigen vier Prozent der Jungen mit HIV infiziert waren, aber 25 Prozent der Mädchen: angesteckt von »sugardaddies«, älteren Männern, die sich »saubere« Jungfrauen suchen. Und sie nicht selten vergewaltigen. »In Kenya gab durchschnittlich eine von vier jungen Frauen an, ihre Jungfräulichkeit unfreiwillig verloren zu haben«, schreibt UNAIDS. Kenya gehört zu den am schlimmsten von Aids betroffenen Ländern der Erde, 1,6 Millionen der 28,6 Millionen Kenyaner sind mit HIV infiziert.

Susanna hat Cathrin damals nicht aufgehalten, als sie die Familie und die Schule verließ, genauso wenig wie ihre zweitälteste Tochter Mwongeli, 14. Und so kapitulieren viele Mütter, denn Kinder zur Schule zu schicken ist für sie häufig unerschwinglich. Jede Schuluniform, jedes Buch weniger ist ein Sack Mais mehr. Susanna muss 1600 Schilling im Monat für Bücher, Stifte, die vorgeschriebenen grünen Wollpullover, Prüfungsgebühren zahlen – eine unerträgliche finanzielle Last bei einem Familieneinkommen von 3000 Schilling.

Mwanzias Kindergärtnerin hat die Gebühr gestundet, aber nur noch ein paar Wochen, hat sie wissen lassen, dann darf der Junge nicht mehr kommen, dann verschiebt sich der Tag seiner Einschulung. Muendis Lehrer hat sie neulich nach Hause geschickt, weil sie die zehn Schilling für ein Heft nicht beibringen konnte. Die Zehnjährige hat sich geschämt. Ihre Mutter hat sich geschämt.

Armut demütigt. Dauernd muß Susanna erklären, im Laden, bei dem sie anschreiben lässt, in der Schule, dass ihr Mann sicher bald mit Geld nach Hause kommen wird. Die Lehrer versuchen, geduldig zu sein: Aber Uniformen sind nun mal Pflicht. Und immer lauert auch eine kleine Scham in Susanna: Du hast zu viele Kinder … Bei ihrem einzigen Besuch im Missionskrankenhaus während der Schwangerschaft hat sie gelogen, als Schwester Madeleine nach ihrem Alter, nach der Zahl der Geburten gefragt hat. 34, neun: Das kam Susanna nicht über die Lippen. Die Schwestern machen den Frauen keine Vorwürfe. Aber der schnelle Blick, die mitleidige Frage »Wie schaffst du das?« – unerträglich, manchmal.

Es ist unwahrscheinlich, dass ohne Hilfe alle neun Kinder die achtjährige Grundschule beenden würden.* Wo die Teller leer sind, wird Bildung zum Luxus. Weil die Kenyaner von Jahr zu Jahr ärmer werden, sinkt die Einschulungsrate im Land dramatisch: von 95 Prozent im Jahr 1989 auf 78 Prozent 1996. Nicht einmal die Hälfte aller Kinder schließt die Schule ab. Die jungen Mädchen gehen als Erste: Weil das Geld nur für die Ausbildung der Brüder reicht. Weil sie mitarbeiten müssen. Viele der 13-, 14-, 15-Jährigen können kaum lesen, kaum schreiben. Sie sind schüchtern und erheben nie die eigene Stimme. Sie haben nichts gelernt und sind deshalb billig zu haben. Ihnen hat keiner beigebracht, dass nur sie es sein sollten, die entscheiden, mit welchem Mann sie gehen, wie viele Kinder sie bekommen und wann.

Das Recht auf Bildung ist ein Menschenrecht. Es wird in vielen Entwicklungsländern, nicht nur in Kenya, vor allem jungen Mädchen verwehrt. Als erwachsene Frauen sind sie von der gleichberechtigten Teilhabe am wirtschaftlichen, sozialen und kulturellen Leben ausgeschlossen. Die Männer bleiben unter sich. Im kenyanischen Parlament sitzen Anfang 1998 vier Frauen.

Soziologen haben in vielen Studien nachgewiesen, daß ein enger Zusammenhang zwischen dem Bildungsniveau von Frauen und der Höhe der Geburtenrate besteht. Kluge Frauen bringen weniger Kinder zur Welt: Wer Geburtenraten senken will, muss Mädchen zur Schule schicken. In Kenya bekamen Ende der achtziger Jahre Frauen ohne jede Schulbildung statistisch 7,0 Kinder, Frauen mit abgeschlossener Grundschule 6,6 und diejenigen mit höherer Schulbildung 4,9 Kinder. Allein schon wenn Frauen nur lesen und schreiben lernen, gewinnen sie mehr Einfluss auf die eigene Lebensgestaltung.

Mädchen, die lange zur Schule gehen, gründen ihre Familie später, bekommen später ihr erstes Kind. Sie verhüten häufiger, ihre Kinder sind erwünscht. Diese Mütter können sich besser um ihre Kinder kümmern, weil sie mehr über Ernährung, Hygiene, Medizin wissen. Und deshalb nimmt mit einem höheren Bildungsgrad der Frauen die Kindersterblichkeit ab. Sie aber ist auch ein Grund für eine

** GEO hat, als Dank für die Gastfreundschaft der Familie David, ein Treuhandkonto eingerichtet und dort Geld für den Schulbesuch der Kinder festgelegt.*

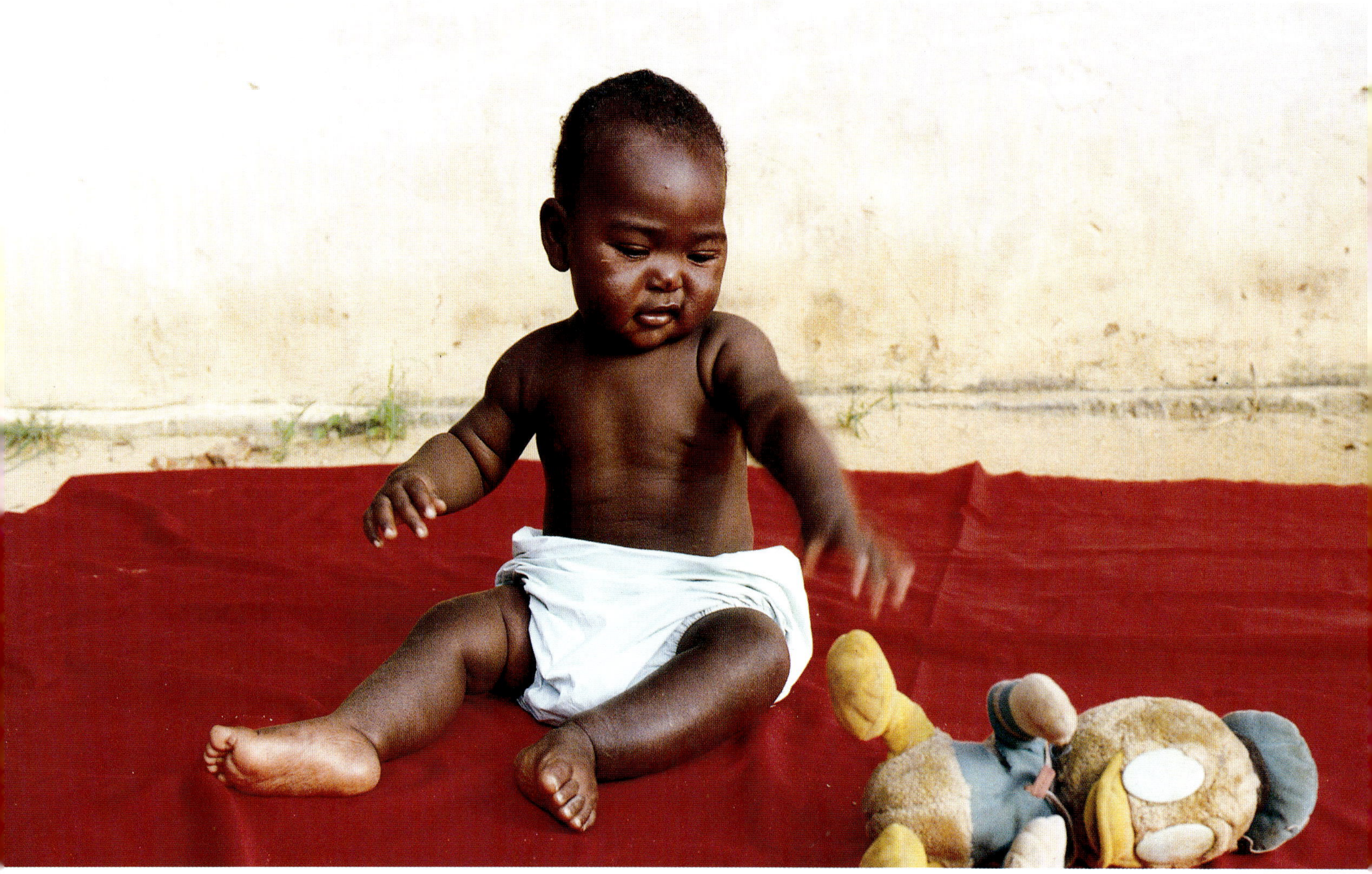

Lernen fürs Leben: Greifen – und weg damit! Die Ente ist Francis Mutias einziges Plüschtier

hohe Geburtenrate, denn viele Kinder kommen nur zur Welt, weil Eltern im Alter versorgt werden wollen.

»Dumm war Cathrin!«, sagt Susanna bitter. »So dumm, wie ich auch war!« Sie habe es nicht fassen können, sagt sie, dass ihre Tochter wie ein Spiegelbild ihr eigenes Schicksal wiederhole. Denn auch Susanna hat ihr erstes Kind mit 17 bekommen und gegen ihren Willen.

Cathrin lebt jetzt wieder in Musalala. Ihre Tochter hat sie, als wolle sie die Mutter mit dem ersten Enkel und dem zehnten Kind im Haus versöhnen, Susanna genannt. Vorerst ist Cathrins Lebensweg beschlossen. Sie schleppt Holz und Wasser, sie rührt stundenlang im Maisbreitopf und träumt dabei vom Leben in Nairobi, das besser ist, besser sein muss als das Leben im Dorf; sie träumt vom Dienstmädchenjob, den sie nicht findet. Und immer hat sie ein Kind auf dem Arm, auf dem Rücken, an der Brust, zu ihren Füßen.

Frag! Frag jetzt, frag den Doktor! Damit du mir nicht in ein paar Wochen Vorwürfe machst!« Susanna lehnt sich weit im Stuhl zurück. Als mache sie ihrem Mann Platz: Damit auch er ins Gespräch kommt über diese »Frauensache«; damit er sich, mit jeder Frage, jedem Satz, laut und offiziell hinter ihre gemeinsame Entscheidung stellt – sie wird sich sterilisieren lassen.

»Es ist gut, dass Sie zusammen gekommen sind. So soll es sein! Das kommt viel zu selten vor«, sagt der junge Arzt der Marie-Stopes-Klinik aufmunternd. Sie liegt am verkehrsumtosten, staubigen Kenyatta-Markt im Norden Nairobis, über dem Schönheitssalon »Beauty 2000«, und gilt als eine der zuverlässigsten Adressen bei allen Fragen der Familienplanung. An der Rezeption hängt die Preisliste. »Pille: 200«, steht da, »Kondome: kostenlos. Permanente Methode: 200.« Das sind rund sechs Mark.

Boss ist auf Susannas Schoß, Katungwa an Davids Schulter eingeschlafen. Der Vater hält sich an seiner Tochter fest. Er ist nervös.

Studienzeit: Im Alter von sechs Monaten untersucht Francis Mutia neue Gegenstände genau

»Wird meine Frau dabei Schmerzen haben?«, fragt er.

»Kaum«, antwortet der Arzt. »Das ist ein kleiner Eingriff, mit örtlicher Betäubung. Wir machen zwei Schnitte durch die Bauchdecke, so erreichen wir die Eileiter. Die werden dann rausgefischt« – er knickt seinen Zeigefinger zum Haken – »und abgebunden. Einen Tag lang sollte sich Ihre Frau aber schonen.«

»Wird sie dann arbeiten können wie immer? Auf dem Feld? Wird sie Wasser und Holz und die Kinder tragen können?«

»Natürlich! Alles ganz normal. Das Einzige, was an die Operation erinnert, werden zwei winzige Narben sein.«

Auf der Welt haben sich 150 Millionen Frauen für eine Sterilisation entschieden. Sie ist das am häufigsten verwendete Verhütungsmittel, und das sicherste: Die Versagensquote liegt, bei Frauen über 34, um die 0,7 Prozent in zehn Jahren. Ärzte empfehlen die Sterilisation vor allem älteren Paaren mit mehreren Kindern, die sicher sind, dass sie keine mehr wollen.

Das sind Susanna und David. Irgendwann in den vergangenen Monaten, nach und nach, haben sie die Entscheidung getroffen: erschrocken über die lebensgefährliche Geburt. Glücklich über Boss – einen weiteren Jungen in der Familie, den dritten, unter »zu vielen« Mädchen.

»Ich möchte Sie darauf hinweisen«, sagt der Arzt, »dass eine Sterilisation endgültig und nicht rückgängig zu machen ist. Sie werden danach kein Kind mehr bekommen können.«

Susanna nickt. David sagt: »Ja.«

Und so wird Baby-Boss Francis Mutia David ab dem 18. Mai 1999, 10 Uhr morgens, einen weiteren, einen sprechenden Namen tragen: Mumina. Der letzte.

Frauensache: Susanna verabredet einen Termin, um sich sterilisieren zu lassen. Ab morgen wird Baby-Boss Francis Mutia einen weiteren Namen tragen: Mumina. Der Letzte

Konsument Kind: Welches der »Gourmet-Menüs« mag das Baby? Birne und Mango in Apfel? Oder lieber feinen Mais mit Bio-Pute? Petra hat die Wahl unter mehr als 200 verschiedenen Fertigmenüs für Säuglinge

DER MENSCH LEBT NICHT VOM BROT ALLEIN – LEICHT GESAGT. NUR WIE SCHWER IST LIEBE BEI LEEREM MAGEN

Lebensmittel

Überlebenskampf: Wenige Tage nach Francis Mutias Geburt arbeitet Susanna wieder auf der kleinen *shamba* am Haus. Sie baut Mais, Bohnen, ein wenig Maniok und Bananen an. Die Familie ist auf gute Ernten angewiesen. Denn der Verdienst des Vaters, umgerechnet knapp 100 Mark im Monat, reicht nicht, um die Kinder zu ernähren

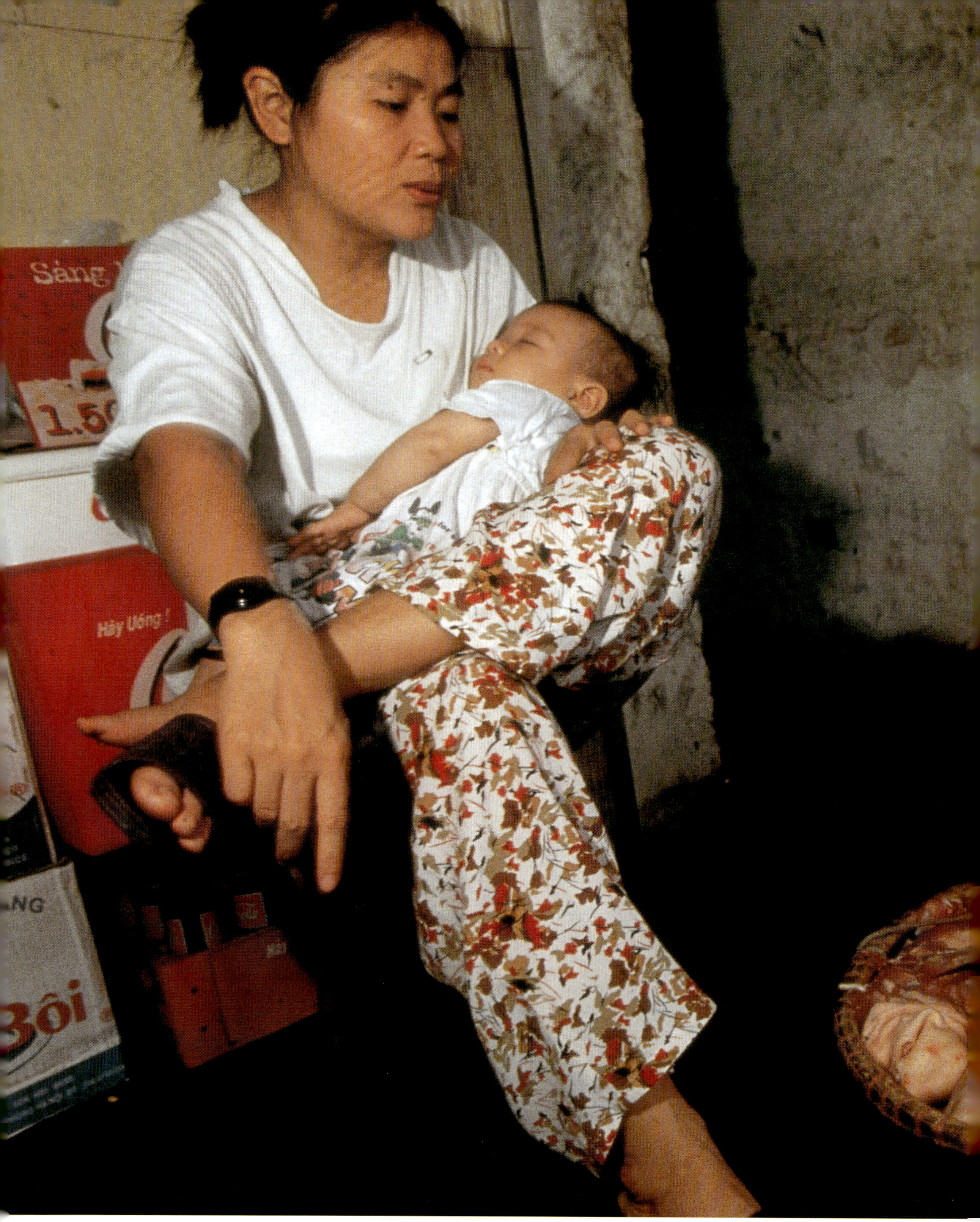
Hãy Uống !

Privatkundschaft: Mai kauft jeden Tag Fleisch, Reis und Gemüse bei den fliegenden Händlerinnen, die in Hanois Altstadt mit Tragjochen von Haus zu Haus gehen. Für den jungen städtischen Mittelstand, zu dem die Nguyens gehören, ist Fleischkonsum nichts Besonderes mehr

ANUFACTURED B
TIONERY
OMPANY
Anlene
HÀM LƯỢNG CANXI CAO
SỮA BỘT KHÔNG BÉO
HI-CALCIUM
NON FAT MILK POWDER
A PRODUCT OF NEW ZEALAND
100% CANXI SỮA
SẢN PHẨM TÂN TÂY LAN
450 g
明江桂卷蛋
Egg Roll
明江桂卷蛋
Egg Roll
Nestlé
LACTOGEN
Rumusan bayi dengan zat besi
加含鐵質嬰兒奶粉
Sejak lahir hingga 12 bulan
SUSU IBU ADALAH MAKANAN TERBAIK

Junger Luxus: Vor gut einem Jahrzehnt hat sich Vietnam auf den Weg vom Sozialismus in den Kapitalismus gemacht.
Seither gibt es Klebreiskuchen an allen Straßenecken, frisches Gemüse auf den Märkten, Milchpulver-Berge. Nicht für jeden allerdings.
Denn in dem Land, in dem früher alle gleich arm waren, wächst die Kluft zwischen Besitzenden und Besitzlosen

Mangelwirtschaft: Kathini hat in dem großen Topf, der in der Küchenhütte steht, noch etwas kalten Maisbrei gefunden. Die Familie David leidet zwar nicht unter akutem Hunger. Aber es gibt Tage ohne Essen, wenn Susanna nichts hat, womit sie die Teller füllen könnte

Grundnahrungsmittel: Susanna baut Bohnen selber an. Auf dem Markt sind sie unerschwinglich teuer. Ihre Zahl im Mais-Eintopf verrät, wie arm eine Familie ist. Paulinas Ernährung ist abwechslungsreich, Fruchtbreie aus dem Glas gehören täglich dazu

Köstliches Durcheinander: Im vietnamesischen »Feuertopf« garen Wasserkresse, Schweinefleisch, Hirn, Krabben zu einem Eintopf. Gutes Essen ist wichtig für die Nguyens; wie für alle Vietnamesen. Denn in jedem lauert die Erinnerung an die Hungerjahre, als man Reis mit Maniok streckte und vergessen hatte, wie Fleisch schmeckt

Frauenarbeitsplatz Küche: Zusammen mit ihrer Schwiegermutter bereitet Mai das Essen zum Neujahrsfest zu. Sie kocht jeden Tag. * Auch Petra erledigt im Augenblick 95 Prozent der Hausarbeit. * Ein paar geflochtene Körbe, ein paar irdene und blecherne Töpfe – das ist die Ausstattung von Susannas Küchenhütte. Sie kocht auf offenem Feuer. Holz und Wasser müssen sie und ihre Kinder herbeitragen

Brust und Brei: Petra hat Paulina vier Monate gestillt, danach hat sie Brei aus Wasser, Milchpulver und Haferflocken bekommen. Mai und Susanna wollen ihre Söhne noch bis zum 18. Monat stillen; seit dem sechsten Lebensmonat erhalten beide zusätzlich Flasche oder Brei. Aus Reis und Gemüsen Ha Le, aus Mais Francis

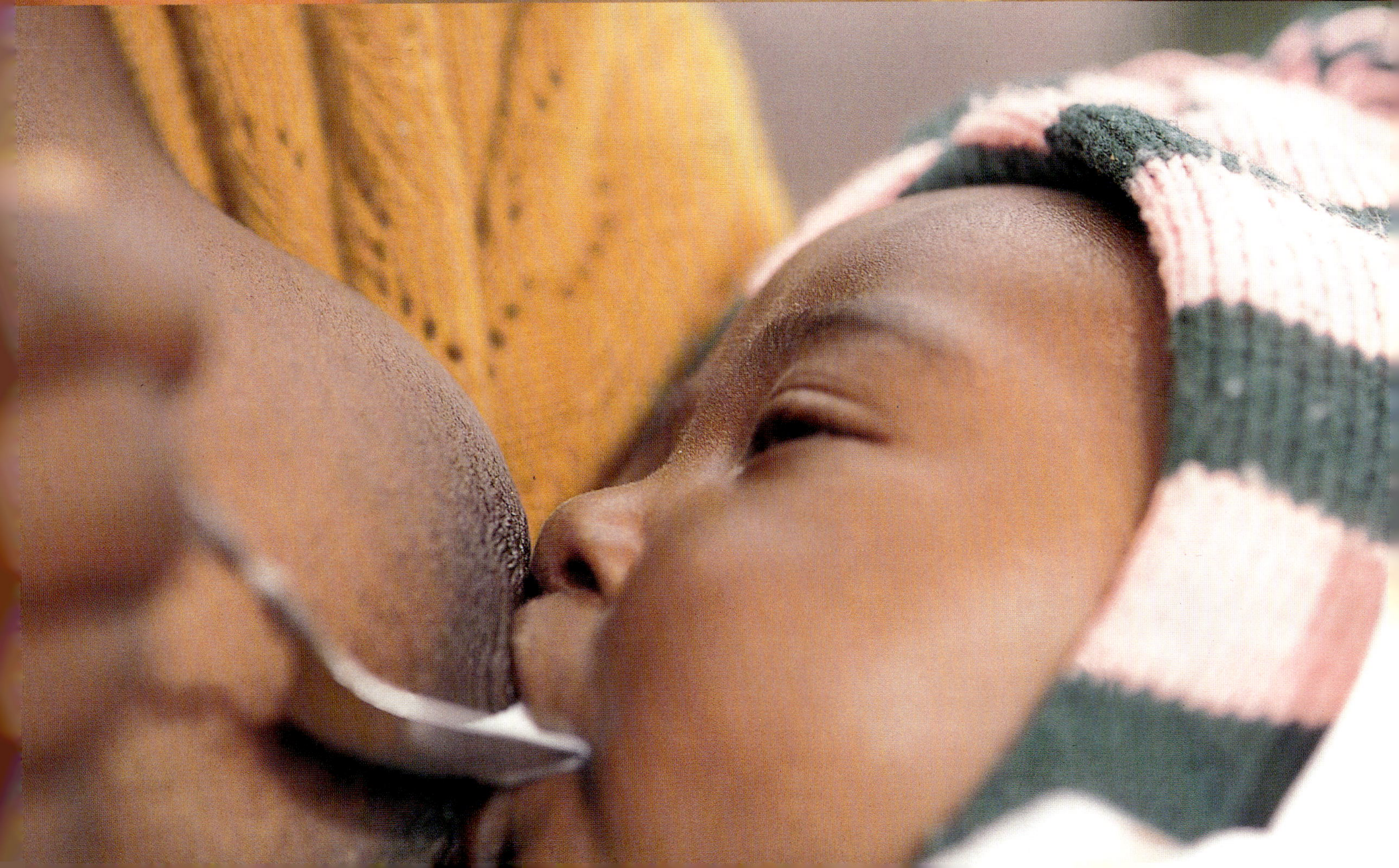

Schöne bunte Warenwelt: Paulina begleitet ihre Mutter täglich beim Einkauf

Babys im Doppelpack: Susanna mit ihrem jüngsten Sohn und ihrem ersten Enkelkind. Vier Monate älter als Francis ist die Kleine, das erste Kind von Susannas 17-jähriger Tochter Cathrin

Der Ernährer am Werk: Christoph Hoffmann füttert Paulina selten. Denn normalerweise sieht der Marketing-Direktor eines Hotels seine Tochter nur eine oder zwei Stunden am Tag

Mahlzeit: Mittags geht Petra manchmal auf einen Imbiss in ein kleines italienisches Restaurant. Sie isst oft allein mit Paulina, bei Hoffmanns sitzen selten viele Menschen am Tisch. Die Nguyens essen jeden Abend gegen sieben, oft mit Freunden, Verwandten, Angestellten. Und fast immer läuft der Fernseher, von dem Ha Les älterer Bruder Tu kaum die Augen wenden kann. Die Davids sitzen manchmal in der Familienrunde um das Küchenfeuer. Susanna bemüht sich, ihren Kindern einmal am Tag eine warme Mahlzeit zu bieten

Coca-Cola

Hanoi, Vietnam

»Bevor du stirbst oder bevor du ein Kind bekommst, musst du sparen«, hatte Mai gesagt. Und sie und ihr Mann hatten nur zu gern gespart. Denn ein zweiter Sohn fehlte den Nguyens noch zum Glück. Ein zweiter Sohn, der bestimmt fortsetzen würde, was die kleine Hanoier Familie vor mehr als einem Jahrzehnt begonnen hat: den planvollen Aufstieg in die Mittelklasse einer Gesellschaft, der Krieg und Mangel noch frisch im Gedächtnis nisten. Und so rief der Vater, als Ha Le geboren wurde: »Jetzt kann nichts mehr passieren!«

Ein zarter Schlag: Bist du da? Tastend die Fingerkuppen: Wo schlägt dein Herz? Handflächen kreiseln über den Bauch, mit sanftem Druck, jede Bewegung eine Frage, jede von Mais Gesten eine kleine Aufforderung: Rühr dich, Kind! Antworte mir.

»Truong! Wann funktioniert dieser Gaszug endlich? Es stinkt!«, ruft Trinh Thi Thanh Mai über die Schulter ihrem Mann zu. Bergesschwer liegt sie in einem Gartenstuhl, der inmitten der Werkstatt steht, zwischen Motorrädern, Motorradteilen, Auspufftöpfen, Bremstrommeln, Werkzeugkisten. Truong flucht. In seinem Mundwinkel verglüht die Zigarette zu einer Ascheschlange, eine Ölschliere zieht sich über seine Stirn. Wütend tritt er auf das Pedal. Das Motorrad würgt. Eine Abgasfahne quirlt auf, und die Luft um Mai wird noch etwas blauer, noch etwas stickiger. Es dröhnt und kracht in dem langgestreckten Schuppen unter dem Wellblechdach, hallt wider von knallenden Fehlzündungen und von Hammerschlägen auf widerspenstiges Metall.

Da ist der Kopf des Ungeborenen. In zärtlichem Kreislauf umstreicht Mai seinen Umriss, suchend laufen ihre Finger über den Bauchberg unterm geblümten Stoff. Sie kennen ihren Weg, als folgten sie einem Magneten mit unwiderstehlicher Anziehungskraft. In Mais rechter Seite eine kleine Faust. Einen Augenaufschlag lang wölbt sich pochend die Bauchdecke: Ich bin hier! Zarter Schlag. Fingergeklöppel, eine Antwort mehr im unentwegten Zwiegespräch, mit dem Mai und das Ungeborene sich versichern, dass sie füreinander da sind.

Mai ist 37 Jahre alt und in der 41. Woche schwanger mit ihrem zweiten, dem Wunschkind. Der errechnete Geburtstermin ist verstrichen, wie auch der Tag, den ihr eine alte Tante zugeraunt hatte.

»Zu teuer! Die sind zu teuer!«, sagt sie, kramt im Korb mit den kleinen Pflaumen, drückt die rot protzenden Drachenfrüchte. »Aber sie sind gut! Probier, Chi Mai!«, antwortet die Obsthändlerin, die sich neben ihr in die Hocke hat fallen lassen, vor sich das Tragejoch und ihren spitzen Reisstrohhut im Nacken. Chi Mai: große Schwester, so nennen sie die meisten hier. Ihr Tisch, mit den Teeschälchen, mit den Wasserpfützen, in denen zerkaute Sonnenblumenkerne schwimmen, strahlt aus, als habe jemand einen Zirkel um diesen Platz geschlagen: das Machtzentrum der Werkstatt. »Also gut! Gib mir davon!«, sagt Chi Mai. Unbeholfen wälzt sie sich zur Seite und fingert ein paar Scheine aus der Hosentasche. Das dicke Geldbündel ist auch die Kasse des Geschäfts. Mai verwaltet das Geld, das ist in Vietnam oft Aufgabe der Frauen.

Morsezeichen, auf der Haut, durch die Haut, von außen nach innen, von innen nach außen, innige Kommunikation, die nur Mutter und Kind etwas angeht, ein stummer Dialog, der jetzt, so kurz vor der Geburt, kaum unterbrochen wird, auch nicht nachts. Da ist das Kind wach. Gegen zwei Uhr früh, pünktlich, tritt es um sich. Drängend, fröhlich sogar, kommt das Mai vor, auch wenn sie nicht schlafen kann, nicht weiß, wohin mit dieser strampelnden Ungeduld im Leib. Neben ihr macht sich verschwitzt der neunjährige Sohn Tu breit. Es ist heiß in Hanoi, Anfang November 1998. Truong, der Vater, flüchtet sich aus dem unruhigen Leiberknäuel auf die Bastmatte vor dem Bett.

»Sie könnte zu Hause bleiben!«, sagt er. »Es ist zu laut in der Werkstatt.« – »Was soll ich zu Hause?«, antwortet sie. »Mich langweilen?« Vor ein paar Tagen hat Mai eine Packung Windeln gekauft, einen Bademantel: genug der Geburtsvorbereitung. Eine Schwangerschaft ist keine Krankheit; im Gartenstuhl, an dem wackeligen Tisch hat sie die vergangenen neun Monate verbracht, hier wird sie sitzen bis zum Tag der Geburt. Schließlich muß jemand ein Auge haben auf das Geschäft. Damit die Rechnungen bezahlt, die Ersatzteile bestellt werden. Damit die Männer nicht schon morgens Bier trinken. Wenn sie da ist, trauen sie sich das seltener, denn sonst spinnt sie sich ein an ihrem Tisch in einen Kokon aus schlechter Laune.

Die Kunden hocken, als hätten sie alle Zeit der Welt, wenn das Moped kaputt ist, plaudernd und rauchend neben den arbeitenden Mechanikern. Wenn sie zum Tisch kommen, um zu bezahlen, halten sie ihre Zigaretten zur Seite: Rücksichtsvoller scheinen alle in Mais Nähe zu werden, höflicher.

Manchmal fragt einer, nebenbei, als erwähne er eine Nebensächlichkeit, nach dem Kind. Es geht ihr gut, das sieht man, und es ist ungehörig, vielleicht sogar gefährlich, nach dem Ungeborenen zu fragen. Zu viele neugierige Worte könnten böse Geister aufmerksam machen auf sein Dasein. Mai hält sich fern von allem, was die Harmonie, die Pracht des Lebendigen stören könnte: Sie zerlegt kein Huhn, schneidet kein rohes Fleisch. Wenn sich mit dem

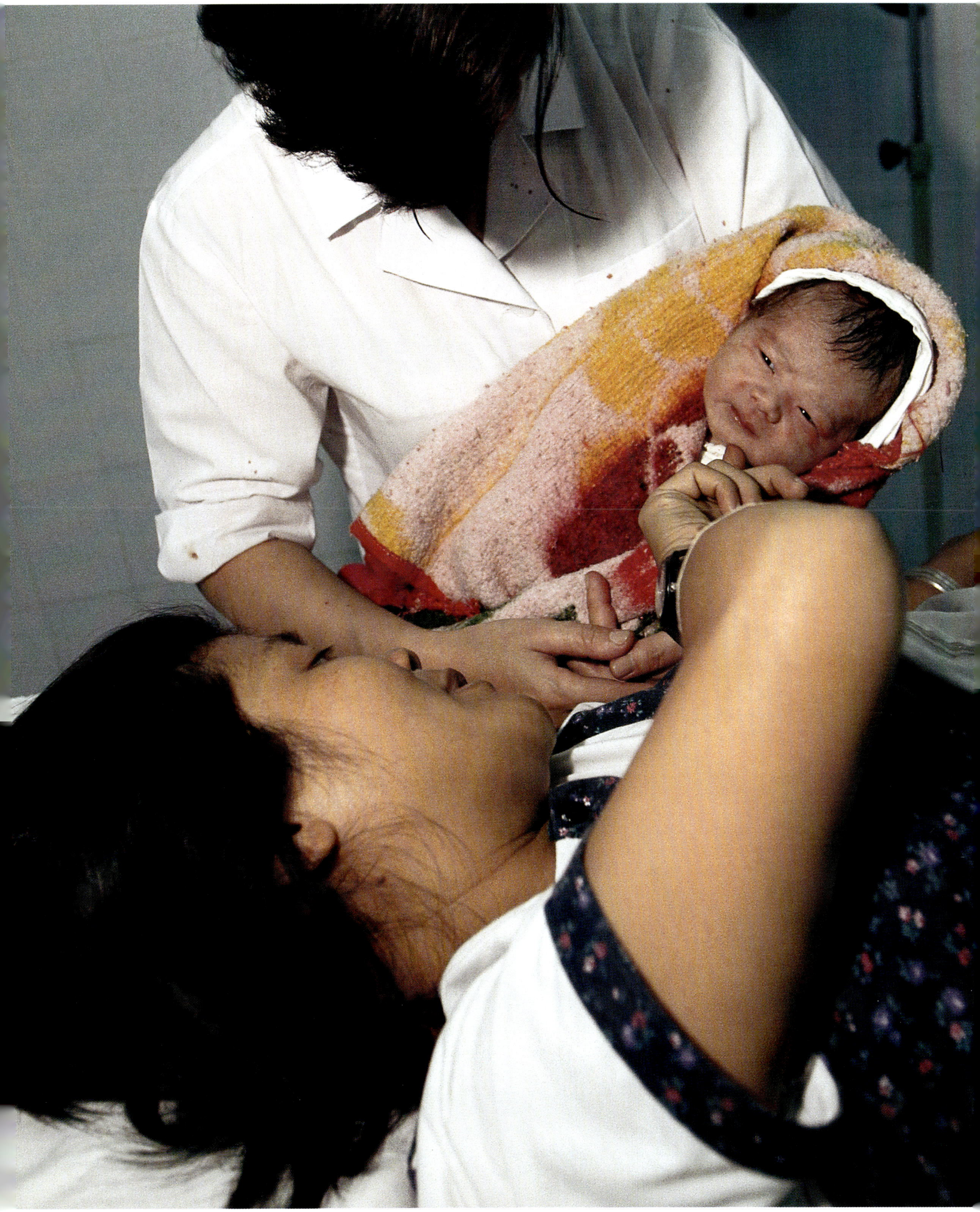

Der erste Blick: Doktor Sinh zeigt Mai ihren Sohn. Drei Stunden hat die Geburt gedauert, eine Nacht nur werden Mutter und Kind im Krankenhaus bleiben

Vaters Stolz: Ha Le ist ein Wunschkind. »Töchter sind gut«, sagt Truong, »aber Söhne sind besser!«

atonalen Geschrill der Tröten, mit Heulgesängen ein Beerdigungszug ankündigt, verschwindet sie in einem Hauseingang.

Vor einem Jahr hat Mai ein Kind verloren, und alle, die häufiger in die Werkstatt kommen, erinnern sich an ihre Traurigkeit.

Kein Wort, kein Schrei, ein Wimmern allerhöchstens, gepresste Töne, die Mai entfliehen. Eigensinnig ist der Schmerz, manchmal überwindet er die Barriere der diszipliniert zusammengepressten Lippen. Im Nachbarkreißsaal schreit eine Frau, als werde dieser Schmerz kein Ende nehmen, als solle sie nie wieder aufhören zu schreien. Es ist Mittag, zwanzig Minuten vor zwei am 15. November 1998.

Mai liegt auf der schmalen Geburtsliege, in ihrem blauen, weiten Kleid, die Haare zum Pferdeschwanz gebunden, so, wie sie vor einer Stunde den Flur zum Kreißsaal des Bach-Mai-Krankenhauses hinuntergegangen ist, fast hechelnd schon, nach vorn über den Bauch gebeugt, mit einem unsicheren Gang, als bewege sie sich über schwankende Schiffsplanken.

Der Raum um sie ist kalt, karg, vom Boden bis zur Decke weiß gekachelt und von Neon hart beleuchtet. Eine Geburt in diesem Krankenhaus, dem größten Hanois, ist ein rein medizinischer Vorgang: Er wird professionell, geschäftsmäßig und möglichst schnell abgewickelt. Die Krankenschwestern, die ab und zu hereinkommen, werfen abschätzende Blicke auf Mai: Alles normal, alles nach Vorschrift, kein Anlass für ein Wort, für eine Geste der Hinwendung. Im übrigen haben sie genug zu tun mit der Geburt im Nebenraum. Die Frau schreit, sie hört nicht auf zu bluten. Später wird sie neben Mai liegen, mit leichenblassem, erschrecktem Kindergesicht; ihr ausgezehrter Körper hebt sich kaum von der Liege ab. Über ihr hängt ein praller Blutbeutel. Die Infusion hält sie am Leben, und Mai erinnert sich, wie sie vor neun Jahren bei Tus Geburt fast verblutet wäre und Truong voller Angst durch Hanoi raste, um Blutkonserven zu

Hab und Gut: Ha Les Baby-Ausstattung ist üppig. Es bringt Glück, bei Freunden und Nachbarn Kleider zu erbetteln, aus denen ein anderes Kind gesund herausgewachsen ist

besorgen. Davor, nicht vor dem Schmerz, hatte sie dieses Mal Furcht.

Doktor Sinh Thuy lehnt an der Wand. Sie beobachtet Mai, die Hände in den Latexhandschuhen in die Luft gestreckt, konzentriert, wie zum Sprung bereit, das einzige Anzeichen ihrer Anspannung ein Ruck mit dem Kopf, wenn sie die widerspenstige Haarsträhne zurückwirft, die ihr immer wieder übers Auge fällt. »Geht es? Geht es?«, fragt sie ab und zu, sehr leise, sehr ruhig. Gedämpft schallt das Gedröhn von Presslufthämmern in den Kreißsaal, das Bach-Mai-Hospital wird umgebaut.

Eigentlich träumt die Ärztin von der sanften Geburt: von weniger Neon, »mehr Natur«, weniger ordnungsgemäßer Abwicklung, mehr, wie soll sie das nennen, Hinwendung. »Medizinisch«, sagt sie, »sind wir hier gut. Aber es fehlt den Ärzten oft an psychologischer Einfühlung, in die Mutter, in das Kind. Denn eine Geburt ist doch ein einschneidendes Erlebnis für beide.« Seit 16 Jahren ist Sinh Fachärztin für Geburtsheilkunde am Bach Mai. Sie hat in Vietnam und Frankreich studiert, sie bildet sich weiter. In Australien hat sie einen Kurs in pränataler Diagnostik absolviert; die sei, sagt sie, wie die allgemeine Schwangerenvorsorge auch, in Vietnam schlecht entwickelt, ja kaum vorhanden. Das Bach-Mai-Krankenhaus hat erst seit einem Jahr ein Ultraschallgerät. Doktor Sinh ist dabei, das erste Labor Hanois aufzubauen, das Fruchtwasseruntersuchungen anbieten wird. Bisher mussten Frauen für diese Vorsorge nach Singapur fliegen – wenn sie Geld hatten.

Die Fachärztin hegt, so nötig sie auch sein mögen, medizinische Luxusgedanken. Denn der vietnamesische Staat investiert weniger und weniger Geld in die Gesundheitsversorgung seiner Bürger. Dabei hat das Land viel zu verlieren: Verglichen mit anderen Entwicklungsländern und trotz aller, manchmal schwerer Qualitätsmängel ist das Netz der medizinischen Basisversorgung außer-

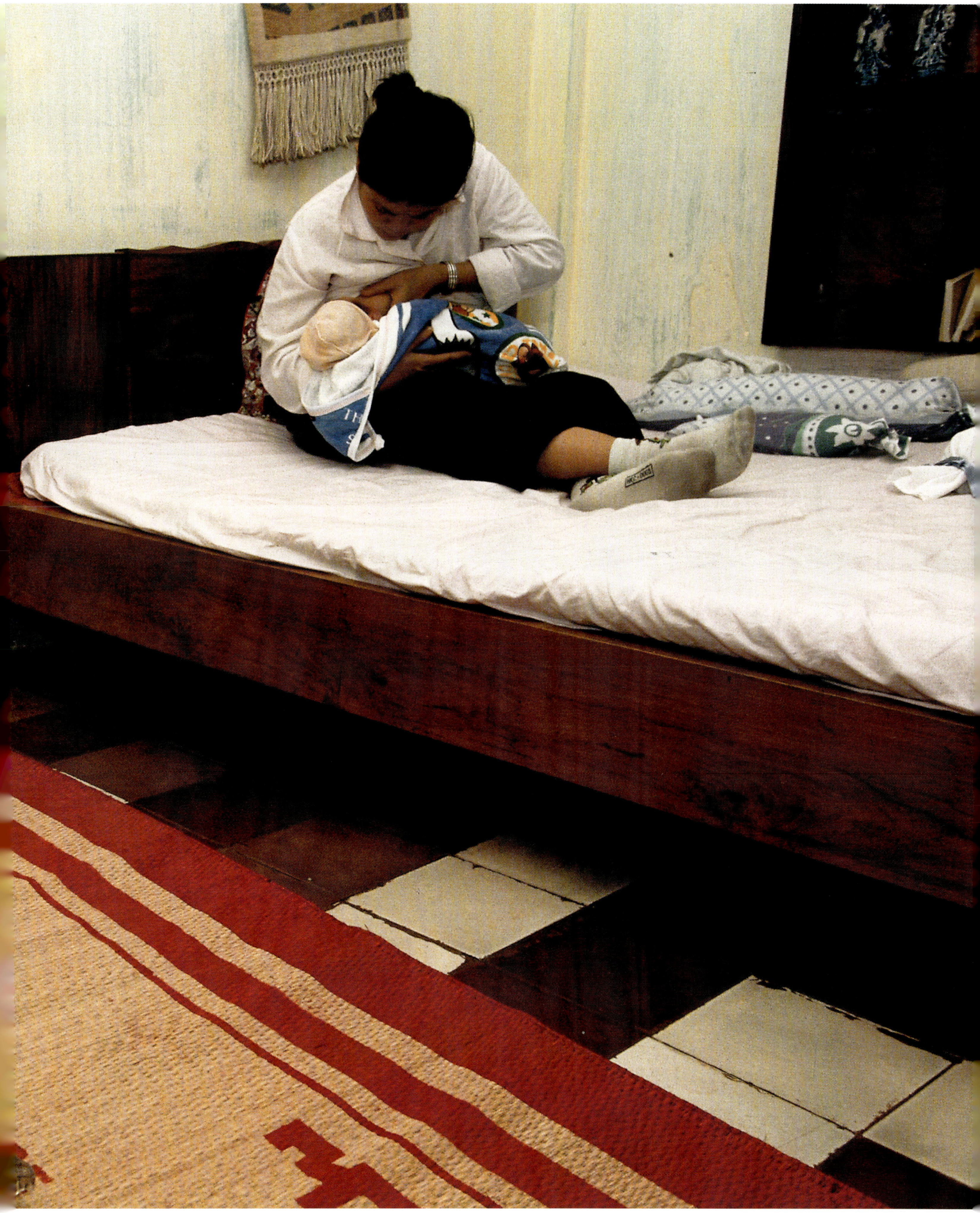

Einraum-Wohnung: Die vier Nguyens leben in einem Zimmer. Auf dem Ehebett werden sich Mai und Ha Le in dessen ersten vier Lebenswochen hauptsächlich aufhalten. Eine Regel schreibt vor, dass eine Mutter nach der Geburt so lange das Haus nicht verlassen darf

gewöhnlich gut. Der Weg zum nächsten Gesundheitszentrum, zur helfenden Hebamme, zur Impfung ist nirgends im Land unüberwindlich weit. Auch deswegen ist die Kindersterblichkeit vergleichsweise niedrig. Statistisch steht 386 Menschen ein Krankenhausbett zur Verfügung; in Deutschland ist das Verhältnis 1 zu 107, in Kenya 1 zu 735.

Über zehn Jahre nachdem sich Vietnam auf den Weg aus der Planwirtschaft in den Kapitalismus gemacht hat, greifen die Gesetze des Marktes nach den Errungenschaften des Sozialismus. Vorbei die Zeiten, in denen alle gleich und alle gleich arm waren, als der Staat eine kostenlose Rundumversorgung garantierte. Vietnam ist bei einer Zwei-Klassen-Medizin angekommen. Heute geht, wer kein Geld hat, seltener zum Arzt. Die Zahl der Patientenbesuche in Ambulanzen und Krankenhäusern hat sich seit den achtziger Jahren halbiert. Weil die Ausstattung der Kliniken schlechter geworden ist, weil Medikamente fehlen, weil die Betreuung lausig ist, wenn Ärzte und Krankenschwestern schlecht und manchmal überhaupt nicht bezahlt werden. Weil für manchen selbst die geringe Gebühr für die Behandlung zu hoch ist.

»Bevor du stirbst oder bevor du ein Kind bekommst, musst du sparen«, hatte Mai lachend gesagt, als sie zur letzten Kontrolle vor der Geburt ging. 780 000 Dong, über 100 Mark, fast zwei Monatseinkommen eines Lehrers, hat sie für fünf Ultraschall-Untersuchungen bezahlt. Die Familie lässt sich, wie alle, die es sich leisten können, von privat praktizierenden Ärzten behandeln.

Der Schmerz gönnt Mai eine Pause, ein paar gnädige Augenblicke im reißenden Auf und Ab der Wehen. Sie lässt den Kopf zur Seite fallen. Ihr Gesicht entspannt sich, der klammernde Griff um die Stangen der Liege allerdings lässt nicht nach. Erleichtert holt sie Luft, tief, wie eine, die weiß, dass sie gleich weiter muss, ob sie will oder nicht.

Die nächste Wehe. Mai presst, den Kopf weit im Nacken. »Gut! Gut!«, sagt Doktor Sinh. Der letzte, der größte Schmerz überrollt Mai, und die Welt weicht zurück; nichts ist mehr da als die Einsamkeit dieser Anstrengung. Und trotzdem kein Schrei, kaum ein Laut. Mais Augen irren über das weiße Kachelnichts der Decke, als suche sie dort einen Anker, der sie festhielte im verschlingenden Schmerzensmeer. Wie fest gedrehte Zwirnsfäden liegen ihre Adern über den Schläfen. Sie presst so sehr, dass Blut durch die Kanüle in ihrer Armbeuge nach oben steigt und rosige Schlieren im farblosen Medikament schwimmen. Doktor Sinh schneidet den Damm ein. Ein schwarzer Haarschopf erscheint.

»Press! Press!« Sinh verfällt in ein befehlendes Stakkato, sie wird laut, zum ersten Mal in den zwei Stunden der Geburt, »Pressen! Mai! Pressen!« Dann packt sie zu, hastig, mit genauem Griff: Die Nabelschnur liegt zweimal um den Hals des Kindes gewickelt. Ein Schnitt, und mit einer glitschenden Bewegung schlüpft ein Junge in Sinhs Hände.

Eine Schrecksekunde lang lässt er sich Zeit. Dann schreit er, rudert mit den Armen, als suche er Halt im Unbekannten. Krebsrot ist er von der Anstrengung, Füße und Hände runzeligweiß wie die Haut einer alten Waschfrau. Dort, wo die Augen sind, sitzen zwei ganz und gar gerade, linienfeine Schlitze.

Es ist 16.00 Uhr am 15. November 1998. Nguyen Ha Le ist da.

Ein Sohn! Tien, ein Sohn!« Truong sticht mit den Stäbchen in die Luft, ruft nach mehr Schnaps, nach dem mit Ziegenblut gemischten, und mehr Fleisch, und mehr von den feinen, durchsichtigen Reismehlfladen, und vielleicht noch das Fondue … Ha Les Geburt muss gefeiert werden – dreieinhalb Kilo schwer! Ein kräftiger Junge! Ein schöner Junge! Der Vater brummkreiselt vor Glück, vor Stolz und vom Schnaps. »Gib es zu, Tien!«, ein Schluck, »Mädchen sind gut«, ein windiges Grinsen, »Jungs sind besser!« Noch ein Schluck. Der Triumph: »Zwei Söhne sind am besten! Jetzt kann nichts mehr passieren!«

Tien ist Truongs bester Freund. Zwei Stunden hat er mit ihm vor dem Kreißsaal gesessen, Truong hat sich an einer roten Rose festgehalten, und gemeinsam haben sie auf den Sohn gewartet. Mit Tien hat es das Schicksal nicht gut gemeint: Er hat drei Töchter. Reizende kleine Mädchen, natürlich, intelligent, er wird sie auf die besten Schulen schicken. Und trotzdem …

Väter brauchen Söhne. Denn es sind die männlichen Nachkommen, die eine konfuzianisch geprägte Familie zusammenhalten und deren Fortbestand garantieren, über die Generationen hinweg.

Das Bild von Truongs verstorbenem Vater steht inmitten von Schnapsflaschen, Schalen mit gelben chinesischen Birnen, mit Bananenstauden und verglimmten Räucherstäbchen auf dem Ahnenaltar im

Verwinkelte Enge, außen wie innen: Das Haus der Nguyens liegt am Rande von Hanois Altstadt. Die 15 Quadratmeter Wohnfläche unterm Dach sind fast Luxus, denn im Durchschnitt hat ein Bewohner des zentralen Stadtteils nur zwei Quadratmeter zur Verfügung

Haus der Familie. Die Loyalität zwischen Vater und Sohn hält über den Tod hinaus: Weil »man dank des Einflusses der Gräber, nicht allein dank der Schüssel Reis lebt«, sind die Ahnen immer anwesend im Alltag der Nachfahren. Sie haben ein Recht auf Verehrung, und es ist die Pflicht des ältesten Sohnes, die Ahnen mit Opfergaben zu nähren. Das wird eines Tages Tu übernehmen, so wie Truong es übernehmen musste, weil sein ältester Bruder 1968 als Achtzehnjähriger im »Amerikanischen Krieg« gefallen war. Sein Bild steht auf dem Altar, sein Name ist auf der Heldengedenktafel im kleinen Tempel um die Ecke verzeichnet. Wehe dem Haus, dem Söhne genommen, dem keine Söhne geboren werden: Spirituelle Einsamkeit, Unglück droht, wenn die Ahnen vernachlässigt werden und die Familie nicht mehr aufgehoben ist in der Sicherheit ihrer eigenen Geschichte.

Das konfuzianische Gebot, dass Jungen Mädchen vorzuziehen sind, wirkt selbst bei modernen, aufgeklärten Städtern wie Truong und Tien nach. Der Wunsch, mindestens einen Sohn zu haben, könnte sogar, nach einer Expertise der Weltbank, in »nächster Zukunft der wichtigste Faktor bei der Entscheidung über die Familiengröße sein« – und somit die beachtlichen Erfolge der staatlichen Programme zur Familienplanung torpedieren. Die aber hat politische Priorität in Vietnam, denn das Versprechen »Wohlstand für alle« kann nur Wirklichkeit werden, wenn die Kinderzahl sinkt. Das Land ist arm, mit einem durchschnittlichen Bruttosozialprodukt von 600 Mark pro Kopf im Jahr, und es ist überbevölkert. Fast 77 Millionen Menschen leben schon heute auf engstem Raum, die Bevölkerungsdichte zählt mit 1000 Einwohnern auf einen Quadratkilometer landwirtschaftlich nutzbarer Fläche zu den höchsten in der Gruppe der Entwicklungsländer.

Man kann ihnen nicht entgehen, den dicken Babys: Sie lachen von Plakatwänden an Kreuzungen in der Stadt, an Landstraßen. Sie strahlen von Kalenderblättern und glucksen in Fernsehspots: »Zwei Kinder sind genug!« Das Thema Verhütung ist kein Tabu; Präservative und vor allem die Spirale, das bei weitem bevorzugte Kontrazeptivum, sind überall billig zu haben. Die Botschaft ist, im großen ganzen, angekommen: Zwischen 1990 und 1999 ist die Fruchtbarkeitsrate um 27 Prozent auf 2,7 gesunken. In Kenya liegt sie bei 4,7; in Deutschland bei 1,3.

Noch aber wächst die Bevölkerung. Wie überall auf der Welt haben Bauern mehr Kinder als Städter, Ungebildete mehr als Gebildete, Arme mehr als Besserverdienende. Die leben vor allem in den Metropolen. In Hanoi ist das Einkommen durchschnittlich achtmal höher als auf dem Land.

Ha Le ist in einen jungen Wohlstand hineingeboren, und der Tisch in dem Restaurant gleich beim Krankenhaus soll bersten von Köstlichkeiten. Wir trinken den blutigen Schnaps auf Ha Les Gesundheit, seine Mutter isst zum Wohl seiner Seele. Gleich nach der Geburt, kaum, dass sie im Bett saß mit dem Neugeborenen im Arm, hat sie, so musste es sein, sieben hartgekochte Eier gegessen. Die hatte ihr die Schwiegermutter geschickt, die sieben Lebensgeister des Kindes sollen nicht hungrig bleiben nach der Anstrengung der Geburt und womöglich ihren Schutz verweigern. Die Sterne stehen günstig. Man hat den Wahrsager befragt: Morgen ist ein guter Tag, um das Kind heimzubringen. Und so ist alles getan für Ha Les geglückten Lebensbeginn.

»Meine Söhne werden immer zu essen haben! Das ist klar!«, sagt Truong, wirft ein Stück Ziegenfleisch in die brodelnde Suppe und zupft im grünen Kräuterberg, »und Essen ist doch das Wichtigste für uns Vietnamesen!«

Denn in jedem simmert, und sei er heute noch so satt, die Erinnerung an dürre Zeiten, an jene Entbehrungen, die 40 Jahre fast ununterbrochener Krieg und Mangelwirtschaft diktierten. Mai, Truong und Tien sind groß geworden mit Maniok-gestrecktem Reis, mit dem Verbot, Nudeln aus dem zugeteilten Getreide herzustellen, um kein Gran Nährstoff zu verschwenden.

»250 Gramm Fleisch – im Monat! Stell dir das vor!«, sagt Truong und lacht. »An einem Abend wie diesem isst jeder von uns mehr.« Mit den Anekdoten aus jener absurden Epoche der Rationierung, der Lebensmittelkarten – »War das vor zehn Jahren? Oder vor 15?« – kann man Tischrunden unterhalten. »250 Gramm – fett war es! Und der Stoff, erinnerst du dich, Tien: fünf Meter! Im Jahr! Grässlich! Schlecht!« – »Schlau musstest du sein«, antwortet Tien, »sonst …!« Er flicht seine Finger vor dem Gesicht zum Gitter. »Stell dir vor: Du ergatterst irgendwo ein Huhn. Problem! Weil du es in der Küche zerhacken musst, mit dem Beil. Zack! Zack!« – zwei Handkantenschläge in der Luft – »Das hört natürlich dein Nachbar. Der

Ahnenkult: Großmutter Bui Thi Minh hat Ha Le zum Hausaltar getragen. Sie präsentiert das Neugeborene den verstorbenen Familienmitgliedern. Denn auch die sollen das Kind begrüßen und im Haus aufnehmen

Totengedenken: Am Vorabend des Neujahrsfestes im Februar legen Truong und sein erster Sohn Tu Blumen vor der Heldengedenktafel im Tempel nieder. Truongs ältester Bruder ist als 18-Jähriger im »Amerikanischen Krieg« gefallen

Glücksbringer: Apfelsinenbäumchen sollen am Neujahrsfest die Wohnungen schmücken. Je mehr Früchte sie tragen, desto reicher wird das kommende Jahr

Freizeit: Am letzten Tag des Mondkalenderjahres feiern die Hanoier ein buntes Fest an den Ufern des Hoan-Kiem-Sees

Hoffnung: Mai verbrennt einen Thron aus Papier; eine Gabe an Ong Tao, den Schutzgott des Hauses der Familie Nguyen

ist neidisch und ruft die Polizei« – nölende Stimme, Kopfgewackel – »Warum habe ich kein Huhn, wieso hat der eines? Also ...« – Triumph der Schlauheit – »zerschneidest du dein Huhn leise leise mit der Schere, kochst es ganz ganz vorsichtig. Dann hast du dein Hühnerbein in die Tasche gesteckt und es irgendwo heimlich verschlungen ...«

Noch als Tu, der erste Sohn, im November 1989 zur Welt kam, war Fleisch selten und selbst das Gemüseangebot dürftig. Mai wußte nicht einmal, dass es Ultraschallgeräte gibt. Truong und sie stellten in Heimarbeit Gürtel her, nebenbei betrieb sie eine Suppenküche im Hauseingang. Ihr erstes Kind wurde in der unsicheren Übergangszeit zwischen den Systemen geboren, drei Jahre nachdem die Kommunistische Partei Vietnams 1986 die Abkehr vom Sozialismus der reinen Lehre verkündet, aber noch keiner Vertrauen in das Versprechen wirtschaftlicher Reformen hatte. An denen führte kein Weg vorbei: Vietnam litt an einer Hyper-Inflation, eine Hungersnot quälte 1987 das Land, zwei Millionen Bürger waren ihren Machthabern zwischen 1975 und 1990 unter Lebensgefahr davongesegelt. Die Sowjetunion, selbst dabei, sich politisch zu häuten, stellte die Hilfslieferungen an den kleinen sozialistischen Bettelbruder ein, das Land litt zudem unter dem über 20 Jahre andauernden Handelsembargo der Vereinigten Staaten von Amerika.

Die Wirtschaftsreformen – das Ende der Kollektivierung auf dem Land, die Auflösung der Staatsbetriebe, die Erlaubnis zu privater Initiative – waren wie gemacht für Truong und seine Familie. Sie ist, mit Millionen anderen, Hauptdarsteller in einem Stück, das »Doi Moi« heißt: »Erneuerung«, und eine der dramatischsten Kehrtwendungen in der globalen Wirtschaftsgeschichte ist.

Truong habe, sagen manche seiner Kunden, die »goldenen Mechanikerhände« seines Vaters geerbt. Als die ersten Motorräder, diese neuen Symbole von Wohlstand, von Mobilität, in Hanoi auftauchten, haben Truong und seine Brüder sich selbstständig gemacht: froh, dass es endlich was anderes zu reparieren gab »als kaputte Fahrräder und kaputte Öfen«. Seither arbeitet Truong so viele Stunden, wie es nötig ist, zur Not auch nachts, und sechs Tage in der Woche. Nur sonntags nicht, da fährt die Familie mit der klobigen russischen Ural-Maschine zum Angeln an den Ho Tay, den See im Norden der Stadt.

Im Augenblick beschäftigt Truong, da muss er nachzählen, weil sie kommen und gehen, sieben Mechaniker. Natürlich stellt er zuerst die Söhne von Freunden und Verwandten ein. Die Zahl seiner Angestellten wechselt ständig, je nachdem, wie es das Geschäft verlangt: Man muss sich schließlich der Nachfrage anpassen. Truong weiß nicht, wie viel er im Monat verdient: »Da musst du Mai fragen.« Genug ist es auf jeden Fall. Im Lauf der Jahre hat sich die Familie angeschafft, was man braucht zum Leben und zum Vergnügen: Kühlschrank und Dusche, Farbfernseher, Telefon, elektrischen Reiskocher, Stereo- und sogar eine winzige Klimaanlage.

Es waren vor allem die Handwerker, die Händler, die ihre Läden füllen durften mit Plastikbuddhas, Turnschuhen, geschmuggelten chinesischen Kacheln, Feinripphemden, Zementsäcken, Thermoskannen, Klebreiskuchen, Schnaps und bunten Stoffen, die dem ökonomisch entkräfteten Land auf die Beine halfen. Bis zur Asienkrise, die seit 1997 auch Vietnam niederdrückt, war das Land jahrelang gut für Sensationsmeldungen: Wirtschaftswachstum – stabile neun Prozent! Vom Hungerleider zu einem der weltgrößten Reis-Exporteure! Der junge Tiger fährt Fahrrad! »Kaum ein anderes Land hat solch ein rapides Wirtschaftswachstum zu verzeichnen«, berichtet die Weltbank, »und kaum ein anderes hat seinen neuen Wohlstand so breit über alle Bevölkerungsschichten verteilt.« Auch wenn es wieder Klassen gibt in der »sozialistischen Marktwirtschaft«, auch wenn sich die Gegensätze zwischen Stadt und Land verschärfen, wie in allen Übergangsgesellschaften: Es sind nicht nur wenige, die reich werden – dem überwiegenden Teil der Vietnamesen geht es heute besser als zuvor. Die Armutsrate ist von 70 Prozent Mitte der achtziger Jahre auf 30 bis 35 Prozent gesunken.

Jetzt aber sind diese Erfolge in Gefahr. Vor Vietnam könnten nach den »sieben fetten« nun »sieben magere Jahre« liegen – mindestens, fürchtet ein deutscher Wirtschaftsberater. Das Land ist als Senkrechtstarter in den Kapitalismus aufgebrochen, ein stabiles Fundament aber hatte die Doi-Moi-Politik nicht. Die im derzeitigen Fünfjahresplan angepeilte Wachstumsrate von jährlich acht Prozent gilt als unerreichbar, mit rund drei Prozent Zuwachs des Bruttosozialproduktes rechnet die Weltbank für das Jahr 2000. Die Arbeitslosenrate liegt in den Städten bei etwa sieben Prozent, auf dem Land sogar

Alt und Jung: Das Lächeln der Tante Thi ist 97 Jahre alt. Sie hört kaum noch und hat erst eine Woche nach Ha Les Geburt verstanden, dass es Nachwuchs gibt im Haus

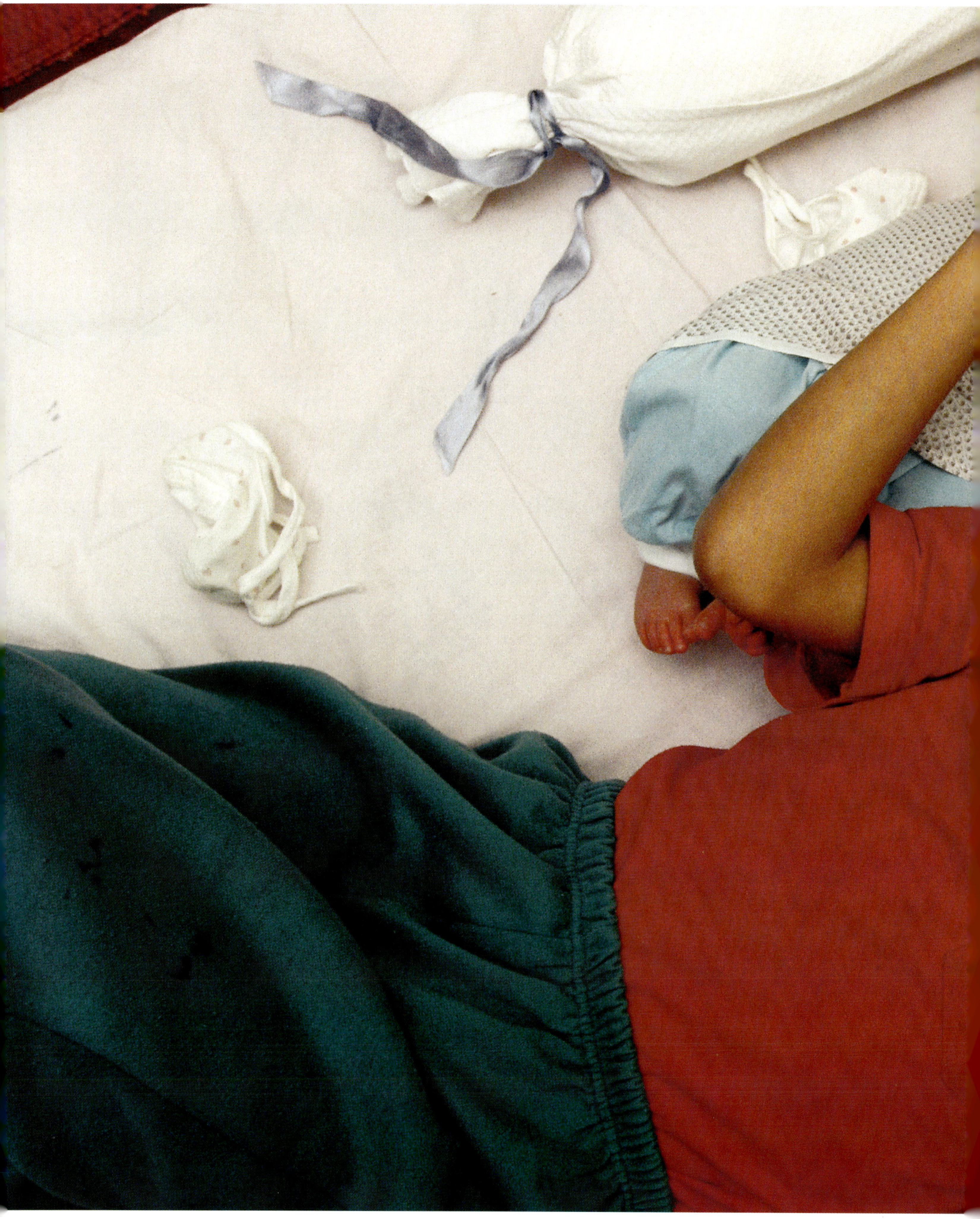

Bruderherz: Ha Le ist »Em«, der »jüngere Bruder« von Tu. Der wiederum ist »Anh«, »älterer Bruder«, für den Kleinen. Und so werden sich die Geschwister nach den Hierarchie-Regeln ihrer konfuzianischen Familie ein Leben lang anreden

zwischen 30 und 35. Neue Arbeitsplätze aber sind nicht in Sicht.

Die Gründe für die Stagnation sind vielfältig. Wegen der Finanzkrise in Asien gerieten die Auslands-Investitionen ins Stocken, denn das meiste Geld floss bis dahin aus Singapur, Taiwan, Japan und Korea nach Vietnam. Naturkatastrophen belasten den Staatshaushalt. Viele westliche Investoren haben, entnervt von einer undurchdringlichen Bürokratie, aufgegeben, sind aus dem Land getrieben worden von hypertroph wuchernder Korruption. Denn auch in Vietnam versucht, wer an der Macht ist, sich und den Seinen Pfründe zu sichern, ob Parteifunktionär oder Stadtteil-Polizist.

Der »vietnamesische Weg« in den Kapitalismus scheint in Gefahr; kontrolliert und langsam sollte der vorwärts gehen. Anders als die damalige Sowjetunion hat Vietnam den Sprung kopfüber in die Marktwirtschaft nie gewagt – aus Angst vor den »kapitalistischen Übeln« wie Kriminalität und Dekadenz und nach einem Jahrhundert Kampf gegen Kolonialisierungsversuche misstrauisch gegen »fremde Mächte«. Ist, fragen sich ideologiefeste Parteikader in Hanoi, Globalisierung nicht nur ein modernes Wort für Imperialismus? Und so scheint Vietnam gefangen zu sein zwischen den Systemen, zwischen einem überkommenen Alten und einem ungewissen Neuen. Die wirtschaftliche Stagnation, warnen die Experten von der Weltbank, bedrohe nicht nur die außergewöhnlichen Erfolge bei der Armutsbekämpfung – sie könnte den Prozess sogar umkehren. 1997 starben noch mehr als 160 000 Kinder an den Folgen von Mangelernährung und Vitamin-Mangel.

Immerhin: In der Lebenszeit von Truongs ältestem Sohn, in den neun Jahren zwischen der Geburt seiner beiden Kinder, hat sich die Existenz der Familie Nguyen umgestülpt wie ein Handschuh, den man von links nach rechts dreht. »Unsere Straße war abends dunkel und menschenleer«, erzählt Truong mit einem Lachen, das sein ganzes Gesicht in Bewegung bringt, und sekundenlang sieht er aus wie der große Bruder, nicht wie der Vater von Tu, »Die Mädchen haben sich nicht aus dem Haus getraut, weil draußen böse Geister umgingen!«

Heute ist die Phu Doan am Rande der Altstadt eine Hauptverkehrsstraße, ab fünf Uhr nachmittags versinkt sie im Getöse, Geschiebe, Gedränge von Fahrrädern, Motorrädern, Rollern. Noch sind Autos selten. Gleichmütig und mit elegant übergeschlagenen Beinen sitzen junge Mädchen im Damensitz hinter ihren Liebsten auf dem Moped. Jungs lassen im Stau die Motoren aufbrüllen und fahren an, als ritten sie ungestüme Pferde. Der Verkehr in der Altstadt ist ein bunter, sich wundersam selbst organisierender Strom, blitzschnell teilt er sich, um Hindernisse zu umgehen, und scheint keiner Regel zu folgen. Auf Armeslänge wälzt er sich an Truongs Hauseingang vorbei, an den Geschäften, an den fliegenden Händlerinnen, die sich mit ihren Tragjochen durch die Menge der Fußgänger drängeln. Nur manchmal stockt der Fluss, wenn ein alter Mann auf seinem Recht beharrt, die Straße wo auch immer, wann auch immer zu überqueren, und diese alberne Wildheit um sich mit seinem Stock zu dressieren versucht.

Die Phu Doan ist, auf ein paar hundert Metern, die Straße der Mechaniker und folgt der chinesischen Regel, dass sich die verschiedenen Zünfte in eigenen Straßen ansiedeln. Das Trottoir ist Werkstatt, Arbeitsstelle, Parkplatz, in jedem Hauseingang eine kleine Klitsche: eine Existenz.

Keine, die sich Truong für seine Söhne wünscht. Er lässt das Schnapsglas in seinen Händen rollen, ölschwarz gefärbt sind sie bis in die Poren, nicht mehr weiß, nicht mehr weich zu kriegen. Auch wenn er zufrieden sei mit seinem Leben, solche Hände sollen Ha Le und Tu einmal nicht bekommen. Keine rissigen Fingernägel, keine Ölflecke auf der Hose, keine schwere, schmutzige Arbeit. Sie werden, als Erste in der Familie, die Wahl haben, was sie aus ihrem Leben machen. Ingenieur: Das könnte Tu werden! Und Ha Le, der wird im Ausland studieren …

Truong geht zurück ins Krankenhaus, zu dem zarten Wesen in der verwaschenen, roten Decke, dem seine Hoffnung gehört, dieser universelle Elterntraum, dass es den Kindern besser gehen möge als einem selber. Die Nacht verbringt Truong auf einem Stuhl neben dem Bett und hält Mais Hand.

Sie haben ihr seinen Namen ins Ohr geschrien, sie haben die Arme geschwungen, als wiegten sie ein Kind. Jedesmal hat sie gelächelt und sich wieder zum Fernseher gedreht. Der steht unten im Hauseingang, ein paar Meter nur von der Straße entfernt; stundenlang lässt Tante Thi Thien bunte Ströme von Bildern, von Menschen an sich vorüberziehen. Sie wackelt mit dem kahl geschorenen Kopf, selbst-

Und immer Geflimmer: Der Fernsehapparat läuft von morgens bis abends, manchmal ohne Ton. Mai vertreibt sich die Zeit bei vietnamesischen Kostümfilmen und australischen Seifenopern

Fernseh-Spiel: Tu (rechts) und sein Freund »Superman« kicken nur elektronisch. Sie spielen selten auf der Straße. Hanois enge, verkehrsdurchtoste Altstadt ist kein Platz für Kinder

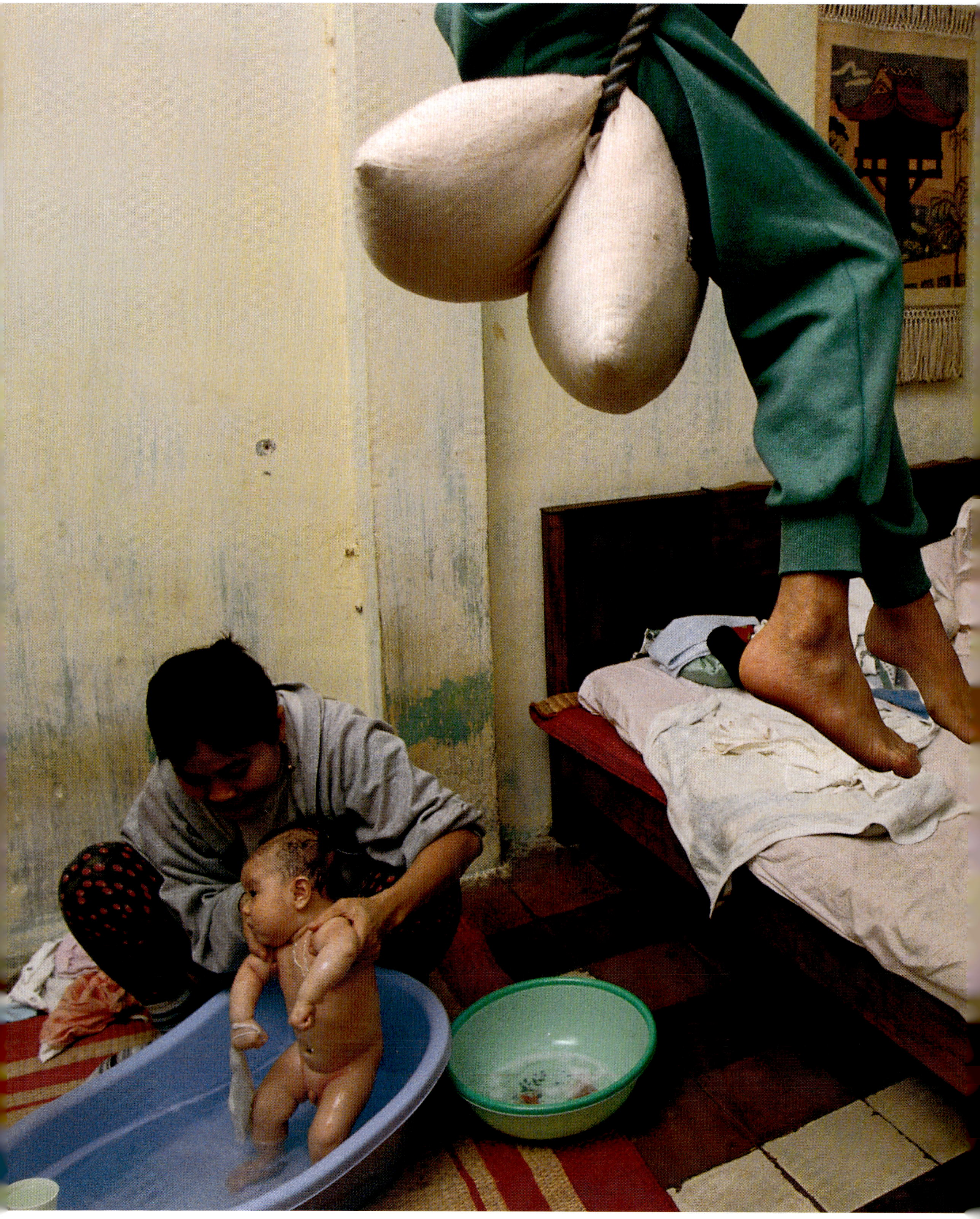

Bad in der Menge: Mai wäscht Ha Le immer in einer Plastikwanne vor dem Bett. Cousin Dat ist zu Besuch, und Tu turnt, das ist sein liebstes Spiel, auf dem Kletterseil knapp unter der Zimmerdecke

Familien-Betrieb: Truong hat sich 1992 als Motorrad-Mechaniker selbstständig gemacht. Nun betreibt er eine Werkstatt im Erdgeschoss des Hauses

vergnügt, als lausche sie einer Musik, die in ihrem Inneren tönt.

Nach einer Woche sickert schließlich die Neuigkeit von Ha Les Geburt zu ihr durch. Sie macht sich auf den beschwerlichen Weg zu Mai, sich an der Wand entlangtastend, über Werkzeugkästen steigend, die steile, enge Treppe hinauf, über die Schuhberge hinweg, unterm Vogelkäfig hindurch, an der Wäscheleine entlang. »Wo ist das Kind?«, fragt sie, als sie vor Mais Bett steht, und hält sich dann Ha Le ganz nah ans Gesicht, das zart zerknittert ist wie altes, kostbares Seidenpapier, ganz nah ans Ohr, sie lacht und lauscht in das Deckenbündel hinein. Tante Thi ist 97 Jahre alt und die Älteste im Haus von Truongs Großfamilie. Drei Generationen, 13 Menschen, acht Erwachsene und fünf Kinder leben und arbeiten hier.

Mai ist erschöpft. Sie liegt auf dem Ehebett, das das Zimmer dominiert, Ha Le im Arm. Sie stillt das Kind, schläft, sie wickelt das Kind, schaut fern, stillt das Kind, eingespannt ins Pflege-Einerlei von »Pipi! Manger! Pipi! Dormir!«, wie sie auf Französisch sagt, gefangen in einem Netz von traditionellen Regeln, die befolgt werden müssen. Darauf achtet die Schwiegermutter, auch wenn sich keiner mehr an den Sinn mancher der Vorschriften erinnert. Eigentlich darf sich Mai 100 Tage lang die Haare nicht waschen, weil es, irgendwie, »schlecht für die Nerven ist«, wenn die Mutter mit zu viel Wasser in Berührung kommt – sie wird sich nur zwei Wochen lang an die Regel halten. Während der Schwangerschaft hat Mai beim Essen auf Wasserschnecken, auf Krebse verzichtet, »weil die Kraft nehmen«, auf Fisch, auf Frösche, »damit das Baby nicht grün wird«. Nach Ha Les Geburt muss sie Suppe mit einem spinatartigen Gemüse essen, weil das »den Bauch kleiner macht«.

Vor allem aber ist Mai eingesperrt in diesem einen Raum. Den darf sie nicht verlassen, bis zu dem Tag, an dem Ha Le einen Monat alt wird: Dann wird er mit einem Festessen im Restaurant der Welt vorgestellt und sein Name allen bekannt gegeben.

Sonntags-Ausflug: Am einzigen arbeitsfreien Tag der Woche fahren die Nguyens auf einer russischen »Ural«-Maschine zum Angeln an den Ho Tay, einen See im Norden der Stadt

Vier Wochen lang regiert Zurückhaltung, es wird kaum über das Kind gesprochen. Das strenge Ausgangsverbot ist eine Einübung in Mais neuen Alltag. Sie wird künftig im Takt ihres Kindes leben und sich der Diktatur seiner Bedürfnisse fraglos unterwerfen: schlafen, wenn er schläft, essen, wenn er es zulässt, ausgehen, wenn er dazu bereit ist. Seine Wünsche werden die ihren sein. Ha Le wird bestimmen, wann sie wieder arbeitet, »in einem Jahr, vielleicht«. Er wird ihr zu verstehen geben, wie lange er gestillt werden will, denn wer wüßte das besser als er? Und er wird dicht an ihrem Körper schlafen. Sie werden wie ein Körper sein, solange er ihre Nähe braucht. »Er war geborgen in meinem Bauch. Welchen Schrecken würde er kriegen, wenn er nachts plötzlich aufwacht, und ich bin nicht da!« Das Liebesgespinst zwischen Mutter und Kind ist aus vielen unsichtbaren Fäden gewebt. Mai ist sicher, dass sogar ihr Geruch dazugehört. Selbst Tu will sich beim Einschlafen immer noch in ihre Armbeuge kuscheln, und manchmal nachts im Halbschlaf, wenn er neben ihr liegt, schnüffelt er, »als suche er mich mit der Nase«.

Wo anders als bei ihr sollte Ha Le auch schlafen? Wo sollte man sein Bett hinstellen? Ein eigenes Kinderzimmer wird er nicht besitzen. Die Familie teilt sich einen fensterlosen Raum, der etwa 15 Quadratmeter groß ist; ein Schrank steht darin, eine Kommode, der Fernseher, unter der Neonröhre das Ehebett. Auf ihm sortiert Mai Strampelanzüge und winzige Strümpfe, die Geschenke von Freunden und Verwandten. Mai hat vor Ha Les Geburt kaum etwas für ihn gekauft, nur ein Paket Windeln, die ersten Leibchen fürs Krankenhaus. In Vietnam »geht man betteln« für die Ausstattung des Kindes, denn es bringt Glück, das Neugeborene in Kleider zu stecken, aus denen andere gesund herausgewachsen sind.

Auf dem Bett haben wir ein paar Tage vor der Geburt Tus Geburtstag gefeiert. Zehn Kinder saßen da im Schneidersitz um große Tabletts voller Obst, mit Keksen, mit Bonbons, und als Höhepunkt hatte Mai eine grellbunte Eistorte, auf der »Happy Birthday« stand und Kerzen brannten, in die Mitte gestellt. Es gab Kokosmilch mit Lychee-Stücken, Papayamus und Schokoladeneis, der Hund »Siemens« durfte seine Schnauze in jedes Glas stecken. Cousin Dat, der einen Stock tiefer wohnt, war da. Ein vierschrötiges Kraftpaket mit Armen und Beinen wie goldfarbene Baumstämme, und wie immer hatte er in der Bettecke sofort mit Tu gerungen, bis aus dem Leiberknäuel Gequieke drang: Die beiden müssen immer feststellen, wer nun stärker ist. Cousine Trang war da, frech und schlau, die als Siebenmonats-Kind zur Welt gekommen ist und sich alles herausnehmen darf, weil ihre Familie froh ist, dass aus dem Schwächling eine Göre geworden ist. Und Tiens jüngste Tochter natürlich. Still und großäugig saß sie im Gewühl auf dem Bett, ganz und gar der Vernichtung des Bonbon-Berges hingegeben; Mai half ihr dabei und wickelte die Süßigkeiten aus dem Papier und genoss die Gier des kleinen Mädchens.

Der fröhliche Exzess war ein Höhepunkt in Tus Jahr – und auch eine Lehrstunde in Bescheidenheit, denn dieser Luxus ist Ausnahme. Spielzeug besitzt Tu kaum: ein blechernes Rennauto, ein 850-Teile-Mickymaus-Puzzle, das der nervöse Schlacks nie zusammensetzen wird, einen afrikanischen Safari-Park und – der Hit! – einen Gameboy.

Die Erwachsenen saßen bei Tus Fest wie immer auf dem Boden vor dem Bett, im Schneidersitz, Knie an Knie um die gefüllten Teller, und zum Rauchen auf der Küchentreppe. Mai und Truong haben viel Platz. In der Hanoier Altstadt stehen einer Person statistisch zwei Quadratmeter Wohnfläche zur Verfügung, durchschnittlich 30 Menschen teilen sich eine Toilette. Das zentrale Stadtviertel aus dem 15. Jahrhundert ist schon heute so dicht besiedelt wie Kalkutta, und Groß-Hanoi, mit 3,5 Millionen Einwohnern die zweitgrößte Stadt Vietnams, wächst Tag für Tag weiter.

In der Altstadt kann man nicht Abstand halten voneinander. Leben heißt leben im Sozialen. Hier kann sich niemand verschanzen, hier sind die Mauern durchlässig, das Private ist jedem Geräusch, jedem Geruch, jedem Blick ausgesetzt. Erst der Rand des Bordsteins ist die Grenze der Wohnung, und die ist sowieso eins mit dem Geschäft – ob man nun Grabplatten meißelt, Seide verkauft oder hinter der niedrigen Theke eines »Staubreis«-Restaurants, das so heißt, weil die Gäste ihre Mahlzeit im Straßenstaub verzehren, Hühnerfüße mit Ingwer zubereitet. Hinter den Regalen, Warenverschlägen, Kartonhaufen, Stoffbergen stehen Betten, auf denen die Alten vor sich hin dösen. Kinder sitzen da, am Spätnachmittag, noch in ihren Schuluniformen mit den roten Pionier-Tüchern um den Hals und lesen Comics. Mütter waschen ihre Babys in Plastikschüsseln auf dem Trottoir, manchmal pinkeln die Kleinsten einfach in den Rinnstein. Kunden, die ihre kaputten Motorräder in Truongs Werkstatt schieben, blicken auf den Hausaltar der Familie und sitzen Tee trinkend und rauchend vor dem Bett seiner Mutter.

Das Haus der Großfamilie Nguyen, in dem Truong 1960 zur Welt kam, ist schmal und hoch wie alle Häuser hier, verwinkelt, verbaut mit Kammern, Treppen, Küchen, Kloverschlägen: ein von Röhren und Strippen zusammengeschnürtes Provisorium. Wie ein Organismus wächst es seit Jahrzehnten mit der Familie und passt sich allen Lebens- und Arbeitsbedürfnissen an.

Nach jeder Hochzeit, wenn die Schwiegertochter ins Haus gezogen ist, wie es sich gehört, nach der Geburt eines Kindes, werden Räume abgeteilt, Balustraden quer durch Zimmer gezogen, Winkel abgetrennt. Schwägerin Huong kocht auf einem Balkon. Tu lernt in einem Glaskasten, der wie ein Vogelnest an Mais Zimmer klebt und im Sommer heiß, im Winter eiskalt ist. Tante Thi schläft auf einem Zwischenboden, in dem sie sich gerade aufrichten kann.

Die Inseln des Rückzugs sind winzig in einem Leben, das den Begriff privat kaum kennt und dessen Prinzip die Gemeinschaft ist. Das »Wir« der Familie ist alles; die vietnamesische Sprache kennt zwar das Wort »ich«, dessen Gebrauch aber gilt als unfreundlich-distanzierend. »Chau«, Kind, nennt sich Tu. Ha Le ist »Em«, kleiner Bruder, Tu ist »Anh«, großer Bruder: Das werden sie ihr Leben lang füreinander bleiben, und sich jedesmal, wenn sie sich ansprechen, an ihre Position in der Familien-Hierarchie erinnern, an ihre Rechte und Pflichten. Die höflichen Anredeformeln, und mit ihnen das Vorbild Familie, regeln alle sozialen Beziehungen in der vietnamesischen Gesellschaft.

Bui Thi Minh, Mais Schwiegermutter, ist für die meisten »Ba«: ältere Dame. Sie ist die Patriarchin des Hauses, eine Autorität, so wie es Mai in Truongs Werkstatt ist. Die Familie regiert Bui Thi Minh von ihrem Schemel im Eingang aus. Dort sitzt sie zehn

Verkehrsader: Die über zweieinhalb Kilometer lange Long-Bien-Brücke ist die autofreie Verbindung zwischen den Feldern und der Metropole

Der Bauch von Hanoi: Täglich kommen Tausende von Bauern mit Booten auf dem Roten Fluss in die Stadt; ihre Tragjoche sind gefüllt mit Getreide, Gemüse, Obst

Rast am Strand: Auf dem Weg in ihr Heimatdorf Can, das acht Autostunden von Hanoi entfernt liegt, ruht Mai in einem Badeort an der Küste aus. Fliegende Händlerinnen verkaufen Obst und Souvenirs

Stunden am Tag hinter der kniehohen Theke ihres Kiosks, in einer über die Jahre entstandenen Ordnung der kurzen Handgriffe: hinter sich die in alte Kissen eingepackten Kannen mit Süßholz- und grünem Tee, vor sich das Glas mit Kaugummi, die Schachteln, aus denen sie Zigaretten einzeln verkauft, das Bambusrohr, aus dem die Werkstattkunden für ein paar Dong einen kräftigen Zug Rauch nehmen.

Bui Thi Minh war die Erste im Haus, die Ha Le begrüßt hat. Das muss so sein. Sie hat ihn in den Arm genommen, sie hat ihn vor dem Ahnenaltar hochgehoben und dem Großvater das Kind gezeigt.

Da war Ha Le in seiner Familie angekommen.

»Schlafe artig, mein Kind! Deine Mutter setzt Reispflanzen auf dem Feld …« Mai wiegt ihren Sohn im Rhythmus des Liedes, »… deine Mutter hat Hecht gefangen und Wels. Die wird sie dir bringen. Schlafe artig, mein Kind!« Und das tut Ha Le, trotz des wüsten Verkehrsgebrauses auf der Nationalstraße 1, die Hanoi mit dem 1750 Kilometer entfernten Saigon verbindet. Ha Le ist sechs Monate alt, ein blankäugiges Kind mit einem schwarzen Pinselschopf, der sich störrisch immer wieder aufstellt, egal, wie oft ihn seine Mutter niederstreichelt. Es ist Zeit, ihn jetzt, im Mai 1999, nach Hause in Mais Heimatdorf zu bringen.

Can liegt acht Autostunden von Hanoi entfernt in den Bergen der Provinz Thanh Hoa nahe der laotischen Grenze. Wir fahren nach Süden, durch Landstädte, an deren Straßen sich handtuchschmale, pastellfarbene Häuser aneinander reihen in zuckerbäckerfröhlicher Stillosigkeit: mit kragenden Balkonen, gedrechselten Gipssäulchen, die Jahreszahl ihrer Errichtung über der Haustür. Die Häuser stellen Vietnams jungen Wohlstand aus; wer kann, gibt sich der Bauwut hin, seit das Land die Tür zur Welt wieder aufgemacht hat, seit das Geld der Emigranten aus den USA, aus Deutschland nach Hause fließen darf, seit Beton kein »strategisches Material« mehr ist.

Wir biegen ab, und die Straßen werden schmaler, noch sind sie asphaltiert, aber übersät mit Schlaglöchern. »Hühnernester!«, brüllt der Fahrer nach hinten. »Warte auf die Hundenester! Warte auf die Büffelnester!«, brüllt Truong zurück und pafft den Rauch seiner Zigarette zum Fenster hinaus. »Und im Elefantennest verschwindet dein Auto!« Mopeds und Fahrräder kommen uns entgegen, dann und wann ein klappriger Bus und irgendwann nur noch ein mit Bambusstämmen beladener Holztransporter, auf dessen Kühlergrill ein Korb mit einem lebenden Schwein festgezurrt über der Straße schwebt.

Zeitreise. Mit jedem Kilometer geraten wir tiefer hinein in ein Vietnam, das unberührt scheint von politischen Brüchen und Systemsprüngen. Neben der Straße liegen die grünen Matten der Reisfelder. Kein Quadratmeter Land scheint ungenutzt. In Tümpeln suhlen sich Wasserbüffel. Manchmal führt eine alte Frau, barfuß, in traditionellen weiten schwarzen Hosen, einen spitzen Reisstrohhut im Nacken, eines der Tiere am Strick die Straße entlang.

Bauernland. Vier Fünftel der Vietnamesen leben in Dörfern, und 90 Prozent jener Menschen, die hier von der Weltbank »arm« genannt werden, arbeiten in der Landwirtschaft. Sie verdienen häufig weniger als 100 Mark im Jahr und gehören damit zu den Einkommensschwächsten der Welt. Saigon, Hanoi, jene Fabrik-Standorte, wo Turnschuhe und Unterhosen für die Märkte in Übersee zusammengenäht werden, liegen wie exotische Inseln des Wohlstands in einem Meer der Armut. Vietnam ist gefangen in Ungleichzeitigkeit. In den Städten hocken junge Leute in Internet-Cafés und chatten mit der Welt; viele der gleichaltrigen Bauernkinder haben ihr Dorf noch nie verlassen.

Denn die Provinz wird beim großen Aufbruch vergessen und vernachlässigt. Der Agent des Fortschritts ist der Proletarier am Fließband, glaubt Vietnams Regierung noch immer buchstabengetreu sowjet-sozialistisch. Die staatlich kontrollierte Wirtschaftspolitik setzt auf Industrialisierung. Obwohl der typische vietnamesische Arbeiter Bauer ist, fließen nur 7,5 Prozent der öffentlichen Investitionen in die Landwirtschaft. Deswegen sind die Straßen schlecht auf dem Land und ist der Zugang zu Märkten schwierig. Deswegen sind noch nicht einmal die Hälfte der Dörfer an die zentrale Stromversorgung angeschlossen, und nur 39 Prozent der Landbevölkerung haben Zugang zu sauberem Trinkwasser. »Standort-Nachteile« nennen das Ökonomen. Die Provinz ist unattraktiv für städtische oder ausländische Investoren, und kaum einer jener Million junger Menschen, die jedes Jahr auf den Arbeitsmarkt drängen, hat zu Hause in den Dörfern eine Zukunft.

Zwar ist Vietnam seit dem Ende der Kollektivierung in der Landwirtschaft im Jahr 1989 zu einem der größten Reis-Exporteure der Welt aufgestiegen, zwar ist die Armutsrate auf dem Land in nur fünf Jahren

Floßfahrt mit Kind: Auf einer provisorischen Fähre setzen Mai und Ha Le über den Fluss, an dem die Freunde wohnen

Land-Partie: Der Besuch aus der Stadt ist eine Attraktion in Can. Das Dorf der Thai-Minderheit liegt weltabgeschieden an der laotischen Grenze

um 20 Prozent gesunken – Lebenssicherheit für die Bauern aber bedeutet das nicht. Denn wegen seiner geographischen Lage mit einer flachen, ungeschützten Küste am Chinesischen Meer schwebt in jedem Jahr die Drohung von Naturkatastrophen über dem Land. Vietnam muss seit jeher im Rhythmus der Extreme leben. Ob Dürre, ob Überschwemmung – die Bauernfamilien sind mit ihrer gesamten Existenz abhängig vom Wetter. Das Wetter entscheidet, ob genügend Reis in den Schalen ist, und sogar ab und zu einmal Fleisch, ob Kinder zur Schule geschickt werden können.

Die Provinz Thanh Hoa ist im Mai 1999 mit Trockenheit geschlagen. Der Fluss, der durch Mais Heimatdorf fließt, steht nur noch kniehoch, und die Kinder schieben das kleine Floß, in dem sie mit Ha Le sitzt, zwischen Steinen hindurch. Seit Monaten drehen sich die Schöpfräder an den niedrigen, steinernen Dämmen kaum mehr. Kein Tropfen Wasser fließt durch die Bambusrinnen der Bewässerungsanlagen. Sie führen, jedem Hindernis ausweichend, jedes natürliche Gefälle ausnutzend, kreuz und quer durch die Felder: fragile Monumente der Mühe, diesem Land das Überleben abzuzwingen. Sinnlos der Versuch in diesem Jahr. Die Reisrispen sind auf dem Halm vertrocknet, sie sind gelb und leer und lohnen die Ernte nicht. Vor den Häusern liegen, in flachen Körben, frisch ausgegrabene Maniokwurzeln. Man wird den Reis wieder strecken müssen, um satt zu werden.

Maniok und Reis: Mai liebt die Armuts-Mahlzeit, weil deren Geschmack die Kindheit zurückbringt. Alles im Dorf birgt Erinnerung. Wir gehen durch den lichten Wald, in dem unter Kokospalmen und Jackfruit-Bäumen die vereinzelten Anwesen liegen, und Mai erzählt: Wie sie sich als kleines Mädchen auf zusammengebundenen Bambusstangen den Fluss hat hinuntertreiben lassen. Auf dem Weg zur Schule ist sie da drüben über die Steine im Wasser balanciert, das machen die Kinder noch heute. Hinter den Kalkfelsen liegt der Wald, in dem sie Büffel gehütet und sich gefürchtet hat. Sie kennt noch jene berüchtigten Stellen an den Dorfwegen, wo böse Geister hausen; um die macht sie, weil sie Ha Le in einer Tragetasche vor der Brust hält, auch jetzt wieder einen Bogen. Noch immer sind in Can die langgestreckten Häuser ganz und gar aus Bambus gebaut, ohne einen einzigen Nagel, die Balken zusammengefügt mit kunstvoll verknoteten Fasern. So wie das vor 25 Jahren war, im Haus von Mais Großmutter. Die hat ihr eines Tages den Kopf kahl geschoren, bis auf zwei Haarbüschel, weil sie Läuse hatte. Damals war Krieg, aber er hat das Dorf verschont. Nur ab und zu sah man einen Kampfbomber am Himmel kreisen. Mai ist zwar in Armut, aber nicht in Angst groß geworden. Zur gleichen Zeit ging Truong mit einem aus Reisern dick geflochtenen, breitkrempigen Hut zur Schule; der sollte das Gesicht gegen Splitter schützen, falls die Amerikaner Bomben auf Hanoi warfen.

Can ist Can geblieben. Das muss so sein, weil hier Mais Kinderglück zu Hause ist. Jeder Vietnamese trage, sagt man, sein Dorf mit sich – egal, wie viele Jahre, wie viele Kilometer zwischen dem heutigen und dem früheren Leben liegen. Im Dorf versichert man sich seiner Herkunft. Das Dorf ist auf ewig der Sitz der Ahnen, ist Familie – »das Wichtigste überhaupt«, findet Mai, »denn nur auf die Familie kannst du dich verlassen«. Der Satz gilt, obgleich auch ihre Eltern, ihre Geschwister Can längst verlassen haben. Im Dorf ist sie nicht Mai wie in Hanoi, sondern Ang, »das zweite Kind«, im Dialekt der Thai-Minderheit, zu der sie von Mutterseite her gehört. Hier ist sie für fast jeden »em« oder »chi«, kleine oder große Schwester. In fast jedem Haus wohnt Verwandtschaft, kaum nachzuvollziehen, wer im weiten, elastischen Netz der Familie ein naher Onkel oder eine entfernte Tante ist: unwichtig.

Ha Thu Oai ist – vermutlich – Mais Nichte. Sie sitzt am Kamin im Haus ihres Schwiegervaters und stillt ihren Sohn, als wir kommen; schüchtern begrüßt sie Mai und hält den Kopf gesenkt. Sie streichelt das Gesicht ihres Kindes. Die Augen des Kleinen tränen. »Das kommt vom Rauch«, sagt Mai. »Du solltest nicht so nah am Feuer mit ihm sitzen!« In der Begegnung der beiden Frauen trifft das moderne auf das traditionelle Vietnam, und der scharfe Bruch zwischen den beiden Welten, zwischen Stadt und Land, zeigt sich in ihrer Erscheinung und in ihren Gesprächen. Oai trägt die Tracht der Thai-Minderheit: den schwarzen Rock, die pastellfarbene Bluse, die breite, bunte Schärpe um die Taille. Mai die Freizeitkluft der Städterin: Leggings, ein bequemes T-Shirt, Sportschuhe.

Doch Kinder verbinden. Die beiden Frauen zeigen einander ihre Söhne: Wie schön sie sind! Wie gut genährt! Und Ha Le trägt sogar eine Goldkette um dem Hals! »Em Oai!«, sagt Mai und lacht. »Kleine Schwester! Schon wieder ein Kind! Wir kommen nur alle zwei

Kampf-Trinken: Gemeinsam und schnell müssen die Männer mit Bambushalmen Reisschnaps trinken. Der Zeremonienmeister schüttet Wasser nach, es darf nicht über den Rand des Tontopfes steigen

Berufswunsch Mechaniker: Auch wenn sie ihn »Superman« nennen, Tus Freund Phieu hat bescheidene Jungenträume. Geschickt hat er aus Holz einen Spielzeug-Lastwagen gebaut. Er wird nach Hanoi mitkommen, um bei Truong in die Lehre zu gehen

Ein Hilferuf mit voller Lungenkraft: Wo bist du, Mai? Ha Le und seine Mutter sind in den ersten Lebensmonaten des Kindes Tag und Nacht beieinander. Und die rettende Hand ist immer nah

Jahre, und jedesmal hast du ein Neugeborenes im Arm! Du musst aufhören!« Die Nichte legt den Kopf zur Seite und lächelt. Sie ist 26 Jahre alt und hat drei Kinder. Alle zwei Jahre eines: Das ist hier oben in den Bergen schon immer so gewesen, so wird es auch die Nichte halten. »Die großen Häuser sind leer und still ohne Kinder!«, sagt einer von Mais Onkeln. Außerdem: Braucht man nicht Kinder zum Arbeiten, bei der Reisernte, beim Bambusschlagen? Und wer wird sich um einen kümmern, wenn man alt ist? In Can sind Kinder Lebens-Versicherung. Die Geburten-rate auf dem Land liegt mit 3,7 deutlich über der in den Städten.

Auch in Can werben grellfarbene, kitschige Plakate für Familienplanung, sie hängen gleich neben den eingerahmten Familienfotos an den Bambusbalken: Dekoration. »Zwei Kinder sind genug!« – eine der seltsamen Botschaften ist das aus der Welt da draußen. Deren Regeln und Vorschriften, deren Werte und Waren sind im Dorf bisher nur als leises Echo angekommen.

In manchen Häusern stehen Transistorradios. Manchmal irrlichtert abends ein Taschenlampen-Licht durchs Dunkel. Da hat jemand Geld für Batterien gehabt. Schulhefte sind wertvoll. Die Plastikflaschen, die wir aus Hanoi mitgebracht haben, sind Trophäen, um die sich die Kinder balgen. »Schweinefleischgeschmack!«, sagt Mai und schüttelt das Päckchen Instant-Nudeln. »Heißes Wasser drauf – fertig!« Die schöne Nichte legt den Kopf zur Seite und lächelt.

Der Fußboden des Hauses federt unter jedem Schritt, er ist aus Bambuslatten verlegt, luftig und mit spaltenbreitem Abstand. Das Haus steht auf Stelzen, und unter der Ecke, in der Mai sich mit Ha Le niedergelassen hat, wühlen schwarze Hängebauchschweine im Dreck, liegt Holz gestapelt. Zwölf Menschen leben hier, in diesem einen großen Raum, mit einer funktionalen Ordnung, in der alles vom Großen bis zum Kleinen seinen Platz hat: Die Bambusregale entlang der Bambuswände, in ihnen liegen tagsüber die großen schwarzen Moskitonetze und die dicken

Schlafmatten zusammengerollt. Der Zwischenboden, auf dem die Reisvorräte lagern, die Netze, Pfeile und Bögen. Die Bambusröhre mit den Bambuszahnstochern nahe dem Essplatz.

Mai stillt Ha Le oder wedelt ihm, wenn er lang ausgestreckt auf der Bastmatte schläft, mit einem Fächer Luft zu. Immer wird sie beobachtet. Nah beim Feuer steht ein Mädchen und schaukelt Oais Sohn in einer Wiege, stundenlang, wie in Trance das Kind, wie in Trance die Bewacherin. Seine Mutter arbeitet auf dem Feld. Wenn der Kleine schreit, weil er Hunger hat, zerkaut das Mädchen gekochten Reis und füttert ihn von Mund zu Mund mit dem Brei. Einmal steht Mai auf und stillt auch ihn. »Er wird doch so nicht satt!«, sagt sie.

Ausgestreckt liegen die Männer auf den Bastmatten oder hocken im Schneidersitz beieinander. In diese Runde darf keine Frau, nur ab und zu kommt eine und schüttet heißes Wasser in die Kanne mit dem grünen Tee. Die Städter rauchen »555«-Zigaretten, die Dörfler zerkrümeln sie und stopfen den Tabak in die Wasserpfeife, die, wenn einer der Männer so fest an ihr zieht, dass ihm die Wangen einfallen, müde trillert wie ein eingesperrter Vogel. In der Runde steht der Tontopf mit dem säuerlichen Reisschnaps. Er reift, verfeinert mit Kräutern und Baumrinde, über Monate; serviert wird er nur bei Familienfesten. Manchmal beugt sich einer vor und nimmt mit dem langen Bambus-Trinkhalm einen Schluck. Im Lauf der Stunden kriecht weiche Trägheit in die Männer. Truong raucht und spricht von Motorrädern. Die Bauern sitzen unter den dicken Qualmwolken der Pfeife und reden vom Wetter.

»Queen B! Die beste Disco in Hanoi!«, sagt irgendwann einer der Fahrer. »Da kostet das Bier sechs Dollar!« Er ist zu rosig, zu wohlgenährt für sein Alter, zu weich sind die Hände. Seine Daumennägel hat er sich zentimeterlang wachsen lassen und sie rund gefeilt. Vorsichtig greift er nach den Teetässchen, die Bauern betrachten die damenhaften Gesten und verstehen die Botschaft: So einer muss sich nicht schmutzig machen. Neben dem massigen Kerl wirken sie noch hagerer in ihren schwarzen Drillich-Anzügen, noch ausgezehrter und von Arbeit zu früh verbraucht. »Diese Uhr hat vier Millionen Dong gekostet«, sagt der Städter und schüttelt das dicke goldene Ding an seinem Handgelenk. Nur der Junge im weißen Hemd, der als einer der wenigen im Dorf eine weiterführende Schule besucht und nicht weiß, ob sein Vater nach der schlechten Ernte das nächste Semester bezahlen kann, schaut verstohlen auf seine billige Plastikuhr. Die anderen in der Runde nicken höflich.

Stadtgeschichten. Märchenstunde. Was sollen sich die Bauern unter 40 000 000 Dong vorstellen? Wie sollten sie begreifen, dass Mai und Truong an einem Sonntagabend im Restaurant mehr Geld für Essen und Trinken ausgeben, als die Bauern in Monaten in der Hand halten? Kaum einer der Leute hier hat das landesdurchschnittliche Einkommen. Sie sind ärmer, als es die Weltbank-Statistik erlaubt.

Geld ist im Dorf kaum im Umlauf. Can liegt jenseits des Geld- und Warenkreislaufs. Die Bauern sind keine Konsumenten. Sie leben als Selbstversorger vom Ertrag ihrer Felder, fast alle Gegenstände des täglichen Gebrauchs stellen sie selber her: Pfeile, Bögen, Fischernetze die Männer; die Frauen spinnen Garn und nähen die dicken Steppdecken, weben die schwarzen Moskitonetze und ihre bunten Trachtengürtel, flechten Körbe zum Tragen von Lasten. Der Wald liefert das Material. Er ist viel kleiner als in Mais Kindheit. Denn auch in Can muss, wer ein Feld braucht, Bäume roden. Auch in Can bedroht der Kinderreichtum die natürlichen Lebensgrundlagen. Noch ist der Wald freigiebig: Die Bauern »gehen zum Berg«, ein-, zweimal im Jahr, wenn sie Geld brauchen für Schulgebühren, um Reis zuzukaufen. Eine steile, zerwühlte Erdschneise führt hinab zum Fluss. In die Brustriemen eingespannt wie in ein Joch, bugsieren die Männer Bambusstämme den Abhang hinunter. Sie bremsen die Last mit dem Körper aus und zerren sie durch Mulden. Bambusernte ist gefährliche Arbeit. Auf dem Markt, zu dem sie den Bambus flößen, bekommen sie 100 000 Dong, umgerechnet etwa 13 Mark, für 100 Stämme, wenn die lang und gerade sind.

Das Dorf ist »einkommensarm«, elend ist es nicht. Es ist von jenem Fortschritt vergessen, der Lebensqualität nur in Dollar berechnen kann, und kaum berührt von der »Modernität«, deren Vision der universelle Konsument ist. Sicher ist das Leben in Can mühsam, selbst in guten Jahren, und in schlechten kaum mehr als ein Überleben. Sicher braucht Can bessere Lehrer, bessere Gesundheitsdienste, braucht Aufklärung und die Pille. Und doch: Can ist, vielleicht nicht freiwillig, unabhängig, und bei sich. Die Tracht der Frauen ist keine Folklore, sondern Alltagskleidung. Die Bambus-Baukunst der Männer kein Museumswissen, sondern notwendige Praxis. Can ist in seiner Weltabgeschiedenheit aufgehoben in einem kulturellen und spirituellen Kosmos, in dem die Menschen, die Ahnen, die Geister ihren Platz, ihre Rechte und Pflichten haben.

Der Zeremonienmeister hat Hunger. Er schielt zum Herd, auf dem in großen Pfannen fettes Schweinefleisch zischt. Die Männer haben am Nachmittag geschlachtet und dem Tier mit Strohbündeln die Borsten abgesengt. »Ist hier eine Frau schwanger?«, hat einer gerufen. »Dann soll sie weggehen!« Die Nichte und eine von Mais Tanten haben unterm Haus mit langen Dreschflegeln den Reis aus den Rispen geschlagen.

Ein Fest muss gefeiert werden: zu Ehren der Städter. Zur Begrüßung von Ha Le. Mit dem Oberkörper vor- und zurückschwankend, eine Schärpe um den Kopf gebunden, sitzt der hagere, alte Mann der Geisterstunde vor und singsangt die uralte Beschwörungsformel, die nirgends aufgeschrieben steht und die er im Kopf haben muss, weil er der Älteste der Sippe ist.

Ich lade den Heiligen der Wege ein,
ich lade den Heiligen der Felder ein,
ich lade den Heiligen der Häuser ein,
den Heiligen der Bäume, der Wälder, der Stoffe.
Vater und Mutter, kommt her!
Alle fliegen hierher, mit leuchtenden Augen.

Denn es ist angerichtet. Teller mit Fleisch, mit Gemüse, Schälchen mit Schnaps stehen vor dem geschnitzten Holzschrank, in dem die Ahnen wohnen und der Schnaps und das Radio aufgehoben werden. Wir werden erst essen, wenn die Ahnen ihren Teil bekommen haben, wenn, angezogen von den Köstlichkeiten, die Lebensgeister zu uns zurückgekehrt sind. Denn wir haben sie unterwegs verloren; bei der langen, beschwerlichen Fahrt, die wir

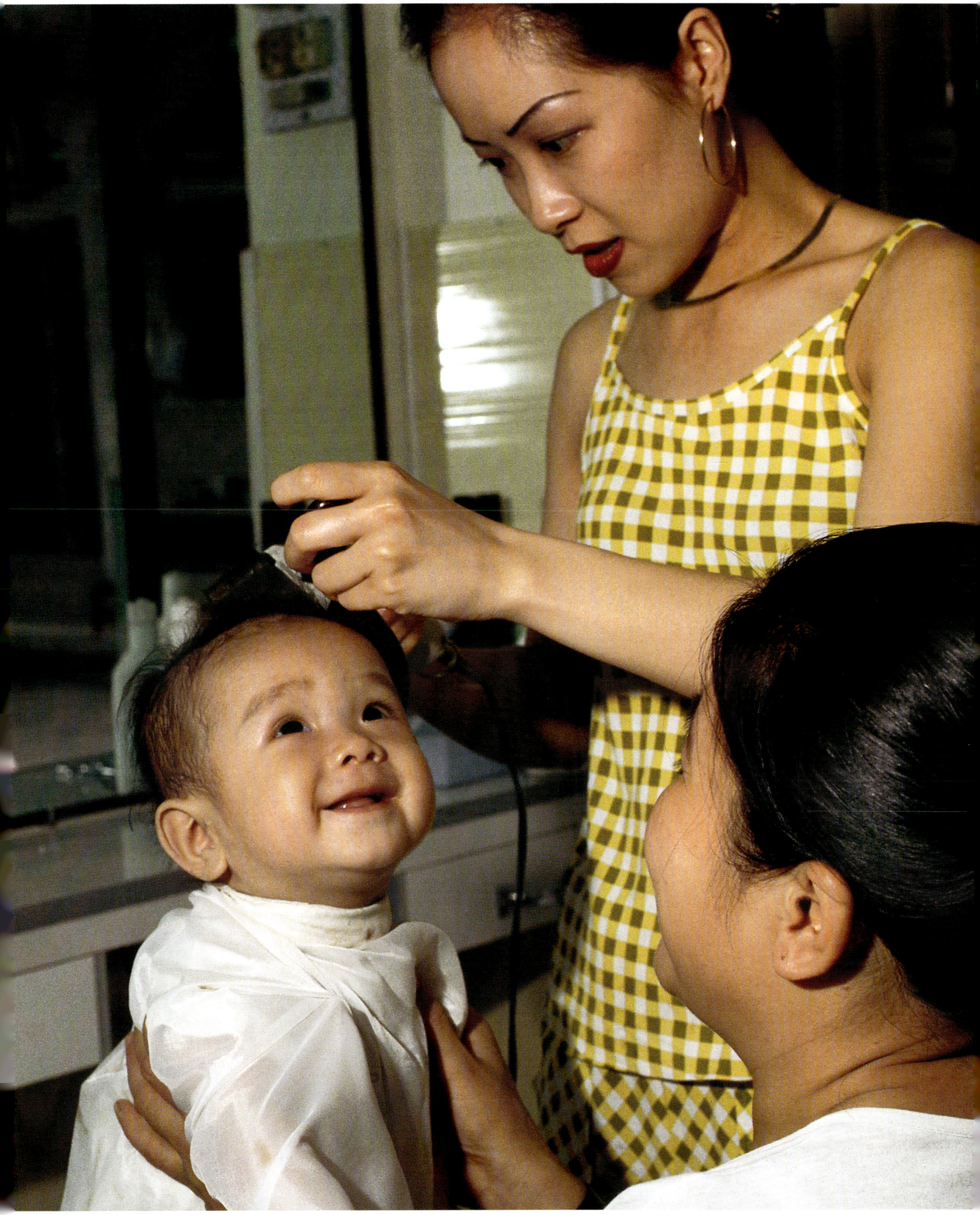

Schönheitspflege: Mai bringt ihren Sohn zum Frisiersalon um die Ecke. Und der Haarpinsel, der sich störrisch immer wieder auf seinem Kopf aufrichtet, verschwindet. Für eine Weile …

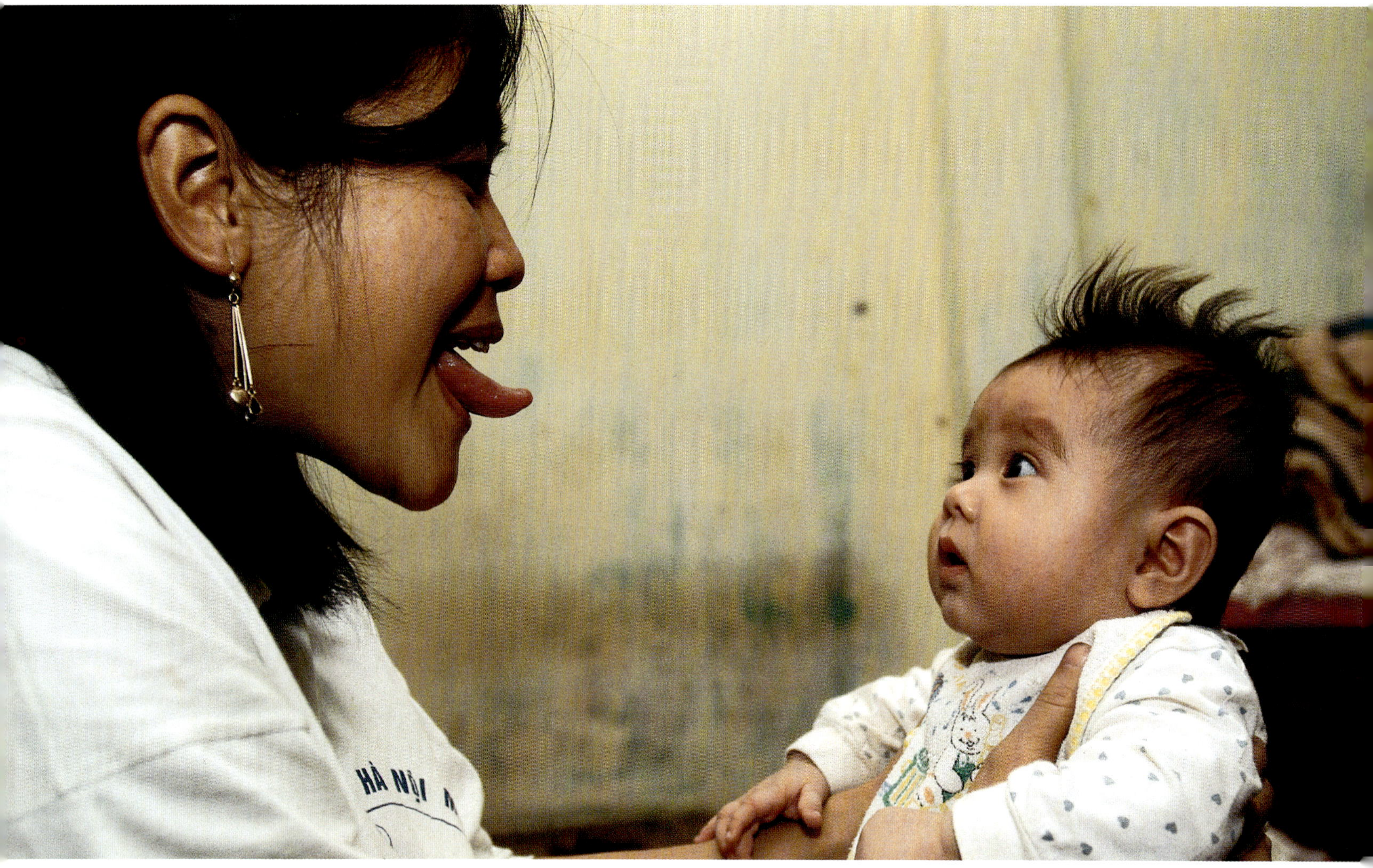

Spiel und Spannung: Aufmerksam beobachtet der nun sechs Monate alte Junge seine Mutter. Er lernt, mit allen Sinnen

hinter uns haben. Lebensgeister sind empfindsam und nicht gewöhnt an rasche Bewegung, sie kommen beim Transit von der einen zur anderen Welt leicht abhanden. Ihr Verlust ist vor allem für kleine Kinder wie Ha Le gefährlich – unruhig, krank, traurig können sie werden; – gefährlich aber auch für die Welt, denn die Geister gehen irre und richten Schaden an, wenn sie nicht wissen, wohin sie gehören.

Und deshalb essen wir kleine Häppchen, trinken winzige Schlucke, stellvertretend. Wir haben Kleidungsstücke mit in die Runde genommen, damit unsere Geister zurückfinden zum richtigen Körper. Mai hat eine von Tus Jeans ausgebreitet, ein Kleid ihrer kranken Mutter und bittet die Ahnen um Segen. Ha Le liegt zusammengerollt in ihrem Schoß. Er verschläft die Ankunft in seinem Dorf.

So beiläufig, wie das Ritual begonnen hat, ist es zu Ende. Der Zeremonienmeister geht zurück zur Runde der älteren Männer, der er vorsitzt. Gleich wird es für sie Suppe geben aus Blut, mit gehacktem Herz und gehackter Leber. Wir sitzen bei den alten Frauen, so wie es sich gehört, und essen fingerdick geschnittene, milchglasige Speckscheiben und grüne Papaya mit Fleischwürfeln. Die Zähne der alten Frauen sind schwarz lackiert, das war Mode bis noch vor einer Generation; irritierend ist das Lachen, weil sich ihre Freundlichkeit mit einer schwarzen Mundhöhle zeigt. Die, die Tabletts von Runde zu Runde tragen, gehen krumm mit der Last der gefüllten Teller: Can feiert den Überfluss in mageren, fleischlosen Monaten. Die Dorfälteste, die angeblich 102 Jahre alt ist und der das Leben den Rücken in die Waagerechte gezwungen hat, schenkt Mai am nächsten Morgen zum Abschied ein Ei. »Gib es deinem Kind«, sagt sie und weint. »Mehr habe ich nicht. Ich werde dich ja nicht wiedersehen«.

Ein suchender Blick: »Wo bist du?«
Ernst, gespannt die Miene, Ausdruck einer Frage, der wichtigsten überhaupt: »Kommst du wieder?«
Mais Augen tauchen langsam hinter dem Gitter

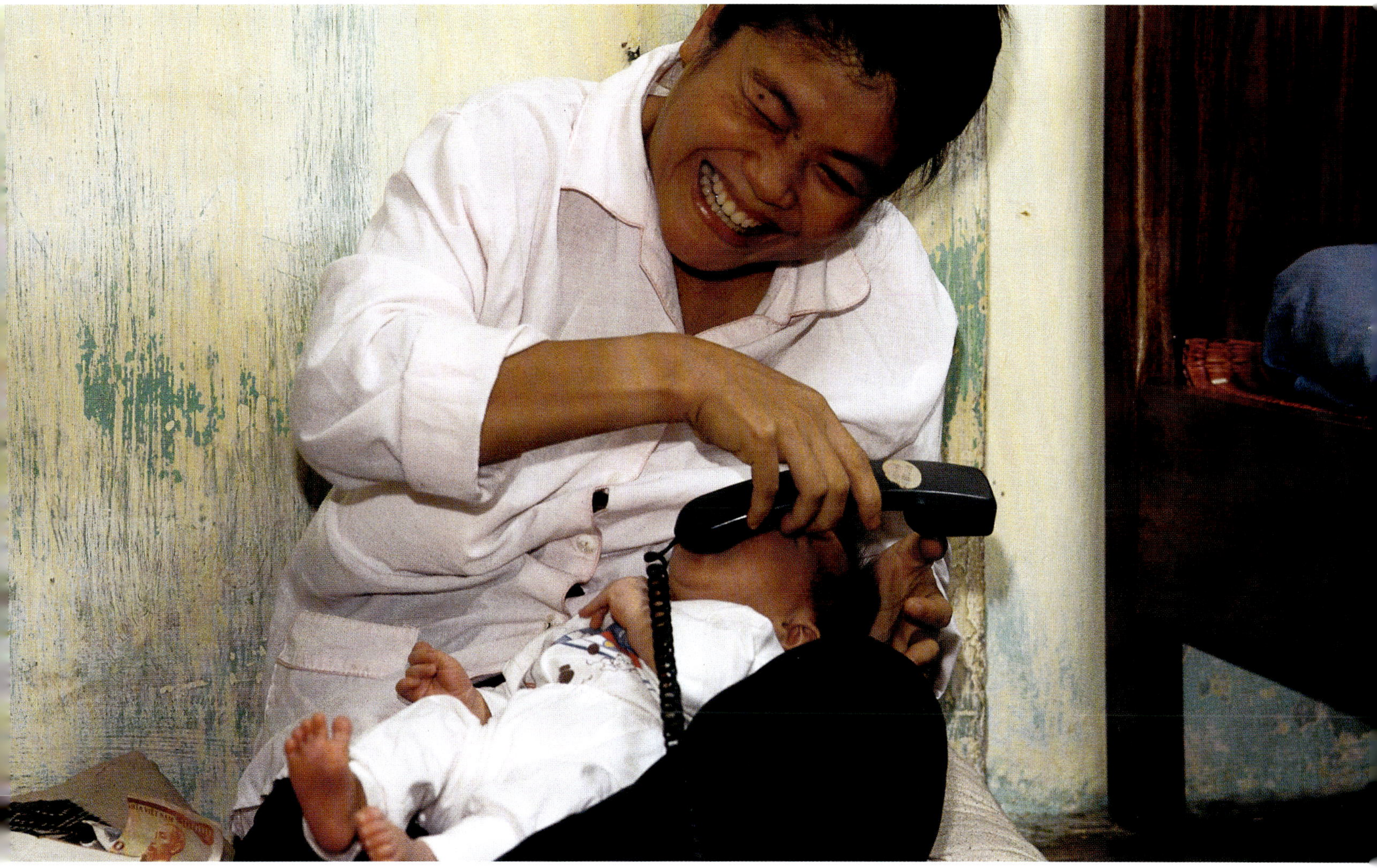

Kommunikationslehre: Ha Le gluckst ins Telefon, und seine Mutter amüsiert sich

ihrer Hände auf: »Da bin ich doch!« Und Ha Le lacht. Fort ist der Schreck: Wie herrlich, den zusammen mit der Mutter in Szene zu setzen, und immer ist ihre Abwesenheit nur Spiel. Ha Le liebt es, wenn sich seine Mutter versteckt, liebt das kontrollierte Drama der Trennung, wie alle Kinder seines Alters. Susanna spielt das Spiel mit Francis Mutia, das Gesicht hinter einem Tuchzipfel verborgen; Petra mit Paulina vor dem großen Spiegel im Flur ihrer Hamburger Wohnung.

Me! Hilf mir, Me!« Tu quengelt. Lang hingestreckt liegt er vor dem Bett, über sein Mathematikheft gebeugt. Er hat keine Lust zu lernen. Das Lineal in seiner Hand flattert nervös, seine Augen irren zwischen den Zahlen und dem Fernseher hin und her: Da taucht sie wieder, die schöne blonde Meeresnixe, in der australischen Science-Fiction-Serie, die Tu möglichst nie versäumt. Englische und vietnamesische Wortfetzen verquirlen sich zum Geräuschmatsch. Tu lässt das Lineal fallen und das Rechnen sein.

»Mach schon, Tu! Zeig mir das Heft!« Mai legt Ha Le in die Hängematte über dem Bett. Da schaukelt er, ein Kissen auf dem Bauch, damit er sich warm und sicher fühlt, und redet seinen Fingern gut zu. Mai pufft und stupst ihren ältesten Sohn, ungeduldig, denn sie muss kochen, und unnachgiebig wie jeden Abend, wenn der Kampf um die Hausaufgaben beginnt. Dreisatz gegen Nixe: Um halb acht kommt der Nachhilfelehrer, und dann muß Tu wissen, wie viel zwei Kilo Reis kosten, wenn sechs Kilo…

Die Tage des nun Neunjährigen sind lang. Er geht zur Ganztagsschule, nachmittags in seine Klasse, morgens zusammen mit allen seinen Mitschülern zu einem privaten Lernkreis ins Haus seiner Lehrerin. Sie verdient um die 73 Mark im Monat, eine vierköpfige Mittelstandsfamilie in Hanoi aber braucht rund 400 Mark zum Leben. Kaum jemand, ob Staatsangestellter, ob Supermarktkassiererin, der keinen

Zweit- oder Drittjob hat. Tus Lehrerin polstert ihr Gehalt mit den Einnahmen des Privatunterrichts auf. Mai zahlt im Monat 45 Mark Gebühr für die staatliche Schule, noch einmal so viel für die Nachhilfe. Das Geld für Tus Ausbildung ist einer der größeren Posten in ihrem monatlichen Haushaltsbudget von rund 450 Mark.

Auch Bildung ist eine Ware geworden. Sie wird zum Privileg für Besitzende, zum Luxus für Arme. Über die Hälfte des Monatseinkommens muss eine Durchschnittsfamilie in die Schulbildung ihrer Kinder stecken. Zu viel für viele, deswegen steigt in Vietnam die Zahl der Schulabbrecher. Das Bildungssystem ist – wie das Gesundheitswesen – in Gefahr, ein Opfer des Marktes zu werden. Die staatlichen Investitionen gehen zurück, zusätzlich unter dem Druck der Asienkrise. Bislang hat in Vietnam fast jedes Mädchen, fast jeder Junge lesen und schreiben gelernt, ob in der Stadt oder auf dem Dorf. Die Alphabetisierungsrate liegt bei 94 Prozent und ist damit höher als in Portugal. Ohne Bildung kein Fortschritt: Das Land besitzt ein gut ausgebildetes »Humankapital«, wie Ökonomen das nennen; auch das ein Grund für den wirtschaftlichen Erfolg, für die Effektivität der Familienplanungspolitik.

Wer was werden will, muss lernen. Der Dreisatz muss in Tus Kopf. Sonst gibt es keine Nixe mehr, keine Comics, von denen er kaum die Augen wendet, selbst wenn er sich beim Essen den Reis in den Mund schaufelt. Das Lineal wippt in Mais Hand. Tu krakelt Zahlen. Das Lineal flitzt durch die Luft. Mit einem Sprung rettet sich Tu aufs Kletterseil, das von der Decke hängt. Er schwingt durchs Zimmer, die Beine mit dem Tau verknotet: Einen Moment lang triumphiert Lebenslust über Disziplin und Dreisatz. Ha Le folgt mit den Augen den Schwüngen des Großen. »Em!«, brüllt Tu. »Kleiner Bruder!« – »Tu!«, brüllt Mai. Aber da ist er schon aufs Bett gesprungen, reißt das Baby aus der Hängematte mit der ruppigen Zärtlichkeit eines Halbwüchsigen, der nicht weiß, wohin mit seiner Kraft. Die beiden tanzen durchs Zimmer. Ha Le gluckst glücklich.

Eigentlich interessiert sich Tu nicht sehr für das kleine Wesen, diesen Langweiler in Windeln an der Brust seiner Me. Die nimmt Ha Le ihm weg. Manchmal kriecht Tu in Mais Arme und mault, dass keiner mehr mit ihm spiele, dass sein Vater morgens früh im Bett mehr mit Ha Le schmuse als mit ihm. Tu ist selbstständiger geworden. Vor der Geburt seines Bruders war er zu verwöhnt, findet Mai. Sie hat sich deswegen Sorgen gemacht, denn Egoismus ist eine üble Neigung, und wie sollen Einzelkinder lernen zu teilen ohne Geschwister? Auch deswegen wollte sie ein zweites Kind, am allerliebsten ein Mädchen.

Es ist der 15. Tag des Mondkalenders und Ha Les Halbjahres-Geburtstag, Tu und Dat verbrennen an der Straßenecke Papiergeld für den Wohlstand des kommenden Monats; springen den glimmenden Fetzen nach, ein paar Schritte nach rechts oder links bloß, weil vor ihnen auf der Straße der Nachmittagsverkehr tobt. Der 13-jährige Phieu, den alle »Superman« nennen, sitzt auf einem großen Motorrad, seine Füße erreichen die Pedale nicht. Er untersucht den Tacho, zieht am Gashebel und dreht am Tankdeckel: konzentriert und neugierig, mit der selbstvergessenen Hingabe eines lernenden Kindes.

Vor ein paar Tagen ist Superman in Can zu uns ins Auto gestiegen; er trug Plastiklatschen an den Füßen und ein zerrissenes Hemd am Leib. Das ist alles, was er mit nach Hanoi gebracht hat. Wann er ins Dorf zurückkommt, weiß er nicht, vielleicht zu Tet im nächsten Jahr. »Du bist geschickt. Komm zu mir in die Lehre«, hatte Truong, »Du kannst bei Tu im Glaskasten schlafen«, hatte Mai gesagt. »Schließlich gehörst du zur Familie, kochen muß ich sowieso.« Seither haben Tu und Ha Le so etwas wie einen Bruder, und das Bauernkind Superman hat eine Zukunft.

Auf der Treppe in der Küche dampft der Reiskocher. Der Fernseher dröhnt. Der Ventilator rattert. Tu kommt ins Zimmer gejagt und hängt schließlich auf dem Kletterseil dicht unter der Decke. Superman dreht an den Knöpfen des Videospiels. Truong telefoniert. Er hat den Hörer zwischen Schulter und Ohr geklemmt und die ölverschmierten Hände von sich gestreckt. Einer der Mechaniker kommt zum Duschen. Er hat vom Stand an der Ecke eine Plastikflasche Bier mitgebracht. Er wird wohl zum Essen bleiben.

Mai sitzt auf der Bettkante und stillt Ha Le.

»Was meinst du, wie wird er wohl werden?«, frage ich.

Mai lacht. »Wer weiß? Er ist nicht wie Tu. Er ist ganz anders als Truong, er ist anders als ich. Er ist … Ha Le.«

Ein Bündel Glück: Mai, Truong und Tu mit Ha Le vor dem Haus der Nguyens

Entwicklungshelfer Bildung: Kaum etwas ist entscheidender als Schule, soll sich das Leben in Ländern wie Kenya zum Besseren wenden. Aber: Noch immer ist sie ein Privileg, selbst die ärmlichste. In der Nzukini-Grundschule, auf die auch Wanza David geht, teilen sich vier Kinder ein Buch

FÜRS LEBEN LERNEN – EIN RECHT, EINE PFLICHT, EIN PRIVILEG? UND LERNEN FÜR WELCHES LEBEN?

Lehrstunden

Mathe und Müdigkeit: Viermal in der Woche, immer abends um halb acht, kommt Tus Nachhilfelehrer ins Haus. Der Dreisatz muss in seinen Kopf, und ist der Junge noch so erschöpft, noch so lustlos. Denn aus Tu soll etwas werden. Deshalb gibt Mai im Monat rund 100 Mark – immerhin fast ein Fünftel ihres Haushalts-Budgets – für die Schulbildung ihres Sohnes aus

Mit allen Sinnen, für alle Sinne: Paulinas Fähigkeiten werden früh gefordert und gefördert.
Im Alter von sechs Monaten besucht Petra mit ihr eine Eltern-Kind-Gruppe

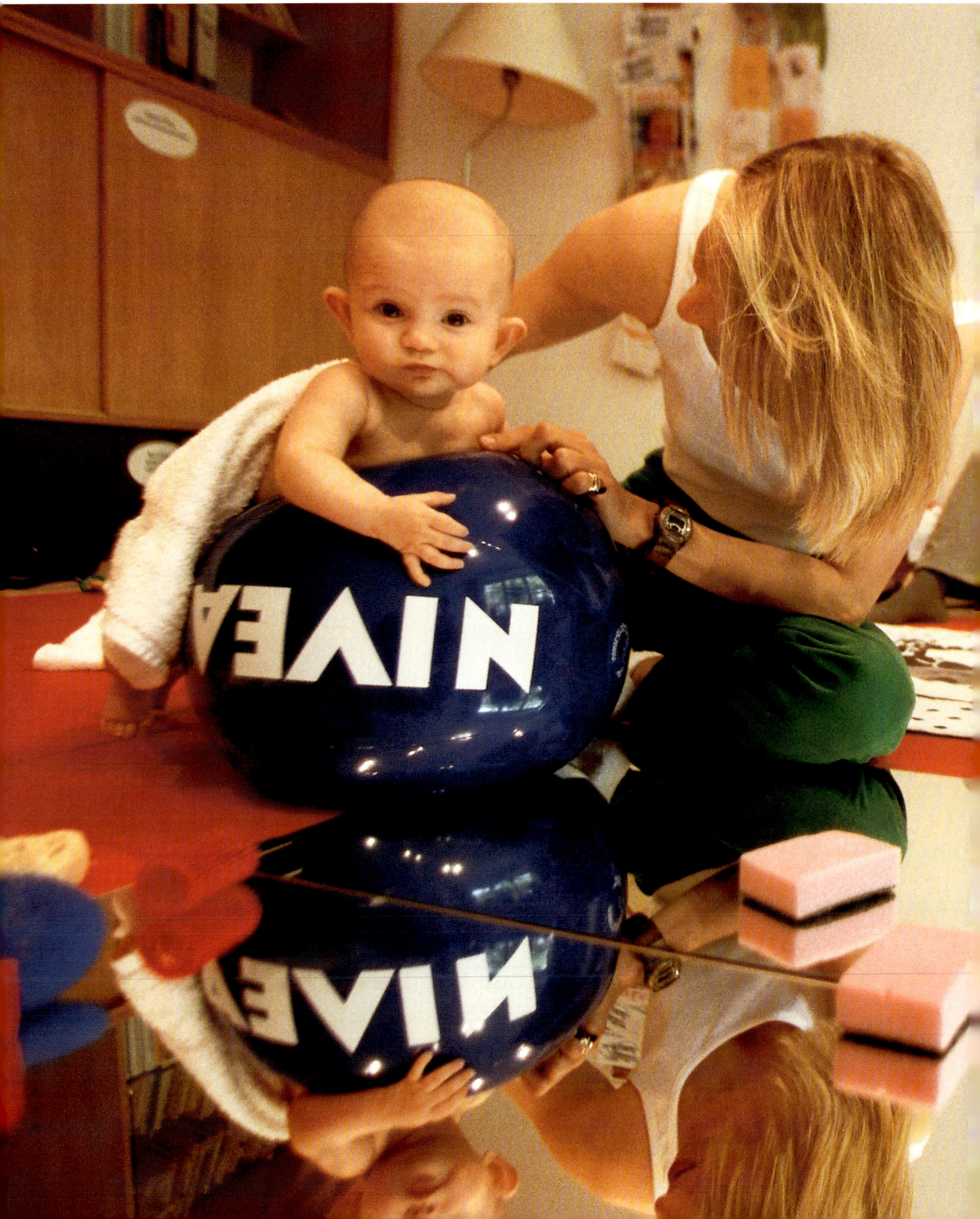

RATGEBER
Das Geheimnis glücklicher Kinder
Sachbuch 60640
JAN-UWE ROGGE · Ängste machen Kinder stark
DESMOND MORRIS BABYWATCHING
Mathematische Denkspiele
Ashley Montagu Körperkontakt
Rudi Palla DIE KUNST, KINDER ZU KNETEN
Wenn Eltern aus der Haut fahren
GU RATGEBER GESUNDHEIT
SACHBUCH 19366
JAN-UWE ROGGE. Kinder brauchen Grenzen
V. CRAMM KOCHEN FÜR BABYS
Ratgeber
Cornelia Nitsch Lirum, Larum, Fingerspiel
HANNAH LOTHROP Das Stillbuch
Sagi Verhaltensauffällige Kinder im Kindergarten
Lorentz Freispiel im Kindergarten
Tanz – Bewegung – Musik
Henner Ertel JEDES KIND IST BEGABT
DOLTO DIE ERSTEN FÜNF JAHRE
Häberli-Nef Wie viel Freiheit braucht mein Kind?
Kuntzag

Kinder lernen spielend, Eltern lesend: Paulina an den Bongos, mit Mikrophon und Kassettenrekorder.
Sie soll, wünschen sich ihre – wie die meisten – Eltern, früh Sinn für Musik entwickeln. Was aber ist wirklich gut für die Kleinen? Eltern-Ratgeber füllen Regalmeter. Sie versprechen Aufklärung über das unbekannte Wesen Kind

Vertrauensbildende Maßnahme: Das Wasser im Schwimmbecken ist warm, die Mutter hat Paulina stets sanft im Griff

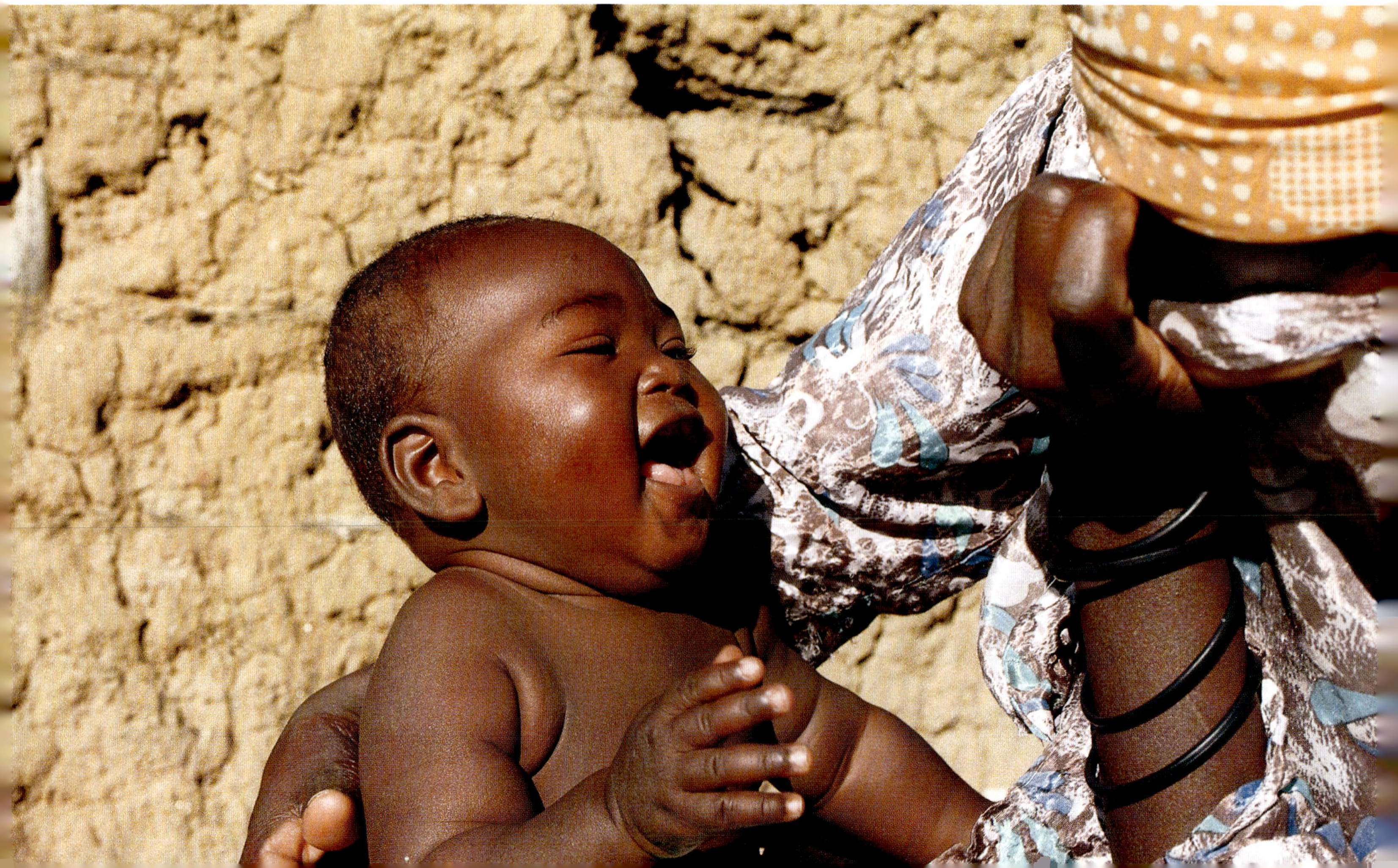

Ersterkundungen: Sitzprobe, Materialprüfung, Versteckspiel – kontinentübergreifende Erfahrungen, in denen sich Ha Le, Paulina und Francis Mutia klassenlos ähneln

Gelehrtenrunde: Mwangangi, Mwanzia und Wanza machen Schularbeiten in der Küchenhütte.
Susanna Mbili schafft es nur mit größter Mühe, ihren Kindern eine Ausbildung zu ermöglichen. Sie muss die Hälfte ihres Monatseinkommens für Schulgebühren, Uniformen, Bücher und Hefte ausgeben

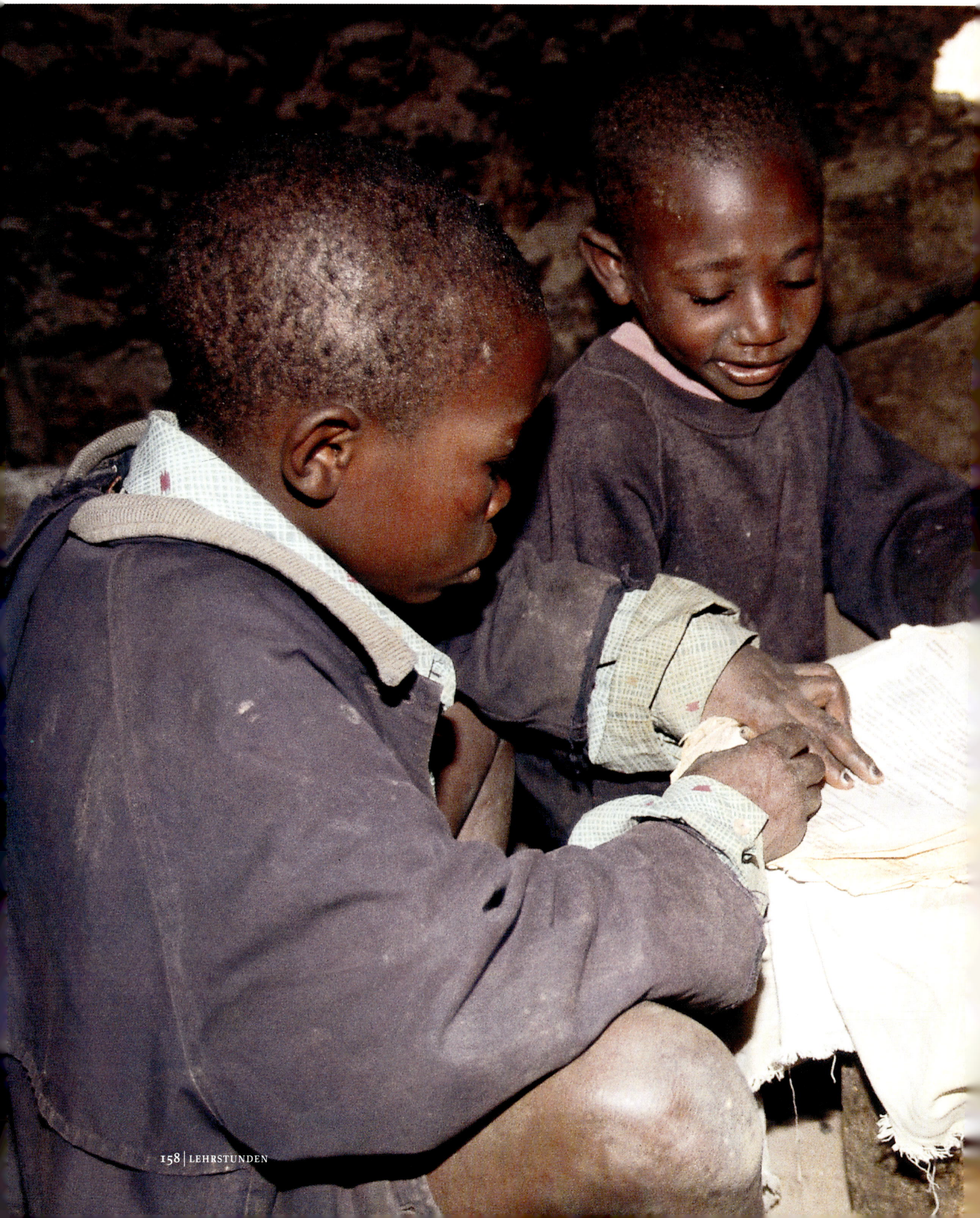

Mathematical Set

Gemeinschaftskunde: Ob sie »Kitalama« würfeln, ein Spiel mit Steinen, oder in der guten Stube der Davids wie zufällig zusammengewürfelt ihren kleinen Beschäftigungen nachgehen – immer ist Francis, der Jüngste, in die Gruppendynamik eines Familienverbundes integriert

Nutzwert: Die weitgehend vaterlos lebenden David-Kinder beginnen früh, wie Mwanzia beim Schälen des Zuckerrohrs, sich in alltäglichen Arbeiten Übung zu verschaffen, um das Leben von Selbstversorgern zu erlernen

Lwa lwe lwi lwi lwo lwu lwu Lwa Lwe
Kiwa kya Mulwa nikyatilwa
Kilile aki

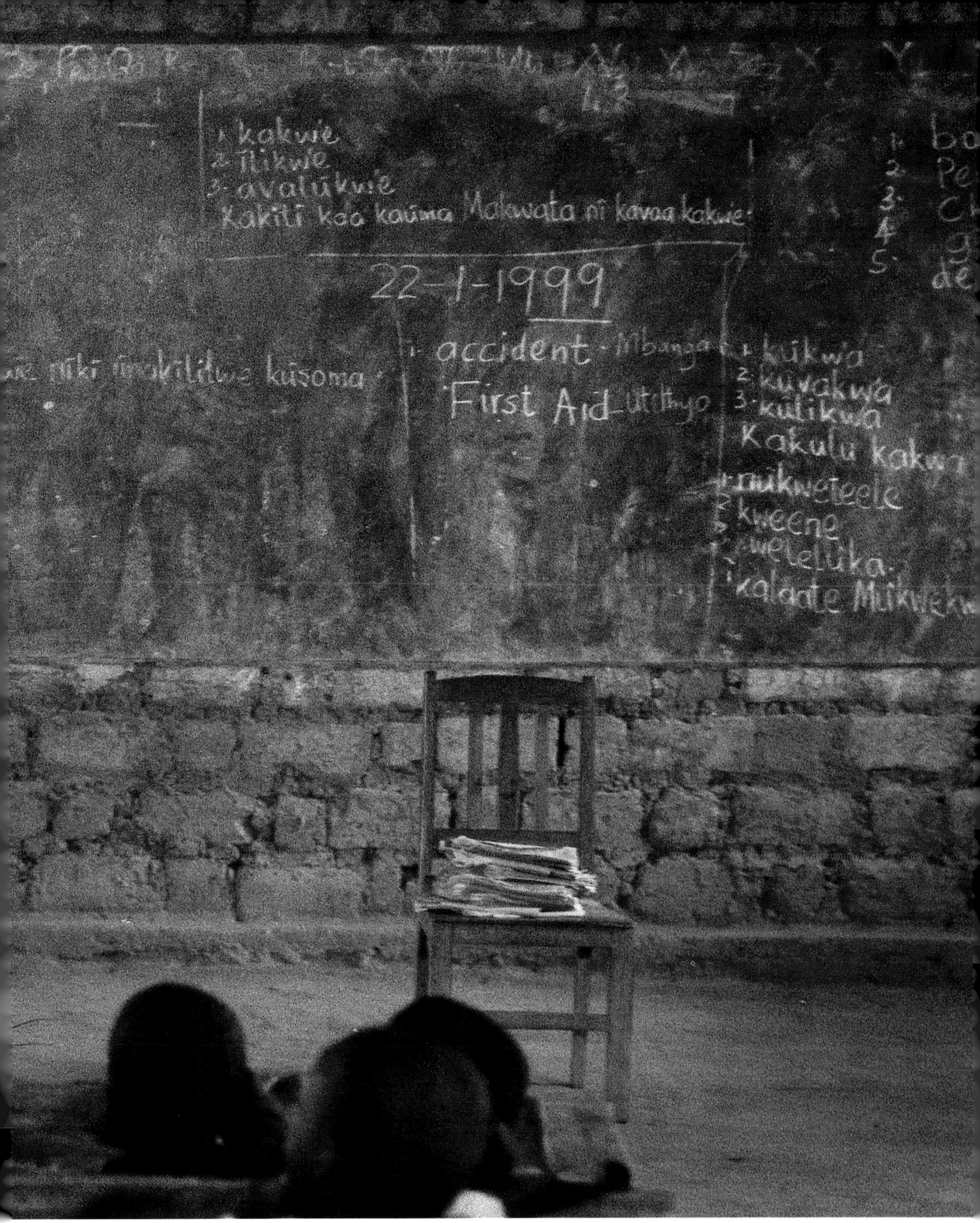

ABC der Kommunikation: Wanza lernt, in ihrer Muttersprache Kikamba zu buchstabieren. Ob sie die Schule abschließen wird, ist ungewiss. In armen Familien sind es meist die Mädchen, die, wenn Geld knapp ist, um ihre Bildungschancen gebracht werden. Weil Mädchen weniger wert sind als Jungen. Weil sie mitarbeiten müssen

Sommerferien! Schule aus: Die Mädchen aus Tus Grundschule freuen sich auf ein paar freie Wochen

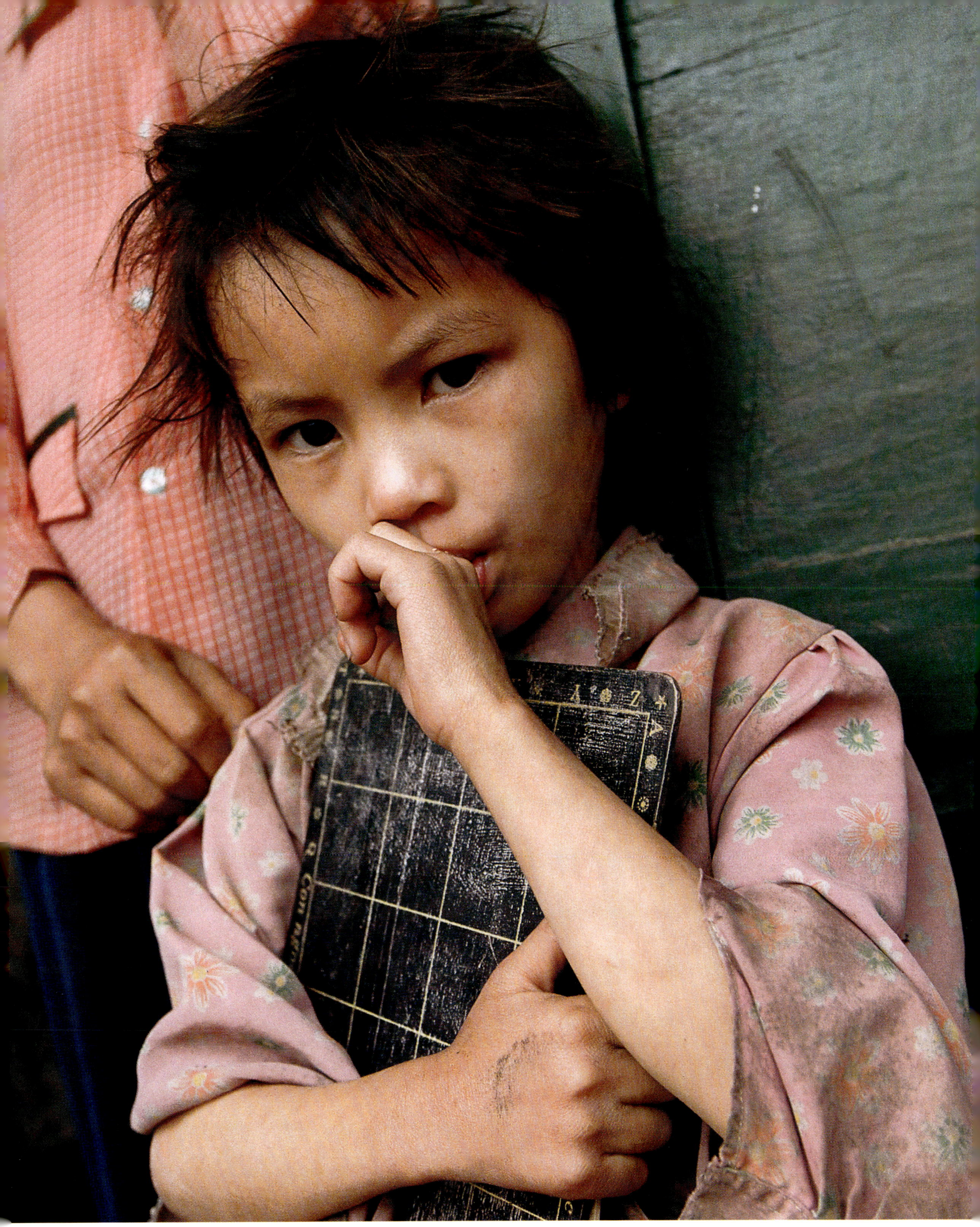

Bildung für alle – ob Junge oder Mädchen – ist in Vietnam immer ein Prinzip gewesen. Die Alphabetisierungsrate des Landes liegt bei 94 Prozent, höher als etwa in Portugal

Pauken im Trubel: Morgens geht Tu, wie alle seine Klassenkameraden, in einen privaten Lernkreis im Haus seiner Lehrerin. Die polstert ihr Gehalt mit den Einnahmen dieses turbulenten Privatunterrichts auf. Ein Lehrer verdient umgerechnet nur rund 70 Mark im Monat, viel zu wenig, um in Hanoi eine Familie zu ernähren

Symbolik und Disziplin: Noch immer müssen Vietnams Schüler morgens zum Fahnenappell antreten.
Die Mädchen einer Oberschule haben die strenge Schulzeit hinter sich. Sie erscheinen im traditionellen Ao Dai zur Abschlussfeier oder im T-Shirt mit dem Aufdruck „Future“: Zukunft

Bildung zweiter Klasse: 80 Prozent der Vietnamesen, 90 Prozent der Armen, leben auf dem Land. Dort, etwa im Dorf Bac Cap, sind die Schulen wesentlich schlechter ausgestattet als in der Stadt. Vielen Bauernfamilien fällt es schwer, ihren Kindern eine Ausbildung zu bezahlen

Hamburg, Deutschland

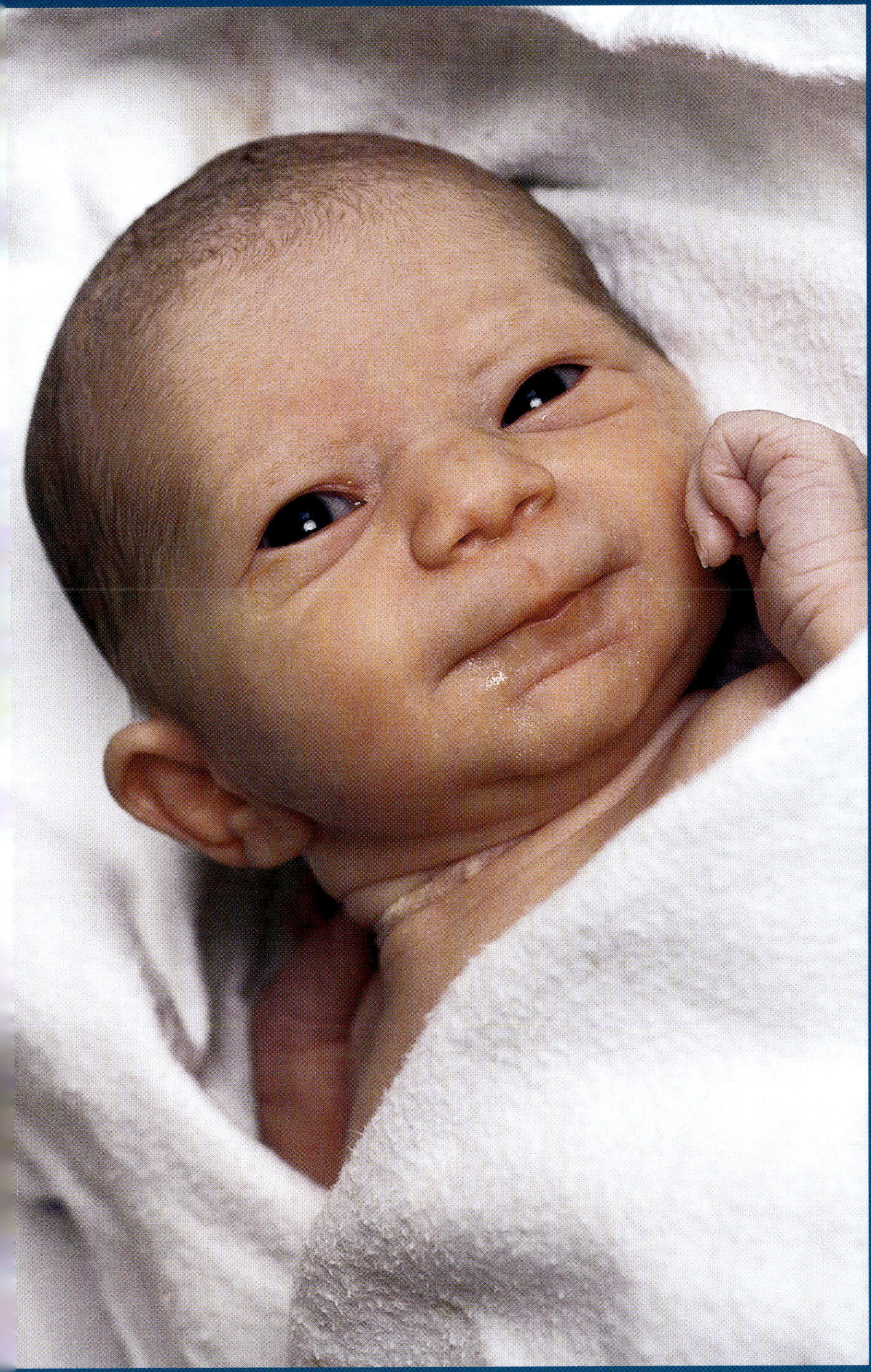

Dieser kleine Punkt da sollte es sein? Sie habe sich erst nach und nach »an das Baby herangetastet«, sagt Petra Hoffmann, wenn sie an die Bilder von den Ultraschalluntersuchungen denkt. Und so erging es auch ihrem Mann. Der kleine Punkt wurde zum Mittelpunkt für intensives Nachdenken, Lernen und Planen, noch bevor er zu Paulina geriet. Und auch seit es Paulina gibt, ist sie geborgen in einem Kokon aus inniger Zuwendung und um sie kreisenden Reflexionen. Manchmal lauert da ein Gefühl der Unsicherheit: Ist Kindererziehung eine »Wissenschaft«?

Amaryllis noch, die sind heute besonders schön. Und Apfelsinen, der Vitamine wegen. Obwohl die Einkaufstüten, zwei rechts, zwei links vom dicken Bauch, fast schon zu schwer sind. In fünf Tagen soll Petra Hoffmanns erstes Kind zur Welt kommen. Sie steht an einem Blumenstand auf dem Hamburger Isemarkt. Der 3. November 1998 ist ein graugrieseliger Tag. Amaryllis, Apfelsinen: Daran wird sie sich später immer erinnern, denn auf einmal spürt sie dieses kindlich-peinliche Oh!-jetzt-mach'-ich-in-die-Hose!-Gefühl. Die Fruchtblase ist geplatzt. Das Kind überfällt seine Mutter. Petra Hoffmann steht ganz still: Ist es das? Kommt es, mein Kind?

Seit Wochen nagt die verrückte Furcht an ihr, eben diesen Zeitpunkt zu verpassen, und plötzlich »wusch! ist das Baby draußen!«, sagt sie und lacht im nachhinein über diese Nervosität. Denn welche Mutter verpasst schon die Geburt ihres Kindes? Immerhin: Ein Fehlalarm liegt hinter ihr; danach hat sie in der Apotheke Lackmuspapier gekauft, um an dessen Verfärbung festzustellen: blau gleich basisch – ein »kleines Malheur«, rot gleich sauer – Fruchtwasser.

Petra ist 32 Jahre alt. Sie hat sich vorbereitet auf das Kind, das sie sich wünscht, seit sie ein kleines Mädchen gewesen ist. Während der Schwangerschaft hat sie Bücher gelesen, die erklären, wann sich beim Fetus der Mund wölbt und mit welcher Musik man das Ungeborene unterhalten kann. Gemeinsam mit anderen Frauen hat sie hecheln geübt, in Baby-Kaufhäusern die Erstausstattung gekauft und die Familienwiege mit weißem Stoff bezogen. Sie hat die zehn vorgeschriebenen Vorsorgeuntersuchungen hinter sich gebracht und einige Arztbesuche dazu in den ersten, furchtbaren zehn, zwölf Wochen, als sie müde war und schlapp, als sie plötzlich blutete.

Beim Blick auf die Ultraschall-Bilder dachte sie zuerst: Dieser kleine Punkt da – das soll mein Kind sein? »Ich bin ein realistischer Mensch«, sagt sie; sie habe sich erst nach und nach »an das Baby herangetastet«, durch die Furcht hindurch, es zu verlieren, und erst an es geglaubt, als der Bauch wuchs und wuchs.

Aber kann man sich wirklich vorbereiten auf dieses existenzielle Ereignis, nach dem nichts mehr so sein wird wie zuvor? Wie steigen Christoph und Petra Hoffmann aus dem Wolkenkuckucksheim der Zweisamkeit hinab in den Familienalltag? Wie findet eine gesellige Karrierefrau zu mütterlicher Selbstlosigkeit? Schaff' ich das?, fragt sich Petra noch jetzt, kurz vor der Geburt: Bin ich reif genug, ein Kind zu erziehen? Das Gefühl wird sie monatelang nicht verlassen.

Das Kind ist passiert. Pille abgesetzt, aus medizinischen Gründen. Wird schon gut gehen …

Im März 1998 fährt Petra Lunecke mit ihrem Freund nach Berlin zur Internationalen Tourismusbörse. Christoph Hoffmann, 33, ist Marketing-Direktor in einem Hamburger Fünf-Sterne-Hotel, Petra arbeitet in einer Event-Agentur und organisiert europaweit Großveranstaltungen, für Pharmakonzerne und Ärzteverbände zum Beispiel. Die Berliner ITB ist ein geschäftliches, aber auch ein gesellschaftliches Ereignis. Man trifft sich, man plaudert: über Job und Karriere; und wer demnächst wohin geht in der weiten Welt hypermobiler Hotelfachleute, die einen Karriereknick fürchten, wenn sie länger als fünf Jahre an einem Ort bleiben.

Mitten im Gespräch überfällt das Kind seine Mutter zum ersten Mal, mit aller Macht.

Sie steht vor dem Restaurant, hält sich an ihrem Freund fest, und die Welt dreht sich kopfüber. Sie übergibt sich. Das kann nicht das bisschen Wein sein, denkt sie. Das ist was anderes. Ob ich krank bin?

Die Kollegen witzeln: Erbt es die langen Beine der Mutter? Wird es blond wie sie, oder kriegt's die schwarzen Locken vom Vater? Der B-Test, den sie zwei Tage später auf der Toilette im Büro macht, ist positiv: schwanger. Petra steckt mitten in der Vorbereitung eines Ärztekongresses, sie ist die dritte Schwangere in ihrer Abteilung. Die geballte Mutterschaft ist ein Debakel für den Chef. Am Abend lädt sie Christoph in jenes Restaurant ein, in dem sie ihre ersten verliebten Abende verbracht haben. Da ahnt er etwas. Sie schenkt ihm einen Schnuller, sagt vorsichtig: »Ich freue mich, ich freue mich noch mehr, wenn du dich freust.« Das tut er, trotz der Anflüge von Unsicherheit, von Furcht: Schaffe ich das? Auch er muss sich erst an den Gedanken gewöhnen, Vater zu werden. Später wird er sagen: Es ist gut so, wie es ist. Denn ich würde noch mit 50 grübeln: Soll'n wir nun oder soll'n wir nicht?

Eigentlich war alles anders verabredet. Klassisch: nach der standesamtlichen auch erst die kirchliche Trauung. Nest bauen, die Karriere an einem Ruhepunkt. Dann hätte das Kind kommen

Zum Empfang bereit: Petra kauft mit ihrem Vater Hartmut Lunecke ein paar Tage vor der Geburt die Erstausstattung fürs Baby

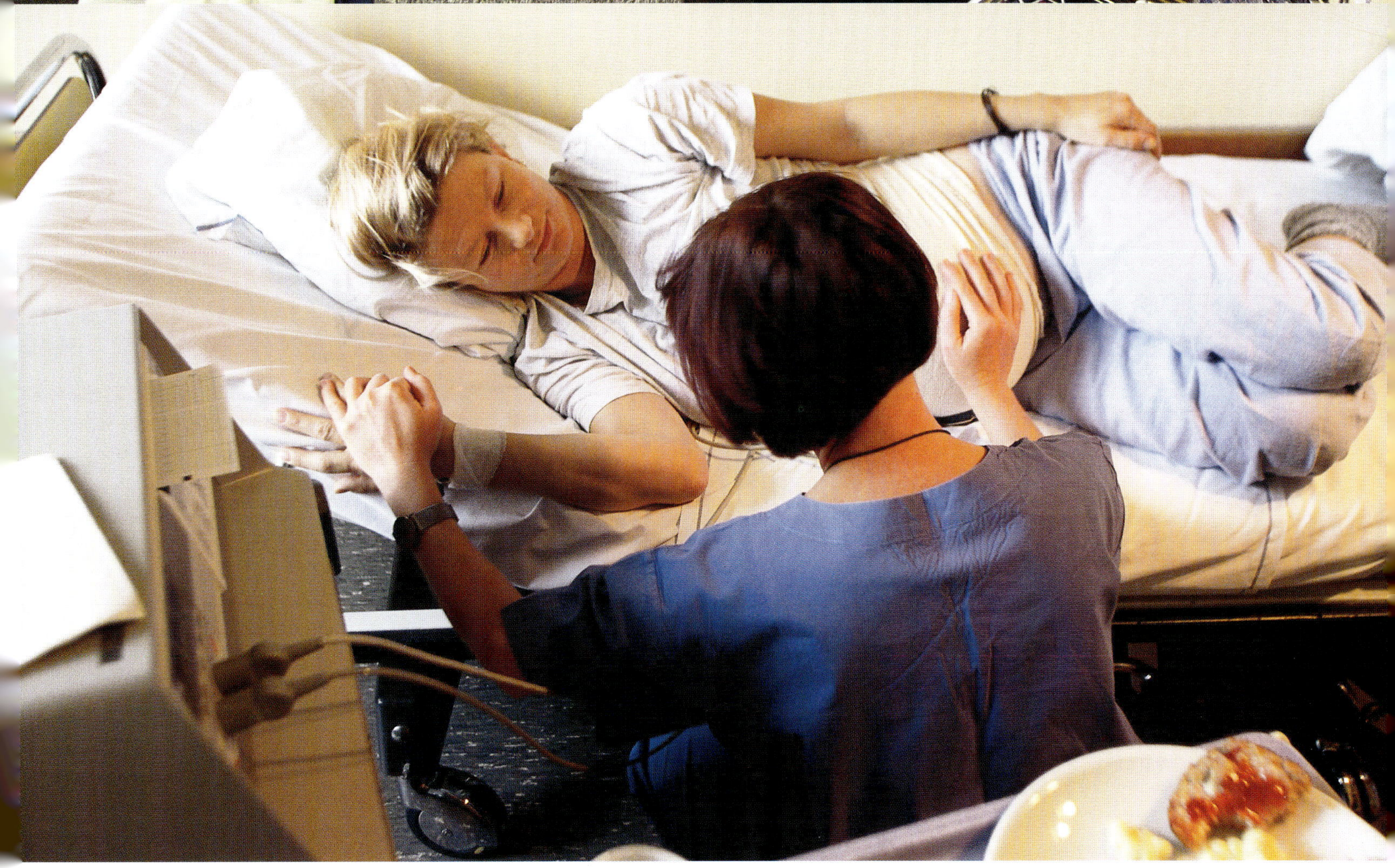

Erwartung und Beistand: Die Wehen haben eingesetzt. Sie sind noch nicht stark genug. Eine Hebamme betreut Petra im Hamburger Universitätskrankenhaus

sollen, als Krönung eines geplanten, gut eingerichteten Lebens. Wie sie es besprochen hatten, damals in einem Pariser Bistro beim Wein. Zukunft, das sollten die Reisen sein, die sie machen wollten, Hotels, in denen es chic wäre zu arbeiten. Auch ein Kind. Er sagt: Vielleicht. Sie: Auf jeden Fall! Nur wann? Sie einigen sich auf: später. »Wir haben um die Jahre gefeilscht«, sagt Petra heute.

Das Kind hat sich, eigensinnig, nicht an die Pläne seiner Eltern gehalten. So, wie es sich neun Monate später nicht an den errechneten Geburtstermin hält. Petra fährt vom Isemarkt direkt in die Hamburger Universitätsklinik.

Das Herz pocht regelmäßig: 121, 122 Schläge pro Minute; der Apparat neben der Geburtsliege übersetzt sie in dunkle Töne – als schlüge jemand eine Trommel zur Beruhigung. Elektroden sitzen auf Petras Bauch, eine Blutdruckmanschette um einen Oberarm, eine Braunüle auf dem Handrücken, durch die ein Kontraktionen förderndes Mittel tropft. Ab und zu zeichnet der Wehenschreiber einen Zacken auf den Bildschirm. »Es macht keine Randale, es ist ganz ruhig und ausgeglichen«, sagt die Hebamme und streicht fürsorglich über den Arm der Gebärenden.

»Was, wenn das da aufhört zu puckern?«, fragt Petra mit schleppender Stimme, vergisst die Frage sofort wieder, und die Sorge geht unter im gnädigen medikamentösen Dämmer. Entspannt liegt sie da, im OP-Hemd, die Perlenkette um den Hals, mal auf der Seite, mal auf dem Rücken. Fast ist sie heiter, nach einer ruhigen Nacht und fünf »Höllenstunden« mit Einläufen, mit Kreislaufversagen, Mutlosigkeit und noch nie gespürten Schmerzen, die sie aus dem Gleichgewicht schlagen, als das Wehen auslösende Gel greift. Sie schafft es kaum zur Liege im Kreißsaal.

Der Anästhesist hat ihr ein Schmerzmittel in die Außenhülle des Rückenmarks gespritzt; die Peridural-Anästhesie, PDA, macht den Körper vom unteren Rippenbogen an unempfindlich; sie vertreibt die Wehenschmerzen sofort, aber erlaubt der Frau trotzdem, aktiv an der Geburt teilzunehmen.

Petra hat sich schon vor der Geburt für eine PDA entschieden. So wie fast die Hälfte der Schwangeren, die Professor Christoph Lindner, Gynäkologe an der Frauenklinik des Hamburger Universitätskrankenhauses, medizinisch begleitet. Etwa 1000 Kinder kommen hier im Jahr zur Welt.

»Der Trend geht heute eindeutig zur schmerzfreien Geburt«, sagt er, »wir haben doch die Mittel. Warum sollte ich also einer Frau sagen: Leide! – der Schmerz gehört dazu!« Gefahr von Mutter und Kind abzuwenden, aber auch den Geburtsschmerz zu lindern auf dem »Elendsbett«, das ist durch alle Jahrhunderte hindurch das Anliegen der Geburtshelfer, in allen Kulturen, ob sie nun Kräuterkompressen verschreiben oder eine PDA.

Immer spiegelt das Gebären, dieser »biosoziale Vorgang«, wie ihn Soziologen nennen, den Zeitgeschmack wider und den Stand von Wissenschaft und Medizin-Technik. Und so haben auch Geburtshilfe-Methoden Konjunkturen, und Lindner, der seit 16 Jahren Kinder zur Welt holt, hat »ziemlich viele Moden mitgekriegt«.

Den Weg »zurück zur Natur«, zum Beispiel, sollte die Medizin in den achtziger Jahren auch im Kreißsaal gehen. Emanzipierte Frauen mochten nicht in einer medizinisch-technischen Unternehmung »entbunden« werden. Sie wollten gebären, aktiv, auch wenn es weh tat, sie wollten nicht als Patientinnen behandelt werden und erst recht nicht ihre Kinder »programmiert« im Takt von Klinik-Schichtplänen bekommen. Mit missionarischer Wucht wurden endlose Debatten geführt um die rechte Gebärstellung: In der Hocke? Im Vierfüßlerstand? Auf dem Gebärstuhl? Unter Wasser? Zu Hause, nur mit Hebamme? Alternativ in Geburtshäusern bei Kerzenschein und Vogelgezwitscher vom Band? In der High-Tech-Klinik, einen Flur nur entfernt von Beatmungsgerät, Brutkasten und den Segnungen der Notfallmedizin für Neugeborene? Muss der Dammschnitt sein? Die Silbernitrat-Augentropfen fürs Gerade-Geborene?

Entschieden ist bisher keine dieser Fragen und wird es nie sein. Auch wenn die »Revolution im Kreißsaal« ebenso wenig stattgefunden hat wie anderswo: Das Klima ist behutsamer, zugewandter geworden nach jahrzehntelanger, rabiater Geburtshilfe. Heute wünschen sich die meisten der rund 800 000 Paare, die in Deutschland im Jahr zu Eltern werden, eine von der Medizin garantierte, risikofreie Geburt – aber bitte mit Gefühl. Natur – aber technisch perfekt überwachte. Schließlich ist es der medizinischen Vorsorge, der High-Tech-Geburtshilfe zu verdanken, dass die Mütter- und Säuglingssterblichkeit in Deutschland verschwindend niedrig ist: Pro

Kulturvergleich: Christoph und eine türkische Großmutter zeigen einander im Krankenhaus ihren Familiennachwuchs

Großmutters Glück: Christophs Mutter Christine Hoffmann ist aus Tübingen nach Hamburg gereist, um ihr erstes Enkelkind zu begrüßen

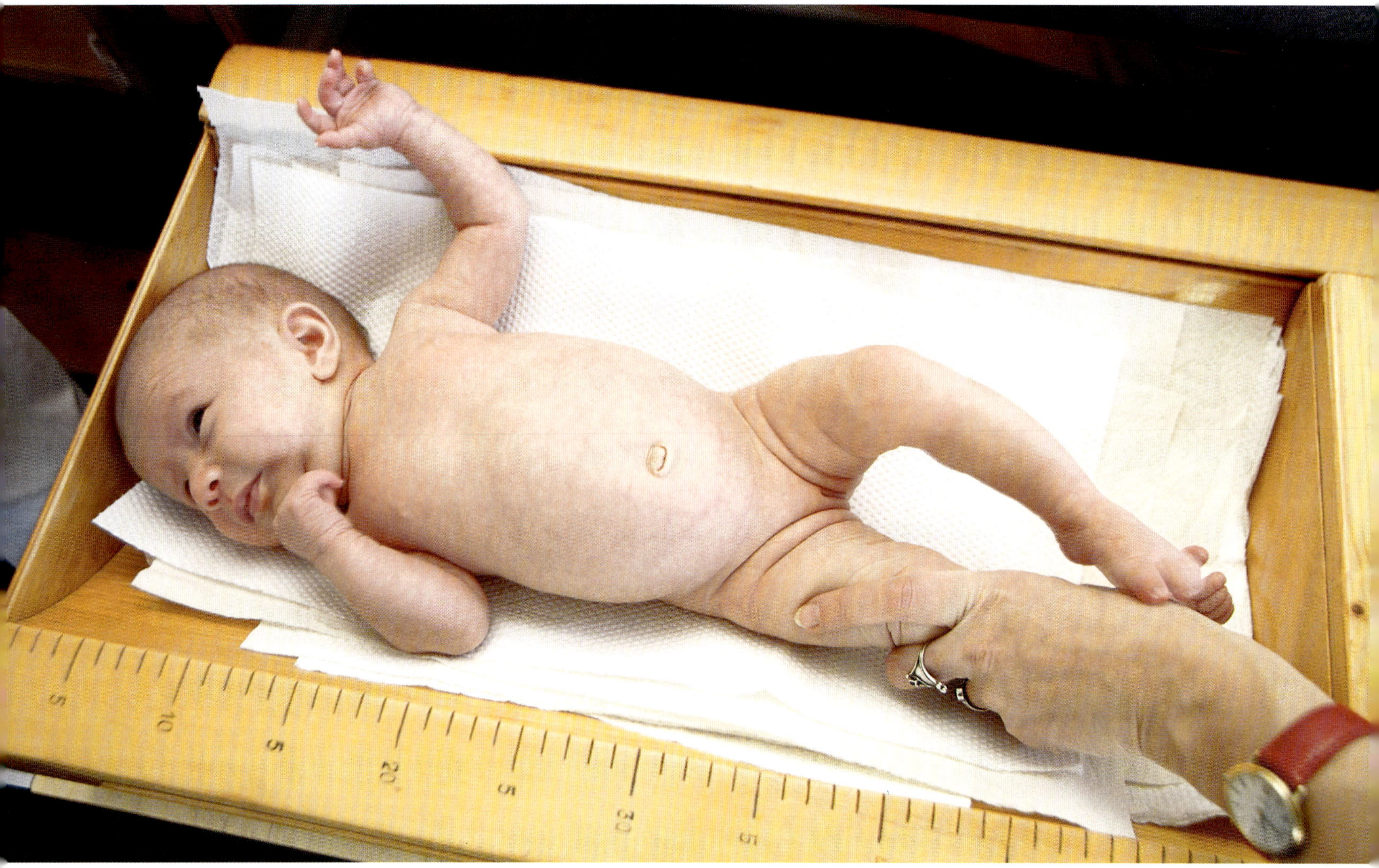

Gemessen und für gut befunden: Paulina, im Alter von acht Wochen, bei der »U-3«, einer der obligatorischen Untersuchungen bei …

100 000 Geburten starben zwischen 1980 und 1997 im Durchschnitt acht der Mütter, pro 1000 Geburten 1997 fünf der Kinder unter einem Jahr. Zum Vergleich: In Kenya liegen diese Werte bei 370 und 57, in Vietnam bei 160 und 32.

»Die Frauen entscheiden, wie sie ihr Kind bekommen wollen, ob mit oder ohne Schmerz«, sagt Lindner, »und die Männer sind fast immer dabei, beim Arzt, beim Hechelkurs, bei der Geburt.«

»Wir« sind schwanger: Für viele werdende Mütter und Väter ist die Geburt ein »Lebensereignis, das positiv gestaltet werden soll, ungefähr so wie eine schöne Reise«. Manchmal findet Lindner die Ansprüche an die Klinik-Ausstattung überzogen: »Manche Paare gehen ja regelrecht auf Krankenhaus-Tour. Da wird das Angebot verglichen und auch schon mal nachgefragt, ob's denn auf Station auch ein Frühstücksbuffet gibt. Kliniken investieren Millionen in Schnickschnack wie Parkett im Kreißsaal und in der Wand versenkte Trinkbrunnen. Geburtshilfe wird weniger und weniger Medizin und mehr und mehr Dienstleistung.«

Der Konkurrenzkampf um die Schwangere ist hart, weil in Deutschland verhältnismäßig wenige Kinder geboren werden. Die geringe Zahl an Geburten ist das Ergebnis eines historischen Trends, der sich seit Mitte der sechziger Jahre verstärkte. Seit den achtziger Jahren haben sich die Geburtenraten auf einem niedrigen Niveau eingependelt. Die Geburtenrate liegt jetzt bei 1,3 pro gebärfähige Frau; ähnlich niedrig ist sie in den meisten Industrienationen mit hohem Pro-Kopf-Einkommen. Vor allem Frauen entscheiden sich heute gegen Kinder und für eine Karriere: 19,4 Prozent der heute 45-Jährigen sind im Westen Deutschlands kinderlos geblieben. Deutschland, die 15 Mitgliedsstaaten der Europäischen Union stecken in einem Prozess der demographischen Transformation. Wären da nicht die Einwanderer aus anderen Kulturen, die Bevölkerungs-

… der Kinderärztin. Sechsmal, von ihrem ersten bis zum zwölften Lebensmonat, werden Paulinas Maße kontrolliert

zahl der EU würde bis zum Jahr 2050 von rund 370 Millionen auf 306 Millionen Menschen sinken.

Kinder werden kostbar in einer kinderarmen Gesellschaft. Im imaginären Selbstentwurf der Moderne repräsentieren sie Sinnlichkeit, Wärme, Spontaneität. Familie ist das Leben jenseits der »harten, kalten« Arbeitswelt. Sie ist Miteinander in der Fürsorge statt Gegeneinander in der Konkurrenz. Familie ist Lebenssinn, das Glück, gebraucht zu werden, das Versprechen, zu wissen, wohin man gehört. Deshalb soll schon die Ankunft der Kinder auf der Welt kuschelig, so prachtvoll wie möglich gestaltet werden.

Irgendwann ist es allerdings gleichgültig, welche Farbe die Tapeten im Kreißsaal haben.

»Der Muttermund ist offen, es muss nur noch durchrutschen!«, sagt Lindner. Jetzt gibt es kein Entkommen mehr für Petra, denn trotz der PDA krallt sich der Schmerz in ihr fest; kein Entkommen mehr auch für Christoph, der immer wieder nach draußen gelaufen ist und, zittrig vor Kälte, zittrig vor Aufregung, an einer Zigarette saugt und ins Handy stottert: »Geht gut. Nein, nein, noch nichts … Ich sag' Bescheid!«

Beruhigend redet Lindner auf Petra ein: »Wir sehen es schon! Pressen! Noch mal pressen! Gleich …« Christoph drückt den Kopf seiner Frau nach vorn, tupft ihr vorsichtig den Schweiß von der Stirn. Lächerlich, hilflos kommt er sich vor, weil er nichts tun kann gegen das laute Leid vor sich. Petra hält die Augen geschlossen und ist an einem Ort, an den er ihr nicht folgen kann. Dann kommt, getragen von einer letzten Wehenwelle, das Kind, und plötzlich hält es Christoph in den Händen, blaurot und verschmiert, noch ist es über die Nabelschnur mit seiner Mutter verbunden. »Mein Gott! Wie klein! Wie klein!«, murmelt er fassungslos seine Tochter an. – »Hey, Schultern fallen lassen! Entspannen – Vater!«, lacht die Hebamme. »Gratulation!«, ruft der

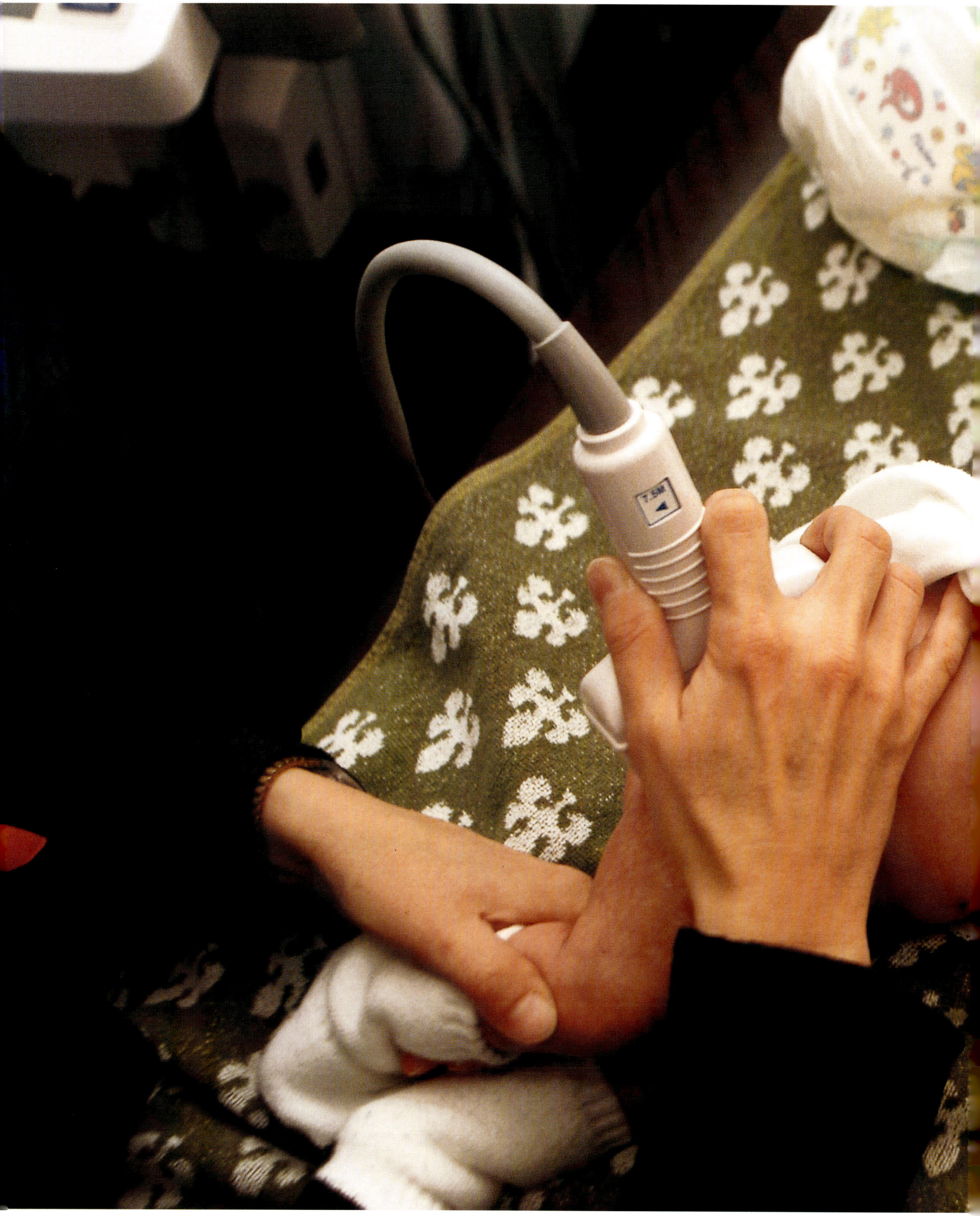

Hüftschwung: Die Kinderärztin untersucht mit einem Ultraschallgerät Paulinas Becken, um korrigierbare Fehlstellungen der Knochen frühzeitig zu entdecken

Anästhesist. »Aber kann mir trotzdem mal jemand sagen, was die Altonaer Querlage nebenan macht?«

Dann liegt das Kind auf der Brust seiner Mutter, zart, mit dem unwilligen Gesicht einer alten weisen Frau, die jemand in ihren Betrachtungen gestört hat. Es dreht, als müsse es eine ungewohnte Bewegung ausprobieren, den Kopf, und steckt eine Faust in den Mund.

»Sehen Sie mal! Sie hat Hunger!«, sagt die Hebamme.

Es ist 16.51 Uhr am 4. November 1998. Paulina Hoffmann ist da.

Vorsichtig, jetzt bloß ganz vorsichtig: Christoph setzt sorgfältig einen Fuß vor den anderen auf dem Feldweg, der sich zwischen Hütten und Skipisten am Berg entlangschlängelt. Vor seinem Bauch hängt Paulina in einem Känguru-Beutel, beschützend hat der Vater seine Hände um ihren Hinterkopf gelegt. Scherenschnittscharf steht der Zacken des Matterhorns vorm Postkartenblau, lautlos schweben Gondeln in den Himmel. Vor einer halben Stunde hat Petra die Ski angeschnallt und »Du bist dran!« gesagt, und: »Vergiss nicht die Wärmflasche! Paulina friert schneller als du! Vergiss nicht, sie einzuschmieren! In einer Stunde musst du sie füttern!« Kann der das?, fragt ihr letzter Blick auf Mann und Kind, als sie zusammen mit einer Freundin in Richtung Gondel verschwindet.

Ferienzeit ist Vaters Zeit fürs Kind.

Der Buggy: Jetzt steckt der fest im Schlamm, geländetauglich ist es nicht, dieses Ding. Christoph kurvt den Ziehweg am Berg hinunter. Und wo ist Paulinas Rucksack? Ausflüge mit Kind sind gut vorzubereitende Expeditionen. Auf dem Tisch der Sonnenterrasse, zwischen Tellern mit Lammfilet an Blattsalat und Gläsern mit Fendant, häufen sich schließlich Babys Überlebensutensilien: Windeln, Wärmflasche, Schirm, Handschuhe, Fläschchen mit Wasser, Tee, Milchpulver, schon fein portioniert, Sonnencreme, eine winzige rote Sonnenbrille … »Mann! Wo hab' ich jetzt den Schnuller hingesteckt?« Christoph muss über sich selber lachen und seine Versuche, die Kinderversorgung, das, was seine Frau mit beiläufigen Handgriffen schafft, in eine geregelte Ordnung zu zwingen. Er schnüffelt an Paulinas Hosenboden, trocken ist sie ja wohl noch?, er nimmt sie auf den Schoß, immer mit diesem zu zaghaften, ungelenken Hoffentlich-zerbricht-es-nicht-Griff jener Männer, die nicht gewöhnt sind, Windeln zu wechseln und Flaschen zu halten, mit diesem hilfesuchenden Gleich-kreischt-es-Blick. »Ich geb's zu: Ich bin noch nicht entspannt, so allein mit ihr«, sagt er.

Paulina ist nun vier Monate alt, ein milchweißes, großäugiges, großohriges Wesen, einer buddhistischen Nonne gleich, die mit größter innerer Ruhe das Leben um sich herum betrachtet. Ein bisschen verwundert noch studiert Petra manchmal das Gesicht ihrer Tochter und sucht nach Zeichen der Familienzugehörigkeit: Um die Nase – wie Christoph? Und dieses Lächeln – ist das nicht Großmutter? Die Frage: blond oder schwarz, Locken oder keine?, ist lange noch nicht entschieden. Paulina trägt fast kahlen Charakterkopf. Eine große Ader schimmert bläulich durch die Haut über ihrem rechten Ohr und pulsiert zart. Zerbrechlich, empfindsam sieht sie aus. Die pelzverpackten Damen am Nebentisch sind gerührt vom jungen Vater und seinen ungelenken Bemühungen ums Kind, kaum können sie sich das »Geben Sie mal her, junger Mann!« verkneifen.

Mit den Fingerspitzen verteilt Christoph – »wie viel nimmt man da eigentlich?« – Sonnencreme auf Paulinas Gesicht. Da grinst sie ihn an aus ihrer Lammfellkapuze. Sie schleckt sich die Paste von den Lippen. Alle vorauseilende Besorgnis fällt plötzlich von ihm ab, alle Unsicherheit, und dann ist da ein paar Augenblicke lang nur die selbstvergessene Hingabe ans Kind: Vaterglück.

Seltene Momente. »Eigentlich bin ich alleinerziehende Mutter«, witzelt Petra manchmal. Im Alltag sieht Christoph seine Tochter eine Stunde oder zwei am Tag, morgens früh zwischen sieben und neun: ein bisschen kuscheln, bevor er zur Arbeit aufbricht. Und wenn er, was oft passiert, abends nach Paulinas Zubettgehen heimkommt, steht er, im Anzug noch, die Krawatte gelockert, auf Zehenspitzen vor der Wiege.

Die Wende am Wickeltisch hat im Haushalt Hoffmann nicht stattgefunden, ebenso wenig wie in der deutschen Gesellschaft. Auch wenn es die Zeitschrift »Paps« gibt und in den Buchhandlungen ein paar Väter- neben vielen Mütter-Ratgebern stehen; auch wenn die »Europäische Männerakademie« in Köln verspricht, ein »neues Rollenverständnis von Vätern zu fördern und zu stärken« und den

Parkettpflege, stille Stunde: Während Paulina auf ihrer Spieldecke schläft, reinigt Petra die Wohnung. Sie übernimmt während ihres Baby-»Urlaubs« 95 Prozent der Hausarbeit. Innige Minuten für Mutter und Kind sind die Stillzeiten während der ersten vier Monate

Begrüßungsrituale: Christoph, Marketing-Direktor in einem Hamburger Hotel, kommt von einer mehrtägigen Dienstreise nach Hause zurück

Männern über die bedauerliche biologische Tatsache hinwegzuhelfen, eine Schwangerschaft nur »rein mental« erleben zu können: Im Alltag ist Vater in der Regel zuständig fürs Wochenend-Programm. Er ist Kumpel für Sport, Spiel, Spannung, nicht der, der volle Windeln wechselt. Die traditionellen Vorstellungen von Mutter am Herd und im Kinderzimmer, vom Mann als Brotverdiener erweisen sich als zählebig; der »Hausmann« ist, trotz seines guten Rufes als toleranter, geselliger, vielseitig interessierter Zeitgenosse, weit davon entfernt, »kulturell akzeptiert« zu werden. Das wurde 1998 in einer repräsentativen Studie der evangelischen und katholischen Kirchen festgestellt.

1200 Männer haben sich befragen lassen nach ihrem Verhalten in der Berufswelt, in der Familie, im Freundeskreis, haben Auskunft gegeben über ihre Einstellung zu Sexualität und Tod, haben über Gefühle geredet, ihren Wertekanon und ihre Traumfrau. Die Fragen reichten von »Wenn Arbeit knapp ist, sollen entlassen werden: Ausländer, Frauen, Ältere, Behinderte?« bis zu »Warum haben Sie Angst, zum Arzt zu gehen?«

Ob beim deutschen Mann ein »Identitäts-Umbau« im Gange ist, wollten die Autoren wissen, ob er »im Aufbruch« ist zu mehr Partnerschaftlichkeit und Arbeitsteilung im Haushalt und bei der Kindererziehung. Will er raus aus seinem karriere- und konkurrenzfixierten »halbierten« Leben? Ist er auf Entdeckungsreise in seine »Innenwelten« – geschoben, gedrängt, gezwungen von seiner bewegten Frau. Die Antwort ist: Halb zog sie ihn – und er sank nicht hin, Mann bleibt Mann, meistens jedenfalls. Drei Jahrzehnte feministischer Debatte haben die Verhältnisse zwischen den Geschlechtern zum Tanzen gebracht: Die Lage aber ist unübersichtlich.

Unter den vier »Männer-Typen« sind die »Traditionellen« – Typ: Patriarch – zwar mit 19 Prozent eindeutig auf dem absteigenden Ast. Die »Neuen« – Typ: »weniger Mann, mehr Mensch« – mit 20 Prozent allerdings noch eher rare (und junge) Vertreter.

Und Arbeit sei dein Leben: Die Hotelbranche kennt kaum geregelte Arbeitszeiten. Erst recht nicht für den, der Karriere machen möchte. Und das will Christoph

Die Mitte gehört mit 25 Prozent den »Pragmatischen«, – Typ: »Meine Frau ist berufstätig *und* schmeißt den Haushalt« –, vor allem aber mit 37 Prozent den »Verunsicherten«. Jenen Männern also, die nicht wissen, ob sie »Macho« sind oder »Softie«; die mehr wollen, als sie können, viele Wünsche haben – und wenig Praxis.

Denn alle diese Männer übernehmen im Haushalt vor allem »männliche« Arbeiten: Sie mähen den Rasen, füllen die Steuererklärung aus und bringen auch schon mal den Müll zur Tonne. Der Rest – nämlich 69 Prozent – ist Weiberkram. Vor die Wahl gestellt, das Auto oder den Po ihres Kindes zu waschen, wählen die meisten Männer immer noch das Auto. 62 Prozent aller Frauen mit einem Kind unter drei Jahren sind nicht erwerbstätig (50 Prozent in den neuen Bundesländern); Kindererziehung, diese besondere Tätigkeit, bei der Arbeit Liebe und Liebe Arbeit ist, ist fast ausschließlich Mutters Sache. Sie tröstet beim Loch im Knie, sie liest die Gute-Nacht-Geschichte vor und hält Händchen auf dem Weg zum Arzt. Und so bleibt die Familie eine »matriarchale Oase« inmitten des Patriarchats …

Petra erledigt 95 Prozent der Familienarbeit«, sagt Christoph. »Die Aufteilung ist bei uns superklassisch. Sie ist Mutter. Ich arbeite an der Karriere.«

Petra hatte bis zum Januar 2000 Erziehungs-»Urlaub«, Christoph wird die gesetzliche Möglichkeit, bei Arbeitsplatzgarantie bis zu drei Jahre aus dem Job auszusteigen, nicht wahrnehmen. Ebenso wenig, wie es 98 Prozent aller jungen Väter tun. Es sind die Frauen, die für die Baby-Phase ihres Lebens den Beruf zurückstellen, über 400 000 waren es 1996 in Deutschland – gegenüber 5400 Vätern. Ein Baby braucht die Mutter: Davon ist Christoph überzeugt wie die meisten Männer (und wie im übrigen auch 72 Prozent der Frauen). Wie die meisten Paare könnten sie von Petras Gehalt allein nicht leben.

Auch wenn Christoph es nicht »unmännlich findet, einen Kinderwagen zu schieben«: Lebens-

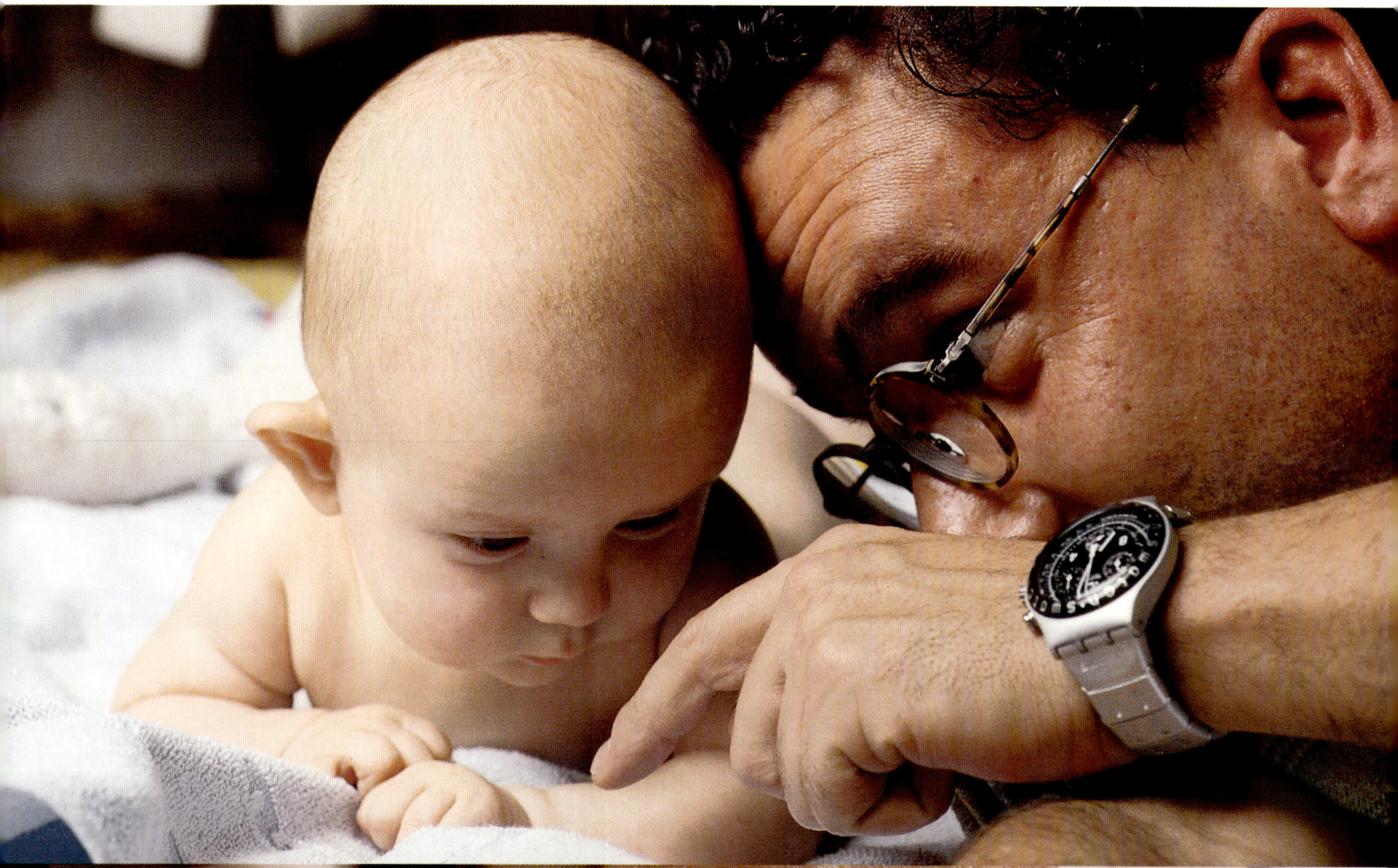

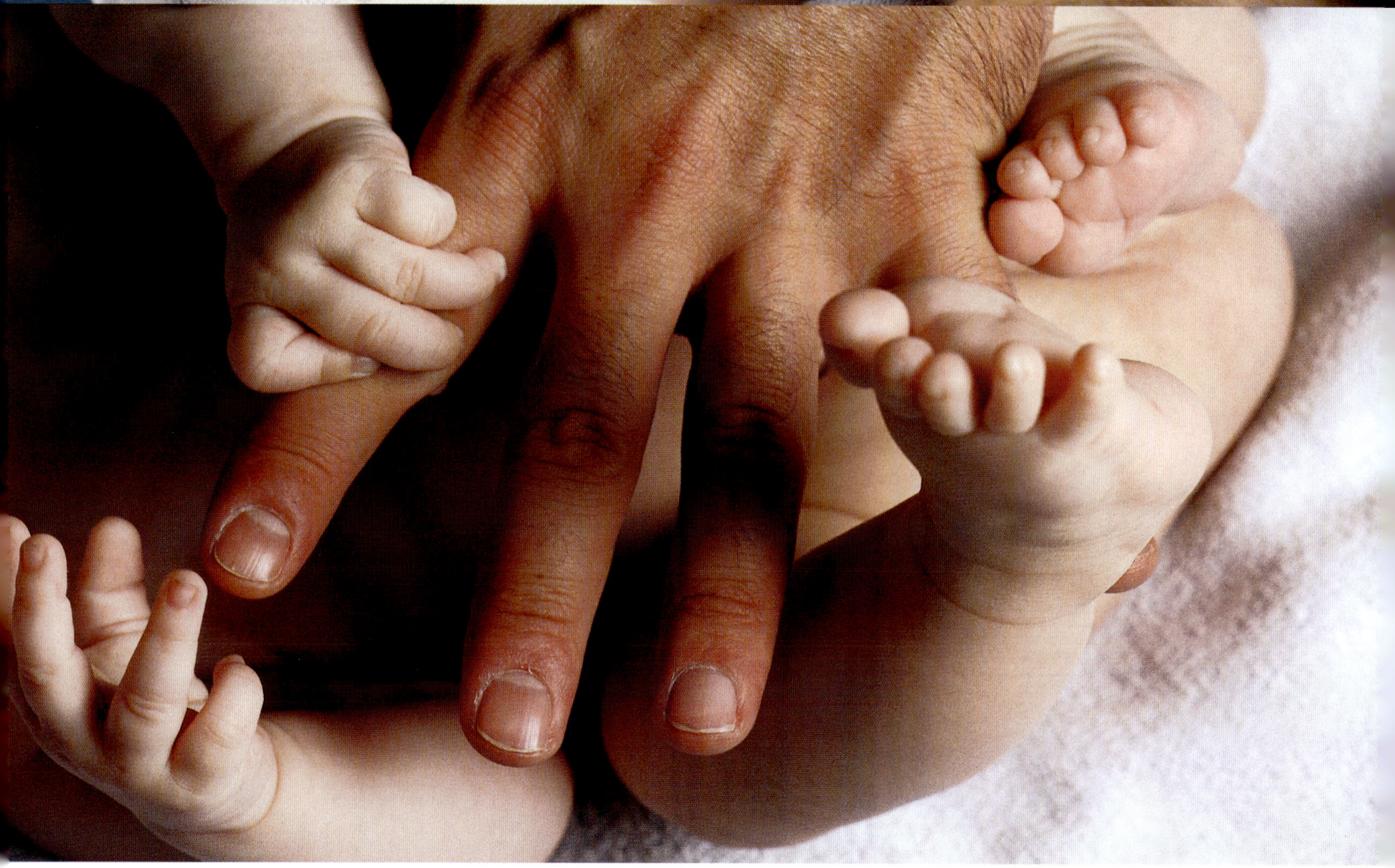

Von Haut zu Haut: Das Wochenende ist Vaters Zeit fürs Kind. Dann schmust, turnt und spielt Christoph mit seiner Tochter

erfüllung ist der Beruf. »Wenn du Karriere machen willst, und das will ich, kannst du dir keine Lücke im Lebenslauf leisten. ›Was haben Sie in diesem halben Jahr gemacht?‹, heißt es dann. ›Baby? Waren wohl müde? Hatten keinen Biss?‹«

Die Hotelbranche, die keine geregelte 36,5-Stunden-Woche kennt und von ihren höheren Angestellten Flexibilität verlangt, ist, sagt Christoph, das »komplette Anti-Familienprogramm«. Natürlich fährt er früher nach Hause, wenn Paulina krank ist. Aber »das Argument, ich muss jetzt heim, einfach bloß, weil ich mit meiner Tochter zusammen sein will: das zählt nicht«. Und so ist er in den ersten Lebensmonaten seines Kindes, wie so viele Väter, »mehr Beobachter« und kennt Paulinas Entwicklung aus den Erzählungen seiner Frau: »Stell dir vor! Heute hat sie ...«

Petra strahlt. Paulina schläft. Ein wenig Trara zum Abschied: Sie hat gemerkt, dass Mama fort will, aber eigentlich ist sie ein »pflegeleichtes« Kind, das früh gelernt hat, allein zu schlafen. Im Hotelzimmer steht das Babyphone, die elektronische Nabelschnur, die der Mutter Bewegungsfreiheit im Radius von 200 Metern gibt. Die nette Rezeptionistin lauscht.

Käsefondue, schön fett, ein Glas Wein, eine Zigarette: kleine, rücksichtslose Genüsse, endlich wieder, nach Schwangerschaft und vier Monaten Stillzeit – ohne den Gedanken: Schadet das dem Baby? Petra genießt, was früher normal war und jetzt Luxus ist: die freie Zeit vor allem, den kurzfristigen Ausstieg aus der 24-Stunden-Verantwortung. »Jetzt bin ich ich und nicht Paulinas Mama!« Manchmal ärgert sie sich, wenn sie Freunde trifft oder Kollegen, und alle fragen immer sofort nach dem Kind, »als ob ich nur noch Mutter sei und nichts anderes mehr!« Obwohl: Manchmal kann sie sich abends, wenn sie Paulina zu Bett bringt, kaum von ihrer Tochter trennen, weil sie sich nicht satt sehen kann an ihr.

Und so oszilliert sie zwischen zwei Identitäten, und immer wieder muss das Petra-Ich mit dem Mama-Ich verhandeln: Wer ist jetzt dran? Und was: Selbstentfaltung oder Selbstlosigkeit? »Ich habe im Schnitt eine Stunde für mich am Tag, das ist schon ein bisschen wenig ...«

Seit neuestem geht Petra einmal in der Woche zu einem Italienisch-Kurs, etwas für sich selbst, etwas für den Kopf tun. Diese eine Stunde zu organisieren, ist ein logistisches Problem. Schafft Christoph es, früh nach Hause zu kommen? Hat die Freundin Zeit zum Babysitten?

Und häufig ist da auch das schlechte Gewissen, »ich« zu sagen – statt »wir«. Und eine kleine, lauernde Unruhe. »Oh! Paulina!«, ruft Petra plötzlich, lässt die Gabel im Käse stecken und rennt los: Vielleicht funktioniert das Babyphone nicht?

»Ach, sie schläft süß und fest«, sagt sie erleichtert, als sie zurückkommt. Sie schenkt sich noch ein Glas Wein ein, steckt sich eine Zigarette an. Ein Zug, und sie ist zurück beim Petra-Ich, für eine kleine Weile noch.

Jakob mit den Kickboxerbeinen ist quengelig. Er zahnt, wirklich fies, stöhnt seine Mutter. Luca zeigt seine zwei ersten Hasenzähnchen mit einem breiten Lachen, er ist heute überhaupt in guter Stimmung. »Schatzi! Schatzi!«, ruft seine Mutter und kann den winzigen Wissenschaftler kaum aufhalten; er stemmt den Hintern in die Luft, kriecht los, hinein in dieses Aufregende, Bunte da vor sich auf der Matte: Bälle! Luftballons! Schneebesen! Blechdosen! Fremde Beine, Arme, Bäuche! Kann man nach greifen. Kann man reinbeißen. Macht Krach! Und Paulina gibt die Diva: Das Kinn doppelt gefaltet unterm runden Kopf, sitzt sie auf Petras Schoß, nonchalant, ein wenig gelangweilt. Sie hat schlecht geschlafen. Gleich wird sie Hunger haben: Keinen Trubel bitte für Mademoiselle Hoffmann ...

Um das Schwimmbassin mit den bunten Bällen liegen und sitzen, je nachdem was sie schon beherrschen, sieben nackte Persönlichkeiten. Sie machen aus ihrer Tagesform kein Geheimnis. Ein nachlässiger Griff hier und da, trotz des aufmunternden »Na! Nimm! Schau doch mal!«, ein Biss in den Ball, ein halbherziger Versuch nur. Nils mit den kreisrunden Augen hat mit Staunen genug zu tun. Paulina gähnt. Luca quäkt eheheh und pinkelt auf die Matte. Eigentlich könnten Kinder, erklärt die Ärztin und »Pekip«-Gruppenleiterin Ulrike Raudzus den Müttern, in diesem Alter, mit sechs bis acht Monaten, schon eine Vorliebe für bestimmte Farben entwickeln. Tun sie aber heute nicht. Lieber fliegen! »Auf der grünen Wiese steht ein Karussell«, singen die Mütter und schwingen ihre Kinder, »manchmal fährt es langsam, manchmal fährt es schnell!« Pekip, die Spielgruppe für sechs bis zwölf Monate alte Babys

Damen-Ausflug: Petra flaniert mit ihrer Freundin Sabine und Paulina über einen Hamburger Wochenmarkt

Kinderspielplatz, Müttertreff: So oft wie möglich geht Petra mit Paulina spazieren und zum Spielen in die Sandkiste

Die Mutter als Braut: Im Mai 1999 heiraten Petra und Christoph kirchlich. Und Paulina wird getauft

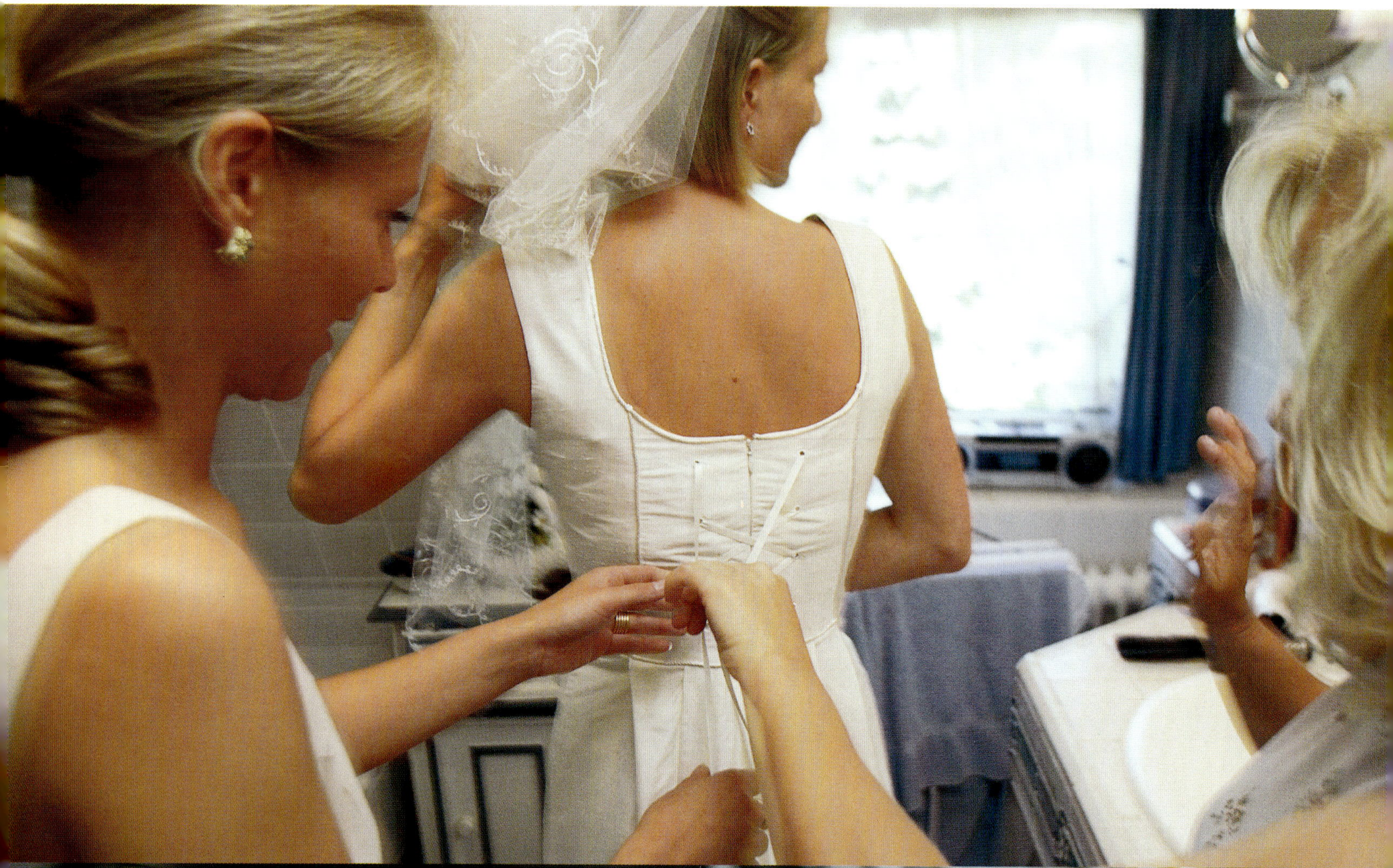

Ein Traum in klassischer Façon: Christoph und Petra heiraten in Keitum auf Sylt. Dort, wo Petra als Kind ihre Ferien verbracht hat

Champagner im Sand: Am frühen Abend treffen sich Freunde am Strand, die Herren im Smoking, die Damen barfuß im kleinen Schwarzen

nach dem »Prager Eltern-Kind Programm«, ist Arbeit mit allen Sinnen, für alle Sinne: Die »Schnecke«, Petras Finger, kriecht über Paulinas Rücken, sie schenkt ihrer Mutter ein Kichern. »Radeln macht die Wadeln stark«, ein Tritt rechts, einer links in Mutters Hand, trainiert ihre Beine, denn vielleicht begibt Paulina sich demnächst krabbelnd auf den Weg.

Zwischen Lieder und Spiele verpackt Ulrike Raudzus Pekips pädagogische Botschaften, zum Beispiel: »Wir wollen dem Kind helfen, selbstständig zu werden. Aber wir geben ihm dabei immer zu verstehen: Ich bin für dich da, wenn du mich brauchst.« Merksätze für zu Hause, rhetorische Sicherungsleinen, an denen man sich zur Not festklammern kann, wenn Jakob die Nacht durchschreit und Luca, wer weiß, warum, quengelt. Die Mütter hocken im Schneidersitz auf der Matte, aufmerksame, gelehrige Schülerinnen. Was braucht mein Kind? heißt das Unterrichtsfach. »Gibt's Probleme?«, fragt Profimutter Raudzus. »Die Zähne! Die Zähne!« Eine Qual... »Beißringe!« – »Versuch mal Dentinox, Lokalanästhetikum!« – »Na ja, wer's mag ...« – »Zieht Bernstein wirklich den Schmerz aus dem Kiefer?« – »Also, wir haben gute Erfahrung mit Veilchenwurzel...« – »Ist das denn hygienisch? Kann ich das auskochen?«

Der Raum ist überheizt. Eine leichte Erschöpfung hängt in der Luft, eine Sehnsucht nach dem erlösenden Gefühl: Ich mache nichts falsch! Nach dem Satz: Meiner schläft auch nicht. Meine hat auch Blähungen. Die Gruppe ist ein Korsett für die strapazierte Mutterseele; man sieht mal jemanden, sagt eine der Frauen. Manche sind den ganzen Tag über mit dem Kind allein, manche, die zu Raudzus Gruppe in eine evangelische Familienbildungsstätte in Hamburgs Westen kommen, sogar »regelrecht isoliert«. Da beginnt sich im Kopf ein Kreisel zu drehen: Schaff' ich das? Wie schaff' ich das?

Einfach sorglos aufwachsen, aufgehoben sein in der Unmittelbarkeit elterlicher Zuwendung – geht das überhaupt? In den westlichen Industrienationen, vor allem aber in Deutschland, ist der in 55 Friedensjahren erreichte Lebensstandard, sind der gesellschaftliche Wohlstand, die soziale Sicherheit und die individuelle Unabhängigkeit groß wie nie zuvor in der Geschichte – immer noch, trotz hoher Arbeitslosigkeit, trotz sich verschärfender sozialer Unterschiede. Polemisch wird darüber gestritten, welche Kinder »arm« zu nennen sind in einer Gesellschaft, die sich wesentlich über Konsum definiert. Jene, die im gnadenlosen Kulturkampf auf dem Schulhof nicht mithalten können, weil ihren Jeans das »richtige« Label fehlt? Oder jene zwölf Prozent der Kinder im Westen und gar 22 Prozent im Osten Deutschlands, deren Familien 1995 mit weniger als der Hälfte des monatlichen Durchschnittseinkommens eines Vier-Personen-Haushalts von 5366 Mark brutto im Westen (4308 Mark im Osten) mit Ach und Krach über die Runden kommen mussten? Ist Armut also nur materielle Armut? Oder wachsen nicht viele Kinder, vorm Fernseher geparkt und mit Markstücken abgespeist, in seelischer und geistiger Armut auf? Die satten Gesellschaften, in denen jene Sorge um das tägliche Brot wegfällt, die Susanna in Kenya quält, schenken ihrem Nachwuchs nicht etwa automatisch eine unbeschwerte Kindheit. Und wo sich Traditionen auflösen, vergleichbar jenen generationenalten Regeln und Vorschriften, in denen Mai in Hanoi aufgehoben und eingesperrt zugleich ist, macht sich Orientierungslosigkeit breit.

Großwerden scheint riskant zu sein in einem Land, in dem etwa jedes dritte Kind unter drei Jahren auf irgendetwas allergisch reagiert, in dem Spielzeug nur mit TÜV-Plakette »Sicherheitsgeprüft!« ins Ladenregal kommt. Muttersein ist ein Risikoberuf. Die Aufgabe: Rundumsicht, Kontrolle, Gefahrenabwehr, von früh bis spät. Alles andere: verantwortungslos. »Den Beißring niemals ins Gefrierfach! Der wird so eisig, du reißt ihm damit das Zahnfleisch weg!« – »Kinder nie mit Luftballons allein lassen! Sie könnten platzen! Es sind schon manche an den Fetzen erstickt!«

Unsicherheit regiert im Mutterland. Die Angst zu versagen verschattet das große Glück. Denn Eltern sind Laien, wenn sie erstmals Eltern werden. Hoffmanns haben, anders als die Davids in Musalala, anders als die Nguyens in Hanoi, in ihrer Umgebung kaum Kinder aufwachsen sehen. Es gibt keine Nichten, Neffen, Cousinen, keine Tanten und Onkel in Petras und Paulinas Nähe.

»Ich kann bei keinem abgucken«, sagt Petra, »ich habe keine Vorbilder.« Wie hat Mutti das gemacht?, grübelt sie manchmal und sehnt sich nach ihrer verstorbenen Mutter, die, wie sie sich erinnert, so perfekt, so selbstlos die Familie Lunecke zu-

Zweifache Feier: Mutter und Tochter genießen ihr Fest

sammengehalten hat. Das Buch »Oje, ich wachse« hat Petra aus der Krise geholfen, als sie heulend neben der heulenden Paulina hockte und plötzlich »böse Gedanken« in sich spürte, weil die Nerven blank lagen. Das Baby mache einen Entwicklungsschub durch, hat ihr der Ratgeber erklärt, die kindliche Aufruhr sei deshalb normal und nicht etwa ihr Versagen.

Wenn sie gar nicht weiterweiß, ruft Petra Cousine Gesa in Düsseldorf an. Die hat drei Kinder, entsprechend viel Erfahrung und jede Menge von diesen kleinen, wundervollen Tipps. Lass Paulina sich doch zehn Minuten nackt vor dem Heizpüster aalen! Das beruhigt. »Du musst irgendwann entscheiden, wem du vertraust«, sagt Petra. »Sonst wirst du verrückt in diesem Wust aus guten Ratschlägen. Stillen streng alle vier Stunden? Oder wenn das Baby will? Schreien lassen? Nicht schreien lassen? Woher soll ich's denn wissen...«

Mütter werden zu rundum informierten Profis in Gesundheits- und Ernährungsfragen. Denn irgendwie müssen sie sich zurechtfinden in der großen Freiheit vorm Regal mit Babys Gourmet-Menüs: »Birne und Mango in Apfel« oder lieber »Feiner Mais mit Kartoffelpüree und Biopute«? Mehr als 200 verschiedene Fertiggerichte für die Kleinsten stehen zur Auswahl. Kinder sind gute Kunden, der Markt für Säuglings- und Kleinkindernahrung ist so riesig wie unübersichtlich wie lukrativ: Er erreichte 1998 ein Umsatzvolumen von 1,23 Milliarden Mark, davon allein 616 Millionen Mark im Segment »Babykost in Gläsern«. Wie sich also entscheiden, und für was? Welcher der weit über 50 Autositze auf dem Markt ist wirklich sicher? Welchem Kinderwagen, welcher Windel ist der Vorzug zu geben? Und wie trage ich mein Kind überhaupt – im Tuch wie die mexikanischen Indianerinnen? Ist das gut für das zarte Kinderrückgrat? Oder lieber doch im Känguru-Sack vor der Brust?

Experten geben die Antworten.

Deren Wissen werde, schreibt die Soziologin Elisabeth Beck-Gernsheim in ihrem Buch »Was kommt nach der Familie?«, unter den Bedingungen von Ent-Traditionalisierung und Individualisierung immer mehr zum selbstverständlichen Bestandteil des Alltags: »In der entzauberten Welt der Moderne soll man planen, vorausschauen, zielbewußt handeln... Im Zuge von Säkularisierungsprozessen sind auch die Orientierungsinstanzen weltlich geworden, sie heißen jetzt Spezialisten, Wissenschaftler, Berater. Die Experten erleben ihren Aufstieg und breiten sich aus.«

Ein »Netz von Theorien« wird über Mütter und Kinder geworfen. Keine Lebensäußerung des Nachwuchses, ob Essen, Bäuerchen, Kacken, Zahnen, Schlafen, die nicht vielfach erforscht, vor allem aber ausführlich besprochen wird. In Ratgebern, die Regalmeter füllen; in Zeitschriften, die »Eltern« heißen; in Werbeblättchen, die in Apotheken ausliegen (»Krätze? Kann jeden treffen!«) und in Arztpraxen (»Mehr als die Hälfte aller Mütter werden heute als Risikoschwangerschaft eingestuft!«). Aus den Seiten wispert's: Leichtsinn! Wenn du... Rabenmutter! Wenn du nicht... Und so verlaufen sich die einsamen jungen Mütter im Dickicht widersprüchlicher Ratschläge von Experten und Gegen-Experten und von Allgemeinplätzen wie »Schwangere brauchen viel frische Luft!«. Das Gefühl der Unzulänglichkeit, das schlechte Gewissen gehören zum Mutter-Alltag wie die volle Windel.

Information ersetzt Intuition, der pädagogische Diskurs das kulturelle Wissen über Erziehung, das früher von Generation zu Generation weitergegeben wurde. Wer glaubt heute noch der Großmutter? Denn entweder sind ihre Tipps nicht durch repräsentative Studien bewiesen, oder sie sind längst als falsch entlarvt. Kinderbetreuung, Erziehung überhaupt, werde verwissenschaftlicht, schreibt Beck-Gernsheim: »Als gute Eltern gelten nun die, die sich dies Wissen aneignen zum Wohle des Kindes.«

Jetzt, so allmählich, Paulina ist sieben Monate alt, wird Petra gelassener, sicherer. Sie sagt: »Ich sehe sie manchmal an und staune: Wie ist sie gewachsen! Wie hat sie sich entwickelt!« Seit neuestem grapscht Paulina nach ihrer Flasche und hält sie selbst. Sie lernt, jeden Tag, jede Stunde. Und ihre Mutter ist stolz: »So weit sind wir zusammen gekommen! Also, wir schaffen das.«

Dress crisis!«, stöhnt Pam und zupft zum fünften Mal das Band aus den Ösen. »Wohin gehört die verdammte Schleife, nach außen oder nach innen?« Die Ärztin aus Aspen, vor Jahrzehnten Austauschschülerin in der Familie Lunecke, ist Petras »amerikanische Schwester« und heute eine der zwei Brautjungfern. Die Frauen drängeln sich zwischen Badewanne und Waschbecken, sie kichern, sie zupfen am champagnerfarbenen Brautkleid, und Petra gibt

Platz-Angebot: Die drei Hoffmanns teilen sich in einem Mietshaus in Hamburg eine 100-Quadratmeter-Wohnung

Und sonntags an die Alster: Der Spazierweg um Hamburgs Außenalster gehört zur beliebtesten »Eltern-Rennstrecke« der Stadt

Anweisungen, wie das schneewittchengleiche Mieder am Rücken zu schnüren ist. Die Seide knistert. Der Rock bauscht. Vorsicht jetzt mit dem zarten Schleier! Ist das nicht zu streng, die Haare glatt aus dem Gesicht? »Wow! Beautiful!«, sagt Pam schließlich. »Wirklich?«, fragt Petra skeptisch zurück und schaut in den Spiegel, als müsse sie sich an die fein verkleidete Frau da vor sich erst gewöhnen.

Unten im Wohnzimmer pfiffelt jemand selbstvergessen den Hochzeitsmarsch. »Beeil dich!«, ruft Petras Bruder Christian. »Oder willst du deine eigene Trauung verpassen?« Gleich kommt Vater Lunecke, um Petra zur Kirche zu führen und dann am Arm den Gang entlang zum Altar und zu ihrem Mann, so wie es sich gehört. Gestern abend hat Hartmut Lunecke seiner Tochter die kleinen Saphir-Ohrringe seiner verstorbenen Frau geschenkt. »Mutters Schmuck …«, sagt Petra und betrachtet sich ein letztes Mal. »Den trage ich erst, wenn ich kirchlich heirate, das hatte ich mir immer vorgenommen. Standesamt gilt irgendwie nicht.«

Ende Mai 1999 wird es doch noch klassisch und wie einst erträumt bei Petra und Christoph. Hochzeit: In der Dorfkirche von Keitum auf Sylt, er im Cut und sie im weißen Kleid, mit Blumenmädchen, Gospels und »Lobet den Herren«, mit 100 Gästen zum Sektempfang samt Brautstrauß-Werfen, mit Tränen in den Augen und dem »So frage ich dich, Petra Lunecke, willst du diesen Mann …«

Und Paulina wird getauft.

An diesem Wochenende unterm blau getünchten Frühsommerhimmel schließt sich vorerst Petras Lebenskreis. »Ich habe als kleines Mädchen hier in der Kirchenbank gesessen und gedacht: Eines Tages wirst du da vorn vor dem Altar stehen. Da war ich mir ganz sicher.« Nach Jahren der Berufstätigkeit, der Umzüge, der wechselnden Lieben und des Allein-Lebens kehrt sie zurück zum »Prinzip Familie«. Sie sagt: »Freunde sind natürlich wichtig. Aber am Ende des Tages – worauf kannst du dich wirklich verlassen? Nur auf die Familie.« Ihren Vater, ihre älteren Brüder Christian, 36, und Jens, 38, trifft sie regelmäßig; »wir quatschen oft und viel«. Das Handy, das Petra immer in der Tasche trägt, ist wie eine Nabelschnur, die sie mit ihrem Elternhaus in Herford verbindet. »Da kommt der Lunecke-Clan«, sagen die Freunde der vier. »Familientiere« nennen die sich selbst ironisch (»Meine Brüder haben mich wie Mafiosi bewacht! Da musste ein Mann erst mal durch!«) und zugleich innig (»Könnte man Schwestern heiraten – die da würd' ich nehmen!«, sagt Christian), wenn sie zu beschreiben versuchen, was der »besondere Kitt« ist, der ihre Familie zusammenhält.

Der allerdings ist, wo es um das große Ganze der Gesellschaft geht, längst bröckelig geworden. Die Institutionen Ehe und Familie, vom Grundgesetz unter besonderen Schutz gestellt, von Ehe-, Kindschafts- und Scheidungsgesetzen durchgeregelt und in Politiker-Reden als »Keimzelle der Gesellschaft« beschworen, ist in der Krise, sogar, wie manche unken, ein »Auslaufmodell«. – »Einen kollektiven Willen zur Familiengründung wird es in Deutschland zukünftig kaum noch geben«, schreibt der Wissenschaftler Jürgen Dorbritz vom Bundesinstitut für Bevölkerungsforschung in Wiesbaden nüchtern. »Eine Restauration der Familie, die die Institution in ein Licht wie in der Zeit des ›golden age of marriage‹ der sechziger Jahre rückt, als nahezu alle verheiratet waren und kaum kinderlos blieben, scheint ausgeschlossen.« Vorbei die Zeit des Baby-Booms und des simpel gestrickten Glücks Vater-Mutter-Kinder-Haus-Auto und einmal im Jahr über den Brenner nach Bella Italia. Vorbei die Zeit, in der Lebensstile von Traditionen diktiert wurden, von der verbindlichen Übereinkunft des So-haben-wir-das-immer-Gemacht. Männer, aber vor allem Frauen, haben heute wie nie zuvor die Wahl – und die Qual der Wahl: Kind oder Karriere? Oder beides? Wo liegt die Erfüllung des ganz persönlichen Anspruchs auf Glück?

Und wer sagt leicht »auf ewig!«, wenn die modernen Tugenden, die in Betrieben und Büros gefordert werden, Flexibilität und Mobilität heißen? Kinder passen nicht in einen Zehn-, nicht mal in einen 6,5-Stunden-Arbeitstag. Es bedarf generalstabsmäßiger Planung, um Arbeits- und Krippenzeiten zu koordinieren. Und Kinder großzuziehen ist, wo Erziehungszeiten nicht anerkannt werden und es keinen gerechten Lastenausgleich gibt, ein finanzielles Zuschussgeschäft. Familie ist keine selbstverständliche Lebens-Form mehr – sie ist ein Lebens-Projekt, für das man sich entscheiden, das man planen und gestalten muss.

Und längst nicht mehr das einzige, sondern eines von vielen möglichen. In der individualisierten Gesellschaft maßschneidert sich, wer kann, den Lebensstil, der am besten zu seiner Wunsch-Biografie passt:

Panoramablick: Auf einer Sonnenterrasse unterhalb des Matterhorns in Zermatt schmusen Mutter und Tochter. Vater fährt Ski

Andacht: In der Kirche von Zermatt zündet Petra eine Kerze für ihre verstorbene Mutter an

SOMMERSKI GLETSCHER
ANLAGEN
SKIPISTEN
chön, dass Sie hier bei uns sind.
Endlich Ferien. Ihre Schweiz.
SALOMON

Mobiles Babyleben: Natürlich fährt auch Paulina Ostern 1999 in die Skiferien. Sie reist viel. In ihren ersten sechs Lebensmonaten war sie in der Schweiz, auf Mallorca, auf Sylt, in Berlin, mehrmals in Herford beim Großvater, in Tübingen bei der Großmutter

Tastende Neugier: Im Alter von sechs Monaten beginnt Paulina, wie alle Kinder ihres Alters, mehr und mehr die Welt um sie herum zu begreifen

Mit dem einzig Geliebten konkurriert der Lebensabschnitts-Partner, mit dem absoluten »bis dass der Tod euch scheidet« die pragmatische Ehe auf Zeit. »Living apart together« ist die zeitgenössische Antwort auf die biblische Romantik des »Wo du hingehst, will auch ich hingehen«. Von einer »De-Institutionalisierung« der traditionellen Ehe und Familie sprechen deshalb Soziologen. Sie haben die Statistik auf ihrer Seite. In den neunziger Jahren scheiterten in Deutschland 40 Prozent der in den vergangenen 30 Jahren geschlossenen Ehen, fast zwölf Prozent davon schon vor dem verflixten siebten Jahr. Entsprechend wächst die Zahl der Alleinerziehenden, der Stief-Familien. Etwa ein Viertel der bundesrepublikanischen Bevölkerung traut sich gar nicht erst und bleibt ein Leben lang ledig (wenn auch nicht ohne Partner). 13,3 Millionen Menschen leben mittlerweile allein in eigenen Haushalten.

Wenn überhaupt, entscheiden sich Paare immer später zur Familiengründung. Bei Frauen lag 1998 das durchschnittliche Alter bei der Geburt des ersten Kindes bei fast 29 Jahren. Immer mehr geht der Trend dahin, sich erst zwischen 30 und 40 in einem gemeinsamen Haushalt niederzulassen, nach Jahren der Probe: Klappt das überhaupt mit uns? Wer sich spät füreinander und für Kinder entscheidet, bekommt weniger Nachwuchs – einer der Hauptgründe für die niedrige Geburtenrate in Deutschland.

Paulina ist das erste Enkelkind in zwei weitläufigen Familien, die zwischen Tübingen, Herford und Hamburg leben. Petra und Christoph sind, im Alter von 32 und 33 Jahren, jeweils die Jüngsten. Großvater Lunecke, Patriarch mit Sinn für Familiendynastie, hat seine Kinder, vor allem die zwei unverheirateten Söhne, bis zu Paulinas Geburt für »gesellschaftspolitische Nieten« gehalten.

Denn die Jugend wird zur Minderheit und Deutschland zur Rentner-Republik. Schon jetzt haben Totengräber mehr zu tun als Hebammen. Die

Abheben: Paulina kann mittlerweile mühelos den Kopf oben halten, bald schon wird sie zu krabbeln beginnen. Nur das Haar lässt auf sich warten …

Altersstruktur ist dabei, sich dramatisch zu verschieben. Im Jahr 2000 ist jeder fünfte Deutsche älter als 60 – im Jahr 2030 wird es jeder dritte sein. Diese demographische Wende, sagen Bevölkerungswissenschaftler, werde die Gesellschaft nachhaltiger verändern als die Wiedervereinigung. Denn ein Heiligtum der deutschen Sozialpolitik ist in Gefahr: der Generationenvertrag, jene Verabredung, dass die Jungen für die Alten aufkommen. Die Rentenkassen, die Krankenversicherungen aber stehen vor der sicheren Pleite, wenn immer weniger Erwerbstätige für immer mehr Rentner aufkommen müssen. Es könnte sein, dass Paulinas Generation im Jahr 2030 bis zu 60 Prozent ihres Bruttoeinkommens für Sozialbeiträge abgeben muss. Schon ist vom drohenden »Altersklassenkampf« die Rede. Wenn nicht die Zuwanderer aus anderen Kulturen wären, die in Zukunft das deutsche Sozialsystem erhalten könnten. Während konservative Politiker noch populistisch Front machen gegen Doppelpass und Einwanderungsgesetz, reden Ökonomen Tacheles: Nicht weniger – mehr Fremde sollen ins Land, 1,3 Millionen mindestens, jährlich, und sie müssten Arbeit finden und Beiträge zahlen.

Die Republik wird bunter, vielsprachiger, kosmopolitischer – und vielleicht ein wenig so, wie die Runde jener Menschen, die sich vor der Keitumer Kirche um Paulina im Taufkleid drängeln, Amerikaner, Schweizer, Italiener sind darunter.

Christoph ist nervös. Mit beiden Händen fährt er sich durch die Locken, immer wieder, als könne er sich so seiner selbst versichern. Er steht vor der Kirche in der Sonne, elegant im Cut, und empfängt die Gäste: die Schulkameraden, die Freunde und die Arbeitskollegen. Gestern hat er nicht bei Petra übernachtet. Das musste so sein. Er durfte ihr Brautkleid nicht kennen, sie soll auf ihn zukommen wie die altbekannte und doch unbekannte Schöne, die seiner Liebe und Verantwortung übergeben wird. Mag sein, dass Christoph in all dem Trubel, zwischen der

Ankunft der Pferdekutsche mit der Braut und dem Läuten der Kirchenglocken, innehält, sekundenlang, und sich fragt, wie das alles gekommen ist …

Noch fünf Jahre zuvor, hat Christoph neulich erzählt, habe er sich nicht vorstellen können, eine Familie zu gründen: »Weil ich nicht langfristig denken konnte und wollte. Genau aber das heißt ja Familie haben! Du sagst: Auf ewig. Das ist ein Pakt – umso mehr noch, wenn du ein Kind hast.« Die Entscheidung hat sich eher angeschlichen, als dass sie Christoph bewusst gefällt hätte. Da war das Job-Angebot in New York, er hatte bereits zugesagt, aber er kannte Petra damals schon. »Plötzlich habe ich gemerkt: Ich kann nicht weggehen. Dieses Mal ist es ernst. Ich habe zum Hörer gegriffen und dem Boss in New York gesagt: ›Sorry! No go!‹« Es war die Entscheidung gegen »Bars und Spaß und ungesundes Leben«, die Entscheidung für Verlässlichkeit und Verantwortung und Standhalten auch in unbequemen Zeiten. »Plötzlich war mir klar: Das kann ich. Und das will ich.«

»Jetzt ist das Getechtel vorbei. Bevor wir vor Gott stehen und ja zueinander sagen, sind wir alle bloß große Kinder«, sagt der Pastor später, als Petra und Christoph nebeneinander vor dem Altar sitzen. Das Blumenmädchen mit der Zahnlücke zählt gelangweilt die Blütenblätter in seinem Körbchen. Die Älteren auf den Bänken hinter dem Brautpaar kneten feuchte Taschentücher. Von der Kirchendecke lachen pausbäckige Engel herab. »Nun geht an die Arbeit eurer Ehe!«, ermahnt der Pfarrer Petra und Christoph, jovial, norddeutsch-handfest, und er verspricht ihnen Gottes Segen beim Versuch, »die Sehnsucht nach Bindung und die Lust an der Selbstverwirklichung in eins zu zwingen«.

Nachts wacht der weiße Bär zu ihren Füßen. Floki, das Schaf, liegt in Paulinas Arm, und der Rest der Bande sitzt um ihren Kopf herum. »Schlaf, du süße Schmusehexe«, sagt Petra und drapiert die Windel um Paulinas Schultern; die will sie seit ihren ersten Lebenswochen immer bei sich haben – wie Linus von den Peanuts seine Kuscheldecke. Das Licht, der Verkehrslärm dringen gedämpft durch die dicken Vorhänge. Paulina klappert mit den Augenlidern, als wolle sie noch einmal Widerstand leisten gegen Mutters Befehl. Dann fällt ihr Kopf zur Seite.

Demnächst wird Petra, vorsichtig und für Stunden bloß, versuchen, sich »abzunabeln« von ihrer Tochter. Mit zwei anderen Müttern überlegt sie, eine private Kindergruppe mit abwechselnder Betreuung zu organisieren: »Einen ganzen Tag für mich! Ich könnte nicht mal sagen, was ich dann machen würde. Allein mit dem Rad die Hochallee runterfahren – das käme mir direkt eigenwillig vor.« Und vielleicht, langsam, zurück in den Beruf, mit Projektaufträgen, die sie zu Hause erledigen könnte.

Petra fühlt sich nicht über-, sondern eher unterfordert vom Trott des durchgeregelten Mutteralltags, den Paulina diktiert. »Wenn du nichts mehr erlebst, erwartest du, dass andere die Ereignislosigkeit deiner Tage mit ihren Erzählungen füllen. Du wirst abhängig. Ich merke, wie ich anfange, abends auf Christoph zu warten. Ich will aber nicht durch ihn leben. Deswegen brauche ich dringend etwas, das nichts mit Windeln, Karottenbrei und Zahnen zu tun hat.«

Eine neue Wohnung: Das wäre vielleicht wichtig, sagt Petra und installiert das Babyphone auf der Terrasse über dem grünen Harvestehuder Hinterhof. Natürlich sind 100 Quadratmeter groß genug für drei Menschen, aber schlecht geschnitten ist diese Wohnung doch. Paulina braucht demnächst ein Kinderzimmer, sie kann nicht ewig neben Petras Schreibtisch schlafen. Auch bei den Hoffmanns gehört der private Raum unbedingt zur Lebensqualität. »Wohnen« ist mehr als nur zweckgebundene Funktion. Bei sich sein; die Tür, die man hinter sich schließen kann, der vorübergehende Rückzug aus der Familien-Bande sind lebensnotwendig. In Westdeutschland verfügt statistisch jede Person über 36 Quadratmeter Wohnfläche, als »unterversorgt« gelten in Sozial-Berichten jene Erwachsenen, die nicht über ein eigenes Zimmer verfügen. »Bloß kein Reihenhaus!«, ruft Christoph dazwischen und kämpft mit dem qualmenden Grill. »Wir bleiben in der Stadt!« Manchmal graut ihm vor diesem schleichenden Automatismus, mit dem das Familiendasein den Lebensstil umkrempelt.

Häusliche Typen sind die Hoffmanns nicht, eher das Gegenteil. Beide lieben das Reisen, nach wie vor, trotz Kind und mit Kind. Paulina war in ihren ersten Lebensmonaten in Zürich und Zermatt, auf Mallorca, in Berlin, mehrmals auf Sylt und oft in Herford beim Großvater und in Tübingen bei der Großmutter. Sie hat ihre Eltern beim Skifahren

Zufriedenheit im Dreier-Pack: Das Kind, das kam, wann es wollte, und sich nicht an die Lebenspläne seiner Eltern hielt, hat aus einem erfolgreichen berufstätigen Paar eine glückliche Kleinfamilie gemacht

begleitet und ist mit ihnen am Strand spazieren gegangen. Sie fliegt, fährt Zug und sitzt, wenn es sein muss, geduldig Stunden im Autositz neben ihrer Mutter.

Paulina ist in eine weite Welt hineingeboren und in eine vielfältige. Christoph sieht seine Tochter manchmal auf einer Schweizer Blumenwiese spielen, unterm Bergpanorama. »Zauberflöte!«, träumt Petra. »Ich freue mich auf unseren ersten Opernbesuch: Ich sehe sie schon dasitzen, fein gemacht und staunend. Kultur ist so wichtig! Neulich habe ich eine blöde Talk-Show gesehen, mit zwei keifenden Teenagern. Da habe ich gedacht: Da darf sie nicht landen. Und Rechtschreibung wird sie übrigens auch lernen!« Das sagt Petra in Christophs Richtung, ein bisschen provokant, denn neulich haben sie sich gekabbelt, als es um Paulinas Erziehung ging. »Ach! Manchmal bist du konservativ«, antwortet ihr Mann, »du wirst sie noch Diktate schreiben lassen! Dabei gibt's Computer, Internet, E-Mail, Handy – wer weiß, welche Techniken Paulina einmal benutzen wird!«

Soll sie später zur Waldorf-Schule gehen? Dort mag ja alles sehr kreativ und zugewandt sein – aber kommen alternativ erzogene Kinder mit der harten Realität draußen zurecht? Soll sie Französisch oder Englisch als erste Fremdsprache lernen? Der Internationale Kindergarten soll teuer sein – aber welch optimale Förderung, mit Kindern anderer Nationalität und Hautfarbe zu lernen! »Schon unsere Generation kann ja nicht davon ausgehen, bis ans Ende der Tage an einem Ort hocken zu bleiben, wie viel weniger noch Paulinas!«, sagt Christoph. »Im Job musst du Fremdsprachen beherrschen, da musst du mobil sein und ohne diese idiotische deutsche Angst vorm Fremden.«

Christoph hat in der Schweiz, in New York und in Jerusalem gearbeitet, Petra in London und Paris. Paulina Hoffmann wächst auf als Reisende, und vielleicht wird sie irgendwann an einer Hotelrezeption schreiben »Nationalität«: Weltbürgerin.

Zur Lage der Menschheit

Daten und Perspektiven

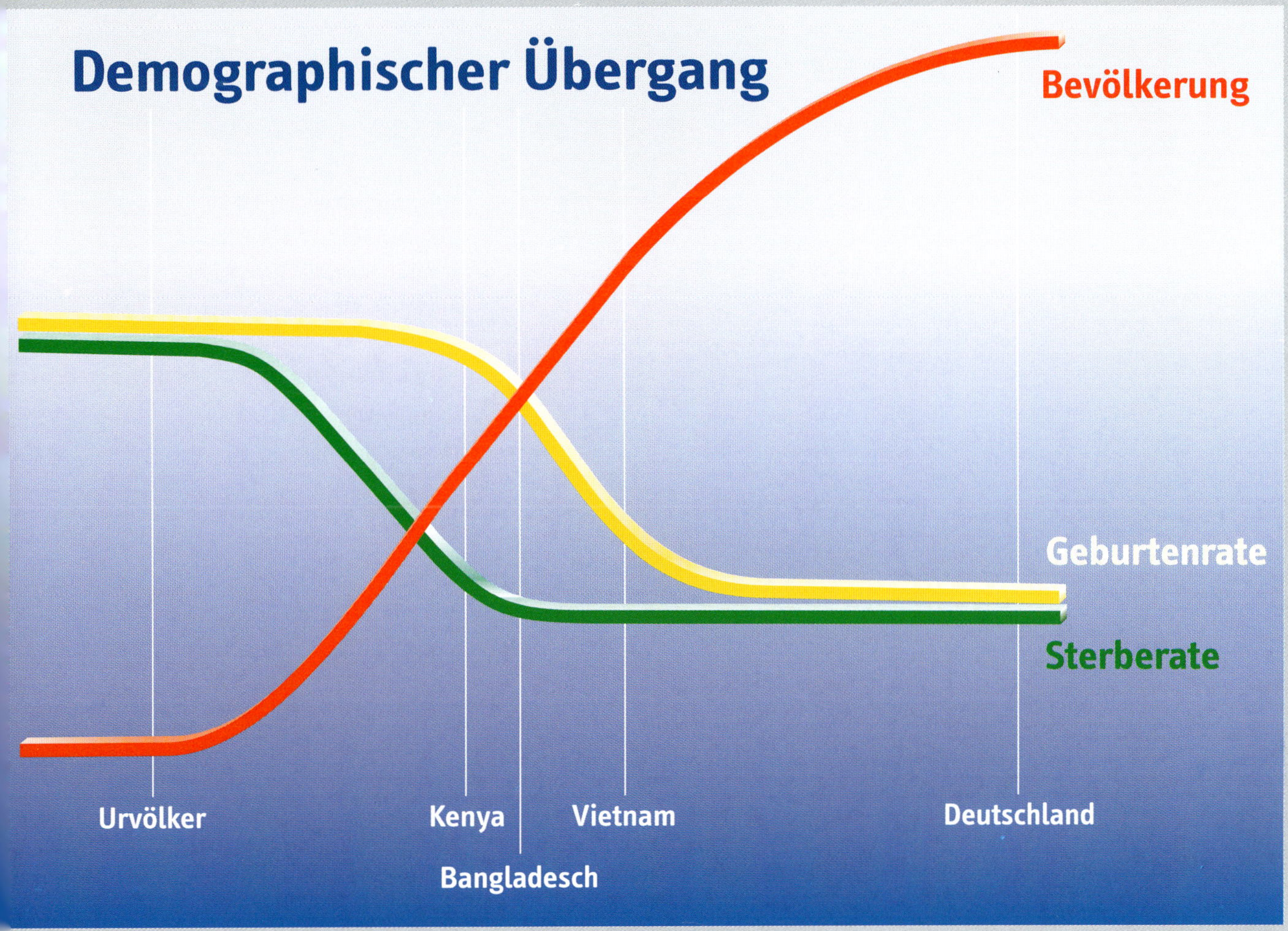

Massenverelendung und Hungerkatastrophen von ungeheuren Ausmaßen sagte einst der englische Geistliche und Nationalökonom Thomas Malthus aufgrund einer immer weiter wachsenden Weltbevölkerung voraus. Damals, vor über 200 Jahren, lebten noch nicht einmal eine Milliarde Menschen. Heute sind es sechs Milliarden, und das Malthus-Szenario ist keineswegs Wirklichkeit geworden. Trotzdem sehen Demographen keinen Grund, den Kassandraruf ▸

von einst nicht ernst zu nehmen. Denn noch immer verbrauchen immer mehr Menschen immer mehr nicht wiederbringbare Ressourcen unseres Planeten. Schon jetzt befürchten Experten, dass etwa im Nahen Osten Kriege um den Rohstoff Wasser entbrennen könnten. In vielen Ländern, vor allem in Asien und Afrika, wird die landwirtschaftlich nutzbare Fläche knapp. Seit 1960 hat sich die weltweit pro Kopf verfügbare Waldfläche nahezu halbiert, und es wird befürchtet, dass alle 20 Minuten eine Tier- oder Pflanzenart für immer verschwindet. Die Emissionen der Industrienationen bedrohen das Erdklima, und das Heer von Arbeitslosen macht vor allem die armen Länder zu einem sozialen Pulverfass.

Wie das alles enden wird, hängt ab vom Bevölkerungswachstum in den kommenden Jahren und Jahrzehnten. Zwar entwickeln sich die Geburtenraten in nahezu allen Ländern rückläufig. Weltweit hat sich die durchschnittliche Kinderzahl pro Frau in den letzten vier Jahrzehnten von sechs auf drei reduziert. Aber weil vor allem in Entwicklungsländern weit mehr junge als alte Menschen leben, die noch ins Elternalter kommen, wird sich die dortige Bevölkerung zunächst dramatisch mehren.

Bevölkerungswissenschaftler erklären den sozialen Wandel hin zu kleineren Familien mit dem »demographischen Übergang«: Demnach verhinderte der Gleichklang von hohen Geburten- und hohen Sterberaten in Urgesellschaften, dass die Bevölkerung stark anwuchs. Erst verbesserte Hygiene, Fortschritte in der Gesundheits- sowie Nahrungsversorgung und die daraus resultierende höhere Lebenserwartung sorgten für einen Menschenboom. Dieser wird anhalten, bis die Geburtenrate auf das Niveau der Sterberate gesunken ist. Die Grafik auf Seite 203 illustriert die Diskrepanz an ausgewählten Ländern.

Weniger Europäer, mehr Asiaten

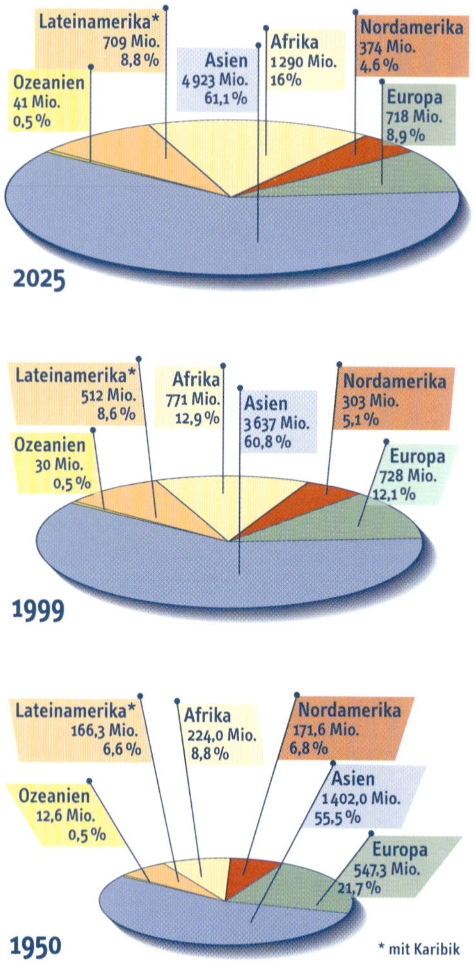

Quelle: DSW-Datenposter 1998/1999

Das kleine Europa hat seine Bevölkerungsexplosion lange hinter sich. Asien war schon immer menschenreich, und derzeit produziert Afrika Spitzenwerte. Heute finden 98 Prozent des globalen Bevölkerungswachstums in den Entwicklungsländern statt. Dort leben zur Jahrtausendwende vier Fünftel der Menschheit; die Hälfte davon allein in China und Indien.

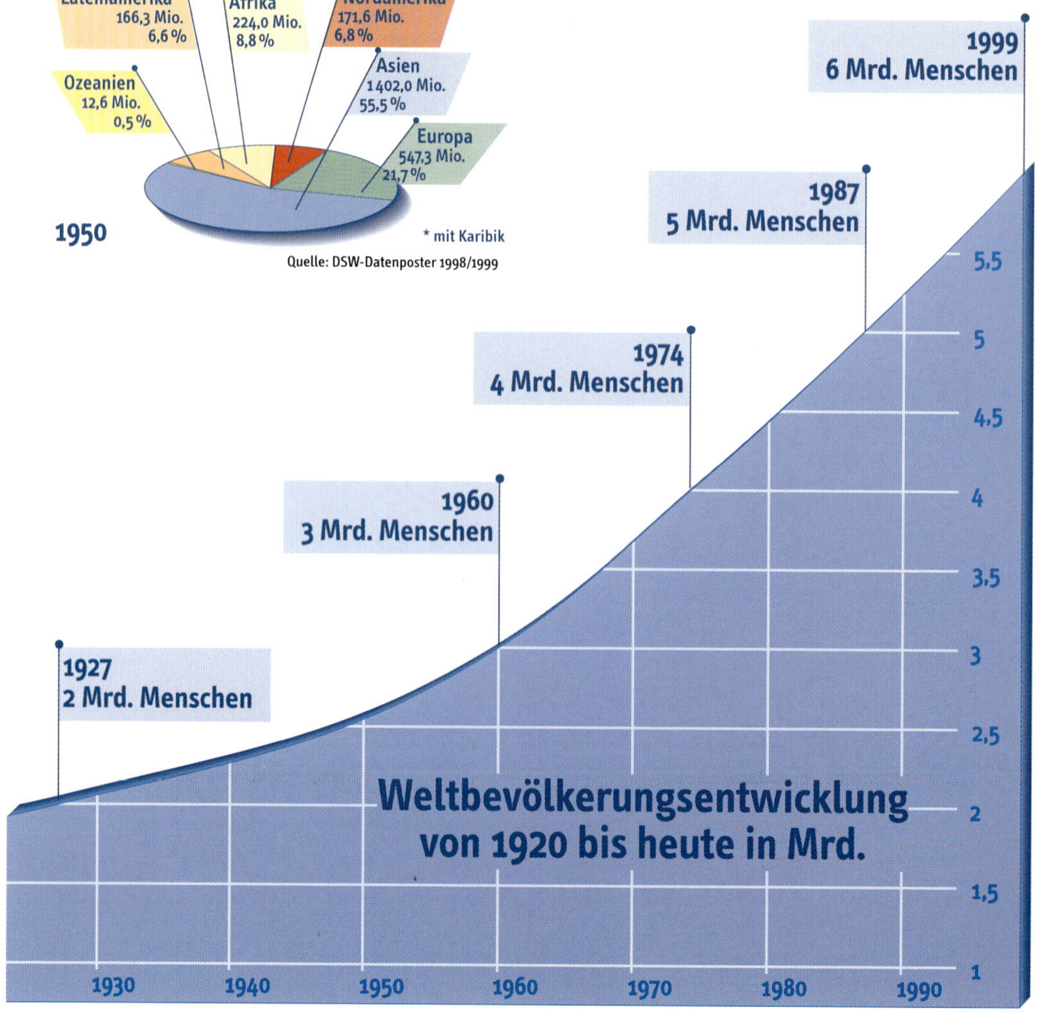

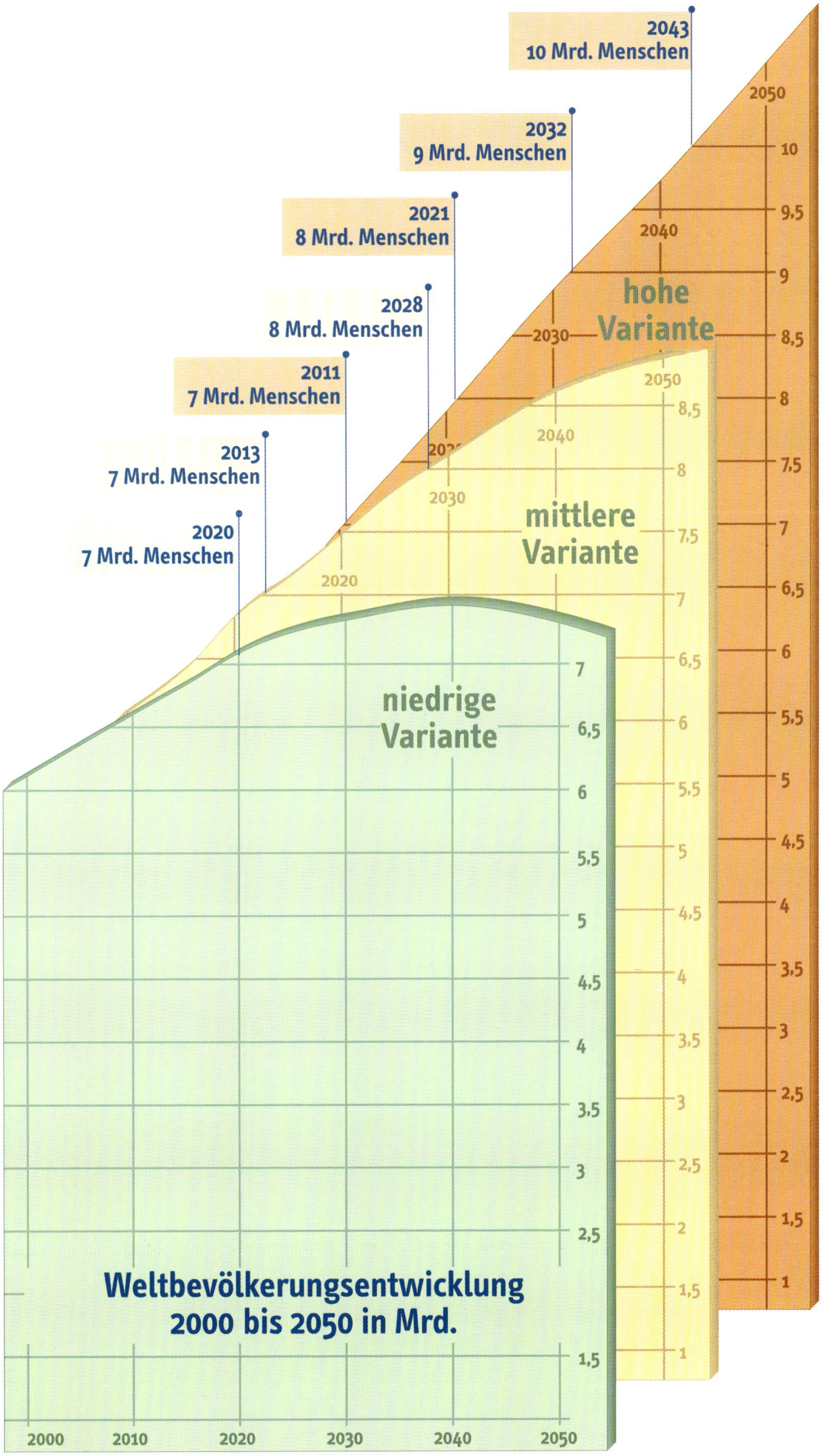

Quelle: Vereinte Nationen, World Population Prospects: The 1998 Revision

Ungewisse Zukunft

Etwa im Jahr 1815 übersprang die Zahl der Menschen die Ein-Milliarden-Hürde. Alle weiteren Milliardenschritte nahm Homo sapiens in immer kürzeren Zeitabschnitten. Für den letzten hat er nur noch zwölf Jahre gebraucht. Bliebe die durchschnittliche Kinderzahl pro Frau auf dem heutigen Niveau, würde die Weltbevölkerung bis 2050 auf horrende 14 Milliarden anwachsen. Demgegenüber hat die Population Division der Uno drei Szenarien entwickelt, für die sie jeweils unterschiedliche Annahmen zur Geburtenentwicklung hochrechnete: Läge die Kinderzahl pro Frau bis 2050 bei 2,5, so würden dann rund 10,7 Milliarden Menschen die Erde bevölkern (hohe Variante). Die mittlere Variante geht von zwei Kindern pro Frau aus und rechnet infolgedessen 2050 mit einer Weltbevölkerung von etwa neun Milliarden. Und der niedrigen Variante zufolge wären bei einer Kinderzahl pro Frau von nur 1,6 auch nur 7,3 Milliarden Menschen zu erwarten.

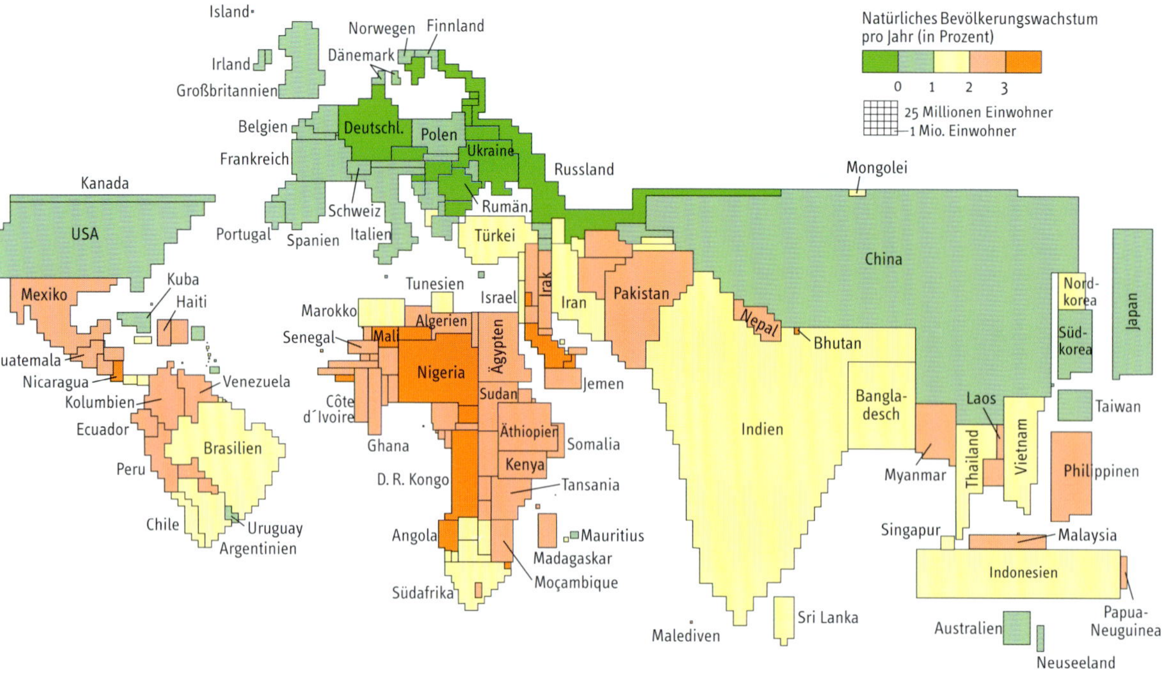

Quelle: DSW-Datenposter 1999

Reich an Kindern

Auf dieser Karte, auf der die Größen der Länder proportional zu ihrer Bevölkerungszahl abgebildet sind, verzerren sich die Grenzen: Asien, mit den menschenreichen Ländern China und Indien, wird zum Riesenkontinent. Die Philippinen werden mächtiger als Australien, und selbst das kleine Bangladesch überflügelt Deutschland. Dagegen wirkt Afrika, jene Region mit gegenwärtig dem höchsten Wachstum, gegenüber dem dicht besiedelten und hoch entwickelten, aber mittlerweile auch kindermüden Europa noch relativ unterbevölkert.

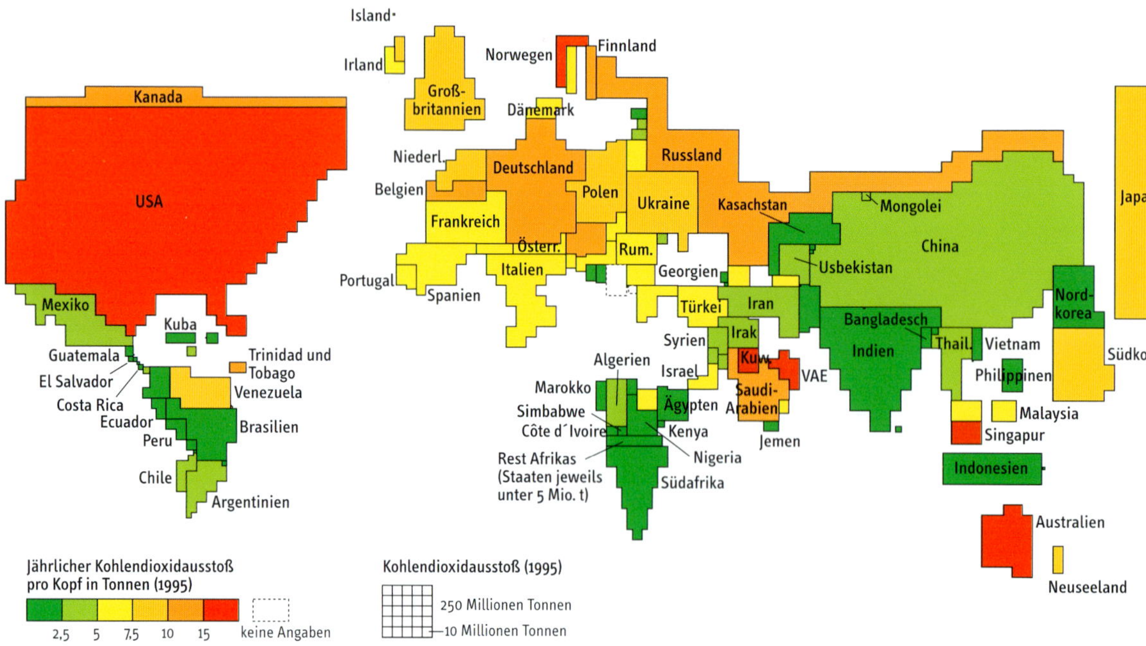

Quelle: World Resources Institute 1998

Der Dreck der Reichen

Anders als üblich sieht auch die Weltkarte aus, wenn die Ländergrößen in Relation zum Ausstoß des Treibhausgases Kohlendioxid dargestellt werden. Dieser Trick macht jene Regionen sichtbar, die »ökologisch übervölkert« sind: Die USA, das Mutterland der Energieverschwendung, sind da unangefochtene Supermacht. Afrika, zu arm zum Konsum, verschwindet förmlich von der Bildfläche. Und das boomende China zeigt schon heute, was geschehen kann, wenn über eine Milliarde Menschen zum großen Sprung ins Industriezeitalter ansetzen.

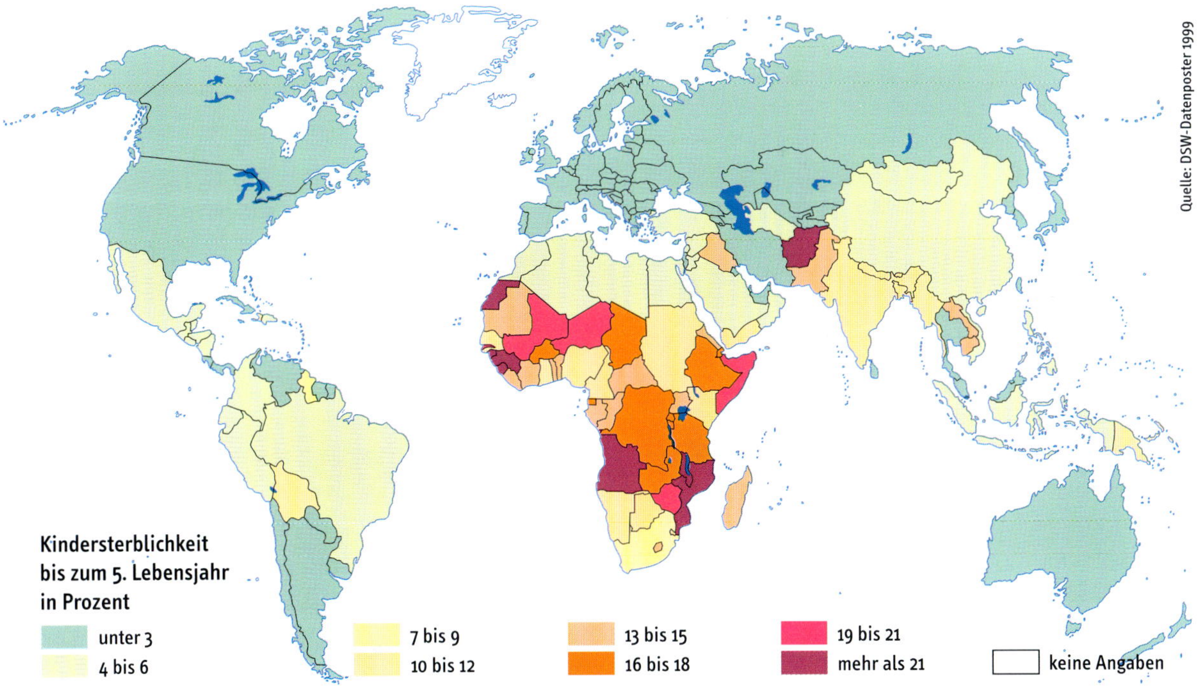

Mangel und Tod

Jedes Jahr sterben weltweit rund zwölf Millionen Kinder unter fünf Jahren an den Folgen von Armut und Mangelernährung. Besonders hart ist Afrika südlich der Sahara betroffen: In diesen Ländern beträgt die Kindersterblichkeit im Durchschnitt 170 pro 1000 Geburten

Kindersterblichkeit

34 000 Kinder sterben täglich auf der Welt, bevor sie ihren fünften Geburtstag erreichen. Zu den häufigsten Todesursachen zählen Durchfall, Bronchitis: vermeidbare Krankheiten …

Die Sterblichkeitsrate von Kindern unter fünf Jahren ist im weltweiten Durchschnitt zurückgegangen – sie wurde, schreibt Unicef, in den vergangenen 30 Jahren um die Hälfte gesenkt: dank besserer Trinkwasserversorgung, vermehrter Sanitäreinrichtungen und besserer Ernährungslage. Effektive Impfkampagnen verhindern, dass Kinder an normalen Infektionskrankheiten sterben. Heute erhalten 80 Prozent aller Kinder einen Impfschutz gegen Polio, Masern, Tetanus, Keuchhusten, Diphtherie und Tuberkulose. Allein der Einsatz einer simplen Zucker-Kochsalz-Lösung bei Durchfall rettet nach Schätzungen jährlich eine Million Kinder.

Trotzdem: Jahr für Jahr werden noch immer rund zwölf Millionen Kinder zum Opfer von Armut – in über 50 Prozent der Todesfälle ist Mangelernährung die indirekte Todesursache. 200 Millionen Kinder sind nicht ausreichend mit Vitaminen, Eiweiß und Spurenelementen versorgt. Ihr Risiko, an üblichen Kinderkrankheiten zu sterben, ist erheblich erhöht. Die meisten fallen Krankheiten zum Opfer, gegen die es längst wirksame Mittel gibt: Durchfall und Atemwegserkrankungen. Eine Milliarde Menschen sind ohne Zugang zu sauberem Trinkwasser und daher besonders gefährdet, sich mit Cholera, Typhus oder Gelbsucht zu infizieren.

Während heute in den Ländern der Ersten Welt die Sterblichkeit der unter Fünfjährigen weniger als ein Prozent beträgt, liegt sie in sieben Ländern südlich der Sahara und in Afghanistan bei mehr als 21 Prozent. Diese Staaten – darunter Sierra Leone und Angola – haben ein mittleres Bruttosozialprodukt pro Kopf und Jahr von nur 257 Dollar. Bei einer Fruchtbarkeitsrate von über sechs Kindern pro Frau dauert es weniger als 30 Jahre, bis sich dort die Bevölkerung verdoppelt hat.

Auch Kriege oder soziales und politisches Chaos tragen zu erhöhter Kindersterblichkeit bei. Im Bürgerkrieg von Rwanda starben Mitte der neunziger Jahre etwa eine Viertelmillion Kinder. Und schließlich fordern Wirtschaftssanktionen ihren Tribut. Zum Beispiel im Irak, der seit 1990 unter UN-Sanktionen steht. Zwischen 1989 und 1999 hat sich im Süden und in der Mitte des Landes, wo über 85 Prozent der Bevölkerung leben, die Kindersterblichkeit verdoppelt.

Die Schuldenfalle

Hochverschuldete Länder bringen mehr Geld für Zins und Tilgung auf als für Gesundheitswesen und Schulsystem. Gleichzeitig haben viele Industrienationen ihre Budgets für Entwicklungshilfe zusammengestrichen. Den Preis zahlen die Kinder

Ungerechtigkeit

Wie sind die Güter verteilt auf der Welt? Wie steht es um Überlebenschancen? Um Zukunftsaussichten? Ein Vergleich von 192 statistisch untersuchten Ländern.

- In diesen Ländern reicht der Pro-Kopf-Anteil des Bruttosozialprodukts pro Jahr von 90 $ (Moçambique) bis 45 330 $ (Luxemburg).
- Die Rate der Kindersterblichkeit unter fünf Jahren variiert von 4 (Finnland) bis 316 (Sierra Leone) Todesfällen auf 1000 Lebendgeburten.
- Der Prozentsatz von untergewichtigen Kindern reicht von 1 Prozent (USA) bis 60 Prozent (Nordkorea).

Wenn ein Neugeborenes in Kenya seinen ersten Atemzug macht, hat es bereits 227 Dollar Auslandsschulden. In Vietnam sind es 283 Dollar. In Deutschland: 8587 Dollar.

Glückliches deutsches Kind! Denn mag seine Pro-Kopf-Verschuldung auch beeindruckend sein, so gilt das umso mehr für seinen Anteil am Bruttosozialprodukt (BSP). Er beträgt 28 260 Dollar. Seine Auslandsschulden entsprechen also rund einem Drittel des BSP pro Kopf. Ganz anders die Situation in den Entwicklungs- und Schwellenländern. Der BSP-Anteil eines kenyanischen Kindes etwa beträgt 330 Dollar. Was bedeutet, dass es allein für die Begleichung »seiner« Zahlungsverpflichtungen über acht Monate arbeiten müsste. Das BSP der armen Länder liegt jedoch so niedrig, dass es ohnehin kaum für die Erfüllung von Grundbedürfnissen reicht, geschweige denn zur Begleichung von Schulden bei ausländischen Gläubigern.

Die Kinder dieser Länder sind die Opfer der »Schuldenfalle«. Sie leiden unter Mangelernährung, verhungern gar oder sterben an vermeidbaren Krankheiten wie Tuberkulose, weil kein Geld für Impfstoff vorhanden ist. Sie wachsen als Waisen auf, weil Hunderttausende Mütter in Ermangelung ärztlicher Hilfe während der Schwangerschaft oder im Kindbett sterben. Sie sind zu einem Leben ohne Ausbildung verdammt oder – falls sie zur Schule gehen – zu Klassenzimmern ohne Dächer, Tische, Stühle, Tafeln, Bücher oder selbst Bleistifte.

1997 hatte der Schuldenberg der Entwicklungsländer knapp 2000 Milliarden Dollar erreicht. Die Saat zu dieser Misere wurde in den frühen siebziger Jahren gelegt, als die OPEC-Länder ihre Erdölpreise drastisch erhöhten und die Mehreinnahmen in westlichen Banken deponierten. Die Geldinstitute mussten auf diese Einlagen Zinsen zahlen und machten sich deshalb auf die Suche nach Kreditnehmern. In den Industrienationen stießen sie dabei auf wenig Interesse – dort standen die Zeichen auf Rezession. Für viele Entwicklungs- und Schwellenländer hingegen kam das Geld wie gerufen. Sie nämlich brauchten Dollar, um ihre Infrastruktur und ihre Industrie zu fördern und das teure Erdöl zu bezahlen.

GESCHICHTE EINER MISERE

Freigebig wurden ihnen Kredite angeboten. Reiche Industriestaaten und internationale Organisationen wie die Weltbank und der Internationale Währungsfonds (IWF) vergaben sogar Darlehen an wenig kreditwürdige Länder mit geringem Einkommen. Niedrige Zinssätze – oft unterhalb der Inflationsrate – machten die Anleihen zusätzlich attraktiv. Die Entwicklungsländer vertrauten darauf, dass ihre Exporte gleichbleibend hohe Erträge abwerfen und die Zinssätze niedrig bleiben würden. Die Rückzahlung ihrer Schulden hielten sie für problemlos.

Die Ärmsten allerdings – und vor allem die Kinder – profitierten kaum von dem aufgenommenen Geld; das floss größtenteils in unsinnige Projekte wie umweltzerstörende Riesenstaudämme in Südamerika, in den Ankauf von Waffen, oder es verschwand sogar auf ausländischen Privatkonten.

Noch dazu stiegen die Rohstoffpreise nicht, sie fielen. Wohl aber stiegen die Zinssätze – und spätestens mit der zweiten Ölkrise, Ende der siebziger Jahre, schnappte die Schuldenfalle zu. Die Ausgaben für Öl und Kreditabzahlungen erreichten schwindelerregende Höhen, die Einnahmen sanken. Panisch beantragten die betroffenen Staaten weitere Kredite, um den Schuldendienst zu finanzieren und ihren Ruin hinauszuschieben.

Mit jedem Prozentpunkt, um den der Zinssatz in den achtziger Jahren stieg, erhöhte sich die jährliche Tilgungsverpflichtung der Schuldnerländer um weitere fünf Milliarden Dollar. Das Ergebnis: erdrückende Zahlungsrückstände. Laut dem aktuellen Unicef-Bericht zum »Fortschritt der Nationen« gelang es zwischen 1983 und 1990 den Ländern der Dritten Welt, Schulden von 1000 Milliarden Dollar abzutragen. Nur: Die Kreditlasten wurden nicht geringer. Im Gegenteil: Während ihr Schuldenberg 1983 rund 800 Milliarden Dollar betrug, war er bis 1990 aufgrund von Zahlungsrückständen und neuen Anleihen bereits auf 1500 Milliarden Dollar gewachsen. 1997 lag er bei knapp zwei Billionen Dollar.

Von der Schuldenkrise besonders schlimm betroffen sind 40 Länder südlich der Sahara, darunter Guinea-Bissau, Sambia, Somalia, Angola, Moçambique und Malawi. Ohnehin unter schwachen Wirtschaftssystemen leidend, bluten sie durch die Kreditrückzahlungen hoffnungslos aus. Bis zu 40 Prozent ihrer nationalen Haushalte fließen in die Schuldentilgung. Selbst wenn die Regierungen wollten (und oft sind sie eher daran interessiert, statt der Ärmsten die Eliten ihrer Länder zu fördern), könnten viele kaum etwas für die Kinder tun – es bleibt schlicht nicht genug übrig. Tansania etwa steckt viermal mehr Geld in den Schuldendienst als in die Grundschulbildung und sogar neunmal mehr als in seine medizinische Grundversorgung. Sambia steht mit rund 7,2 Milliarden Dollar in der Kreide – das ist mehr als das Fünffache seiner Exporterlöse. Das Land zahlt seinen reichen Gläubigern mehr, als es insgesamt für Schulen und Gesundheitsdienste ausgibt. Dieses Geld fehlt, um die Armut zu lindern und eine Basis zu schaffen für künftiges Wirtschaftswachstum.

GESTOHLENE ZUKUNFT

Für die Bevölkerung sind die Folgen fatal. Mehr als ein Drittel der Kleinkinder in den am wenigsten entwickelten Ländern werden nicht geimpft, 1998 betrug die durchschnittliche Sterblichkeitsrate der unter Fünfjährigen dort 16,7 Prozent. In den Staaten südlich der Sahara erreichten im gleichen Jahr mehr als vier Millionen Kinder nicht ihren fünften Geburtstag. Und die Überlebenden hatten wenig Chancen auf ein besseres Leben. Rund 130 Millionen Jugendliche werden unter heutigen Bedingungen nie eine Schule besuchen – eine schwere Hypothek für die Zukunft. Aufgrund der Versäumnisse in der Vergangenheit kann heute in 30 Staaten der Erde jeder Zweite der über 15-Jährigen weder lesen noch schreiben.

Auf dem Weltkindergipfel 1990 verpflichteten sich die Staatsoberhäupter der 71 teilnehmenden Staaten, bis Ende 2000 unter anderem die Müttersterblichkeit und die Quote der mangelernährten Kinder unter fünf Jahren zu halbieren sowie die Kindersterblichkeit um ein Drittel zu senken. Jedes Kind sollte zudem die Grundschule besuchen können, und mindestens 90 Prozent sollten geimpft werden. Diese Versprechen sind noch immer nicht eingelöst worden.

EINE FRAGE DER MORAL?

Stattdessen kürzten viele der wohlhabenden Industrienationen ihre Entwicklungshilfe. Heute fließen nur noch 0,22 Prozent des Gesamt-BSP der Geberländer in die hilfsbedürftigen Staaten. Das ist weniger als ein Drittel der UN-Empfehlung von 0,7 Prozent. Und von diesen Subventionen frisst wiederum die Schuldentilgung durchschnittlich rund ein Viertel, oft sogar noch mehr.

Niemand profitiert davon – nicht einmal die Gläubiger tun es. Denn solange die Entwicklungsländer unter ihren Schuldenlasten ersticken, solange sie abhängig sind von ihren Gebern, werden sie politisch instabil bleiben. Außerdem: Schätzungen zufolge kostete die Schuldenkrise allein in den achtziger Jahren die Gläubigerstaaten zusätzlich bis zu sechs Millionen Arbeitsplätze, weil Gelder in die Schuldentilgung anstatt in den Konsum flossen.

Es hat diverse Initiativen gegeben, um die Schuldenkrise zu überwinden – ohne nennenswerte Ergebnisse. Bereits 1995 wurde die »20/20-Initiative«, auf dem Weltgipfel für soziale Entwicklung, von allen Regierungen unterstützt. Danach sollen je 20 Prozent der nationalen Mittel und der Hilfsgelder verwendet werden, um Bildung und Basisgesundheitsdienst zu sichern.

Ende 1996 wurde unter Führung des IWF und der Weltbank ein Plan ins Leben gerufen, der 40 der hochverschuldeten armen Entwicklungsländer – 33 davon in Afrika – zugute kommen sollte.

Im Rahmen dieser Heavily-Indebted-Poor-Countries (HIPC)-Initiative wurde bisher nur einer Handvoll Staaten ein Teil ihrer Schulden erlassen – unter harten Auflagen. Und die Mittel wurden nur zögerlich bereitgestellt. Wie auch im Fall von Honduras: Obwohl das Land 1998 vom Hurrikan „Mitch" zu großen Teilen zerstört wurde, erhielt es nur einen Bruchteil des versprochenen Geldes, um die im gleichen Jahr fälligen 200 Millionen Dollar Schulden zurückzahlen zu können. Ganz anders sah es dagegen bei der „Asien-Krise" aus. In diesem Fall brachten die Geberländer in nur wenigen Monaten 100 Milliarden Dollar auf, um die Zahlungsunfähigheit der fernöstlichen Staaten abzuwenden – und damit die Gefahr für die westliche Wirtschaft.

Seit dem Weltwirtschaftsgipfel in Köln 1999 gibt es ein wenig Hoffnung. Einzelne Gläubigerländer und Organisationen wie die Weltbank wollen den ärmsten Ländern mehr als die Hälfte ihrer Schulden erlassen, unter Konditionen, die leichter zu erfüllen sind. Insgesamt 36 Staaten könnten damit Schulden in Millionen- oder sogar Milliardenhöhe gestrichen werden.

Skeptiker beanstanden, solche Streichungen stellten eine »moralische Gefährdung« dar, weil sie verantwortungsloses Verhalten belohnten.

Aber: Tragen nicht auch die Gläubigerländer durch leichtfertige Kreditvergaben ebenfalls Verantwortung für die Schuldenkrise der Entwicklungsländer? Überdies haben die hochverschuldeten armen Staaten ihre Kredite in absoluten Zahlen längst mehrfach zurückgezahlt. Und ist es moralisch, auf finanzieller Strenge zu beharren, wenn diese Moral auf Kosten der Kinder geht?

Millenniums-Ziel

Auf dem »Kindergipfel« im Jahr 1990 haben sich fast alle Nationen auf Ziele geeinigt, die sie bis zum Ende des Jahres 2000 erreichen wollten:

- Reduktion der Sterblichkeitsrate bei Kleinkindern und unter Fünfjährigen auf zwei Drittel des Niveaus von 1990,
- Halbierung der Müttersterblichkeitsrate von 1990,
- Halbierung der schweren und mittelschweren Mangelernährung bei unter Fünfjährigen,
- weltweiter Zugang zu sauberem Trinkwasser und zu grundlegenden Sanitäreinrichtungen,
- weltweiter Zugang zu Grundschulbildung. Abschluss der Grundschule durch mindestens 80 Prozent der Schulpflichtigen,
- Reduktion des Analphabetismus bei Erwachsenen auf weniger als die Hälfte des Niveaus von 1990, besonders bei Frauen.

Keines dieser Ziele wird erreicht werden.

Wie viel Brot braucht die Welt?

Knappheit an Wasser, Ackerböden, Waldfläche: Die Ressourcen des Planeten sind endlich und nicht gerecht verteilt. Vernünftige Nutzung ist eine Überlebensfrage

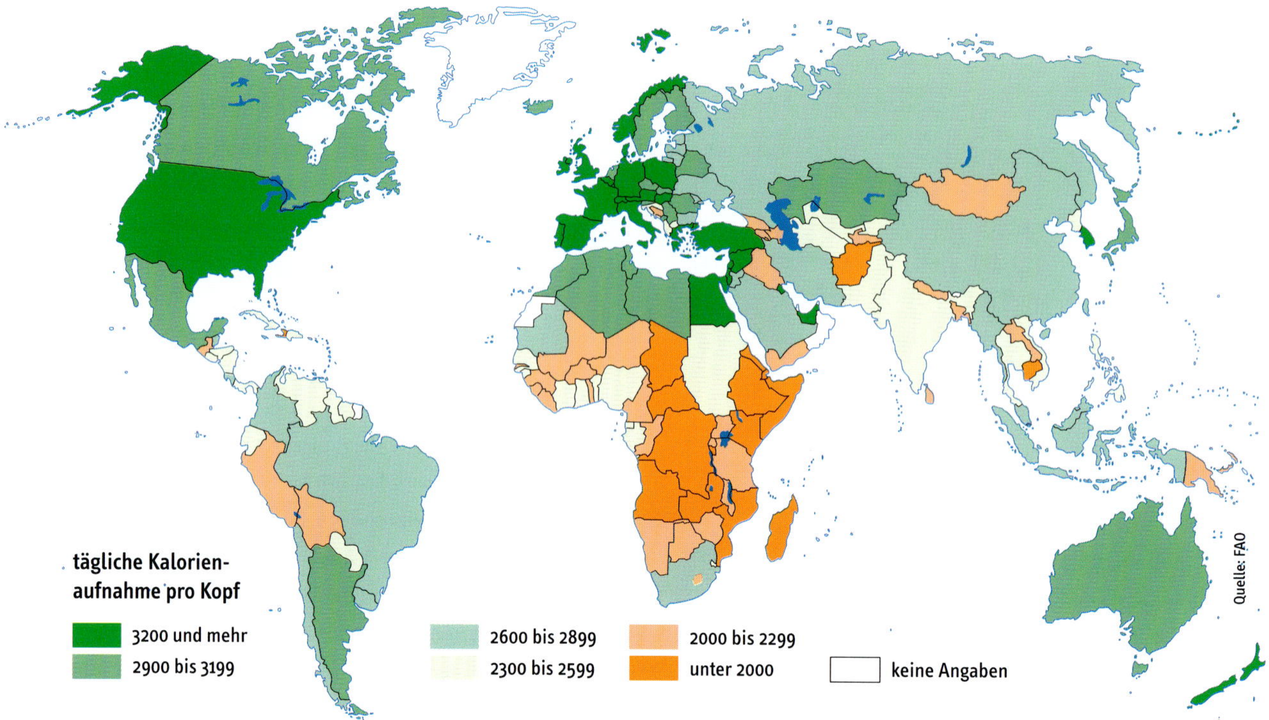

Kalorienversorgung 1994–1996

Ausgerechnet dort, wo die Menschen besonders stark körperlich arbeiten müssen, in Afrika südlich der Sahara, in Teilen Asiens und Südamerikas, bleiben die Teller leer. Die Wohlstandsländer kämpfen hingegen eher mit einer Überversorgung.

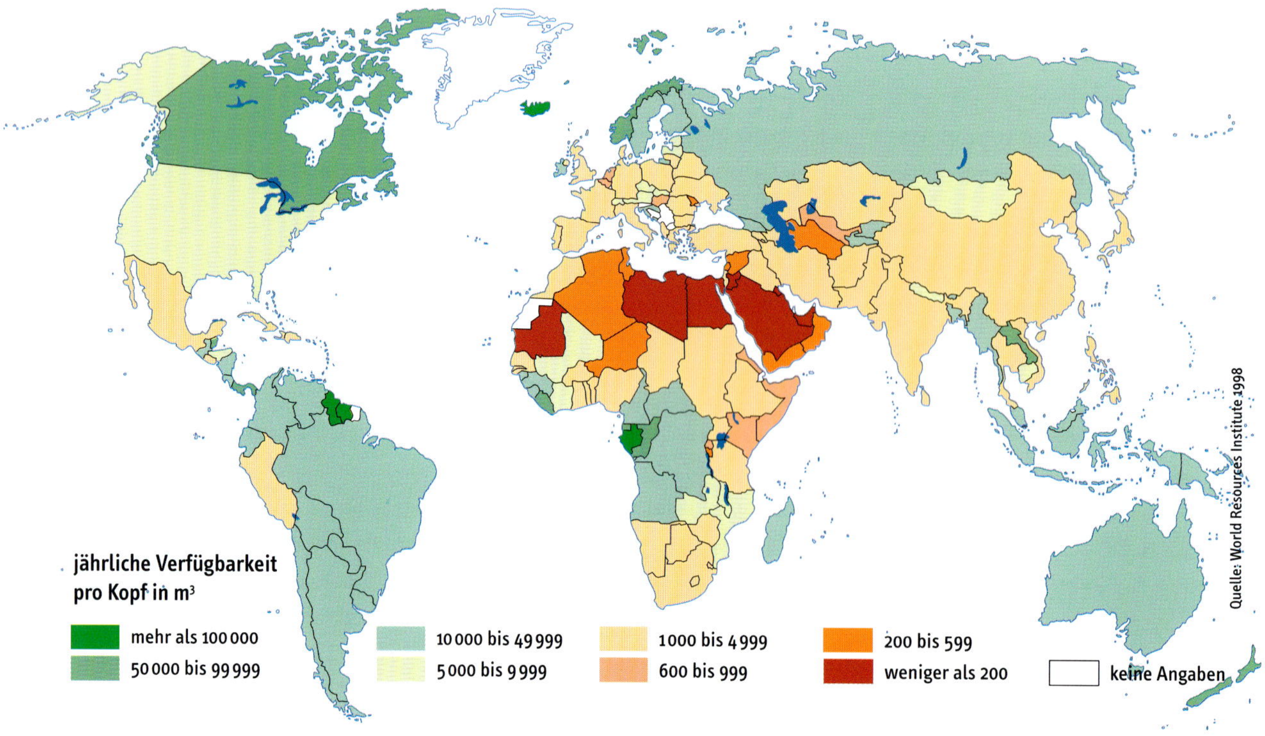

Wasserversorgung 1998

430 Millionen Menschen leben in Ländern mit Wasserarmut. Für weitere 270 Millionen ist das Wasser zeitweise knapp. Im Jahr 2050 wird vermutlich ein Viertel der Menschheit nicht ausreichend mit trinkbarem Wasser versorgt sein.

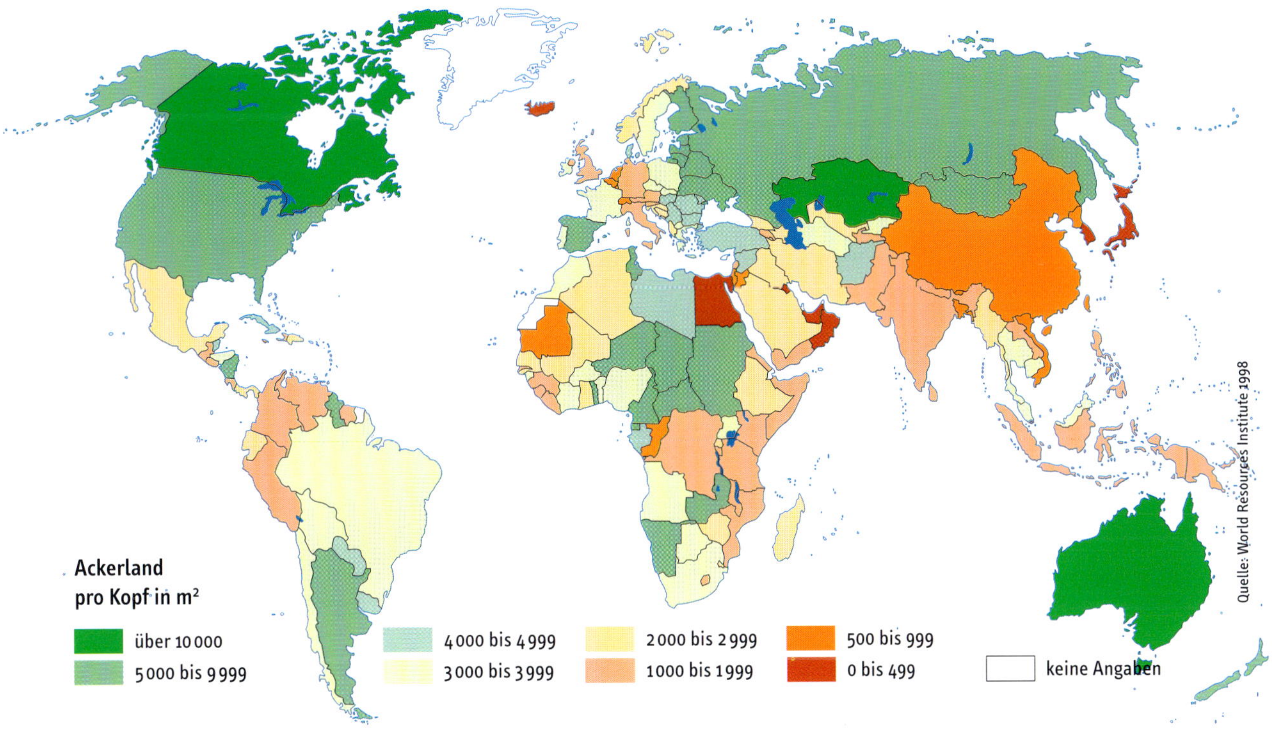

Ackerland

Die weltweit pro Kopf nutzbare landwirtschaftliche Fläche wird ständig geringer. 1960 betrug sie noch 4400 Quadratmeter, 30 Jahre später waren es lediglich 2700. Im Jahr 2025 werden es voraussichtlich nur noch 1700 Quadratmeter sein.

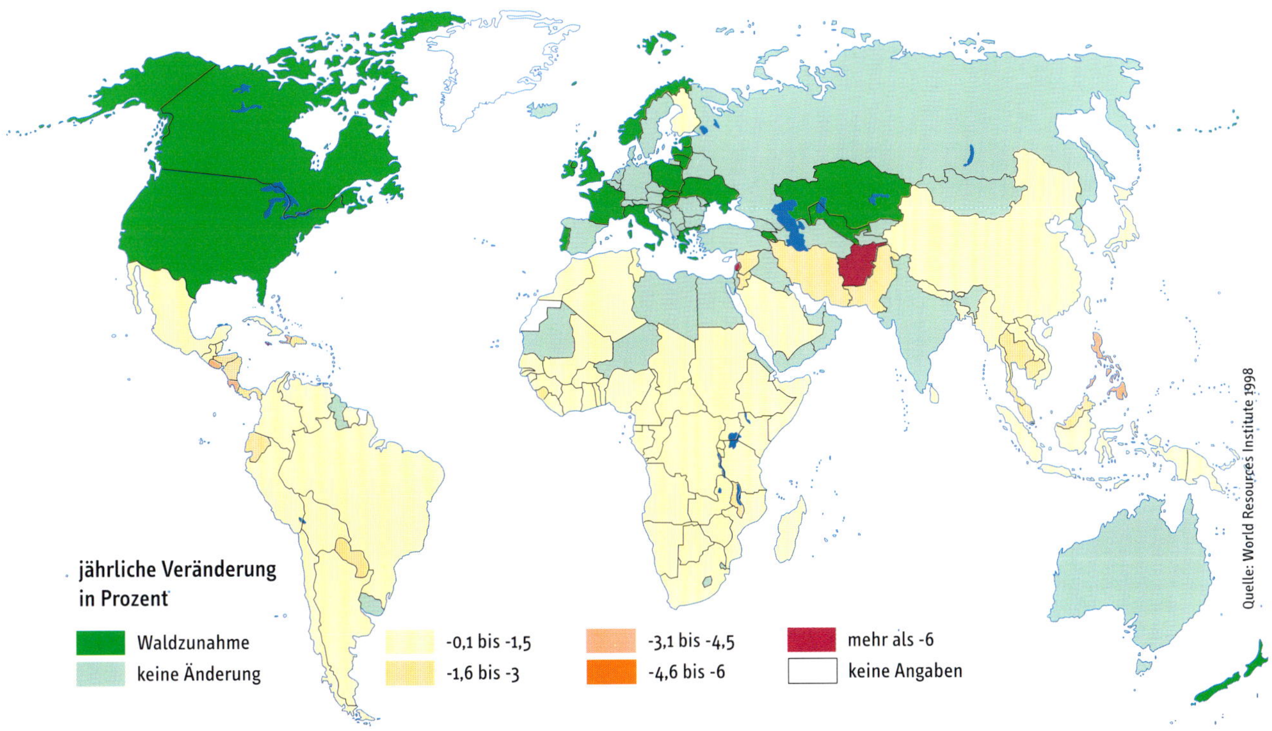

Gesamtwaldfläche 1990–1995

Wo die Menschen neues Land urbar machen, Städte bauen oder Verkehrswege erschließen, schwindet meist der Wald. Derzeit beträgt der weltweite Verlust jährlich über elf Millionen Hektar.

Die Ursachen des Kindersegens

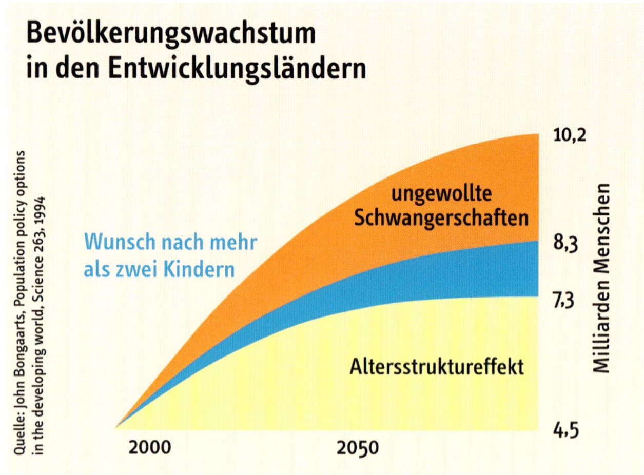

Die durchschnittliche Bevölkerung der Industrieländer ist seit Jahrzehnten fast konstant, gegen Mitte des 21. Jahrhunderts soll sie sogar leicht abnehmen. Ganz anders die Situation in den Entwicklungsländern, wo drei Faktoren die Bevölkerung weiter wachsen lassen: die von Jungen dominierte Altersstruktur, der Wunsch nach mehr als zwei Kindern und ungewollte Schwangerschaften. Ohne Aufklärung, vor allem für Jugendliche, vermehrte Anwendung von Verhütungsmethoden und bessere Ausbildung für Frauen ist das Wachstum nicht zu bremsen. Im Jahr 2050 werden laut mittlerer Prognose 8,3 Milliarden Menschen in den Entwicklungsländern leben – doppelt so viele wie 1990.

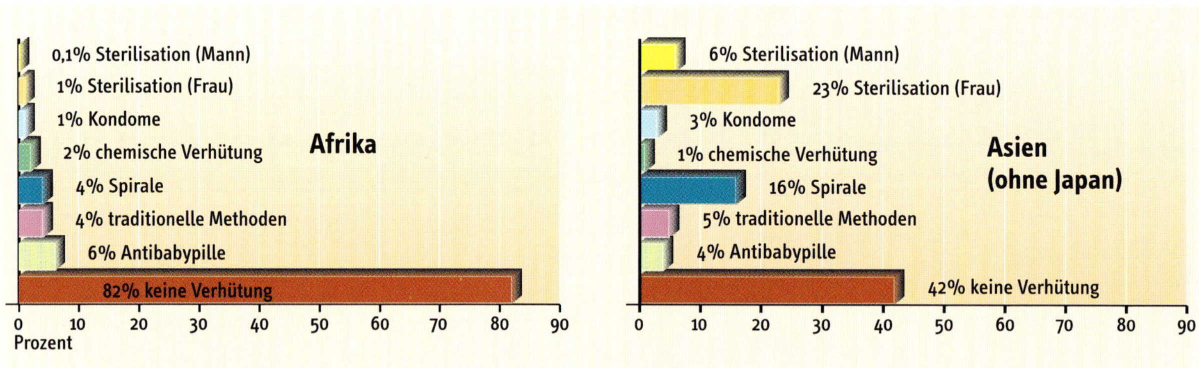

Verhütungsmethoden weltweit

Männer sind schlechte Familienplaner. Geburtenkontrolle ist fast überall auf der Erde Frauensache. Allerdings bleibt den Frauen diese Kontrolle vielerorts verwehrt: Weil Verhütungsmittel, vor allem in ländlichen Regionen, zu teuer oder nicht verfügbar sind; weil gesellschaftliche und religiöse Tabus vielen Frauen den Zugang zur Familienplanung verwehren; und weil sich besonders Männer oft nicht über die Folgen einer großen Kinderzahl im klaren sind. In den vergangenen Jahrzehnten hat die Anwendung von Verhütungsmethoden weltweit zugenommen. In Kenya verhüten heute 33 Prozent, in Vietnam sogar 65 Prozent der Paare. In beiden Ländern war die Fruchtbarkeitsrate 1997 nur etwa halb so hoch wie 1975.

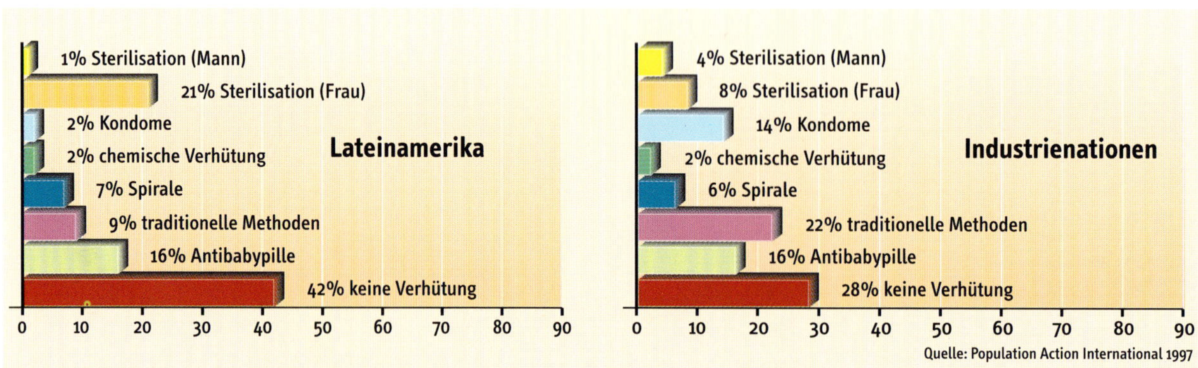

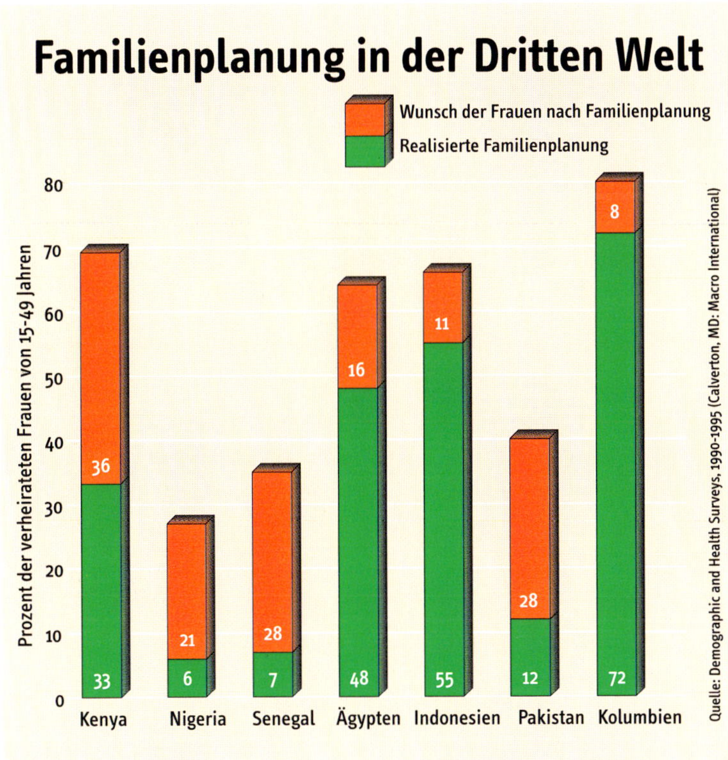

Zum Gebären verdammt

Aus Umfragen ist bekannt, dass Frauen, vor allem in armen Regionen, mehr Kinder bekommen, als sie sich tatsächlich wünschen. Mehr als 120 Millionen Frauen würden verhüten, wenn sie die Möglichkeit dazu hätten. Wäre dieser Bedarf an Familienplanung gedeckt, sänke die Geburtenzahl in den Entwicklungsländern um 20 Prozent.
In diesem Fall würden im Jahr 2025 auf der Erde rund eine Milliarde Menschen weniger leben als vorhergesagt.
Über 300 Millionen Paaren fehlt heute noch immer der Zugang zu adäquater Familienplanung. Großer Bedarf herrscht in den afrikanischen Ländern südlich der Sahara und in Pakistan.

Kluge Mütter – erwünschte Kinder

Eine bessere Bildung, vor allem für Mädchen, ist die beste Voraussetzung dafür, dass Frauen erst später und letztlich auch weniger, dafür aber eher Wunsch-Kinder bekommen. Allein wenn Frauen nur lesen und schreiben lernen, gewinnen sie mehr Einfluss auf die eigene Lebensplanung. Je länger sie zur Schule gehen, desto später gründen sie eine Familie – und werden sie auch ihre Kinder zur Schule schicken. Frauen haben bessere Chancen am Arbeitsmarkt und damit eine Alternative zum Leben daheim und am Herd. Mit wachsendem Bildungsgrad nimmt auch die Kindersterblichkeit ab – der Hauptgrund für eine hohe Geburtenrate. Viele Kinder kommen nur zur Welt, weil Eltern im Alter versorgt werden wollen.

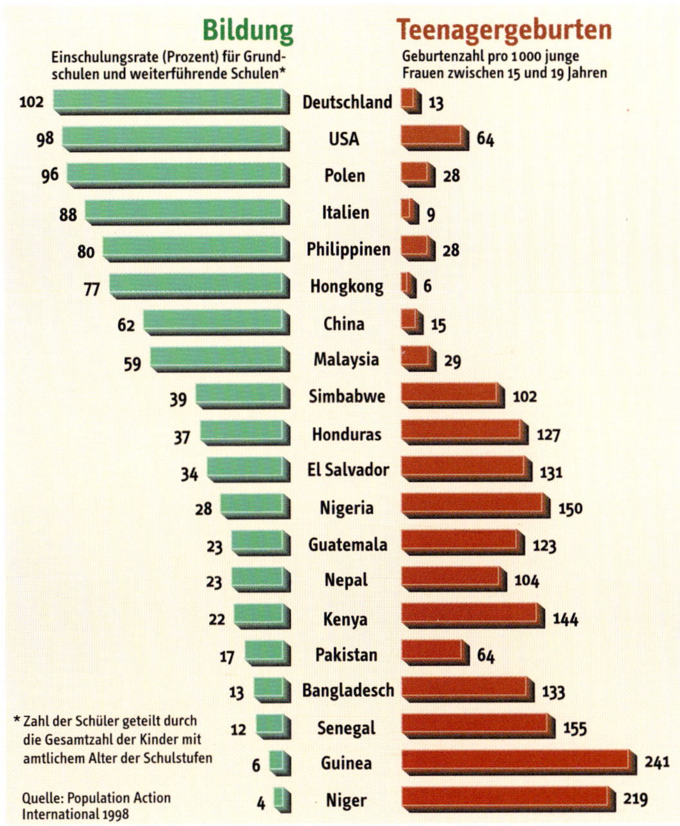

Kinder und Aids

Die Immunschwächekrankheit breitet sich immer schneller aus. Kinder haben besonders unter der Epidemie zu leiden. Weil ihre infizierten Mütter sie anstecken. Weil sie als Waisen zurückbleiben, wenn ihre Eltern an Aids sterben. Afrika ist extrem betroffen

Aids-Waisen

Länder mit der höchsten Anzahl an Kindern unter 15, deren Mütter oder beide Eltern an den Folgen von Aids gestorben sind. Stand: Ende 1997. Quelle: UNAIDS/WHO

Uganda	1 100 000
Äthiopien	700 000
Tansania	520 000
Sambia	360 000
Simbabwe	360 000
Kenya	350 000
Nigeria	350 000
Dem. Rep. Kongo	310 000
Malawi	270 000
Côte d' Ivoire	240 000
Südafrika	180 000
Burkina Faso	150 000
Moçambique	150 000
Burundi	110 000
Indien	110 000

Kinder mit HIV

Länder mit der höchsten Anzahl an Kindern, die HIV-infiziert sind oder unter Aids leiden. Stand: Ende 1997. Quelle: UNAIDS/WHO

Äthiopien	140 000
Nigeria	99 000
Südafrika	80 000
Tansania	68 000
Uganda	67 000
Kenya	66 000
Simbabwe	57 000
Moçambique	54 000
Dem. Rep. Kongo	49 000
Indien	48 000

Ende 2000 wird Aids vermutlich 13 Millionen Kinder zu Waisen oder Halbwaisen gemacht haben, davon 10,4 Millionen im Alter von unter 15 Jahren. Die meisten von ihnen leben in den Ländern südlich der Sahara.

In der industrialisierten Welt sind durchschnittlich nicht mehr als ein Prozent der Kinder Waisen. In Entwicklungsländern waren es vor dem Ausbruch der Aids-Epidemie zwei Prozent. Traditionell sorgen in der Dritten Welt Großfamilie oder Dorfgemeinschaft für elternlose Kinder. Aber angesichts der rapide steigenden Zahl der Waisen sind diese Länder hoffnungslos überfordert.

Das Sterben wird weitergehen. Ende 1998 waren weltweit 33,4 Millionen Menschen HIV-infiziert, davon 22,5 Millionen in Afrika. In 35 Ländern hat sich die Anzahl der Waisenkinder in nur drei Jahren (1994–97) verdoppelt, verdreifacht – oder gar vervierfacht. Gegenwärtig leben laut einer Statistik von UNAIDS, dem Aids-Programm der Vereinten Nationen, weit mehr Kinder mit einem HIV-positiven Elternteil als bereits zu Waisen geworden sind.

Kinder, die ihre Mutter oder beide Elternteile verloren haben, gehören zu den schwächsten Mitgliedern der Gesellschaft. Aids ist ein Stigma: Häufig werden die Kinder ausgegrenzt, sie werden seltener geimpft, sind öfter mangelernährt, werden seltener zur Schule geschickt und sind verstärkt Opfer von Misshandlungen und Ausbeutung.

Eine Folge der Aids-Katastrophe ist, dass in einigen Ländern Afrikas wertvolle und hart erkämpfte Basisleistungen für Kinder verloren gehen: Ihre Ernährung, Gesundheit und Schulbildung geraten in Gefahr.

In Botswana wird die Sterblichkeit von Kindern unter fünf Jahren in den Jahren 2000 bis 2005 voraussichtlich zu 64 Prozent von Aids verursacht werden, ein enormer Kontrast zu den beeindruckenden Fortschritten des Landes in der Gesundheitsfürsorge für Kinder. In Südafrika und Simbabwe wird sich durch Aids die Kindersterblichkeit vermutlich verdoppeln. In einigen afrikanischen Ländern sind in Krankenhäusern schon heute drei von vier Betten auf Kinderstationen mit Aidskranken belegt.

MÄDCHEN IN GEFAHR

Das belastet die ohnehin unzureichenden Gesundheitssysteme. In Simbabwe geht die Regierung davon aus, dass im Jahr 2005 Aids 75 Prozent der Gelder für die Gesundheitsversorgung verschlingen wird. In den meisten Entwicklungsländern erhöht Aids die Kosten der medizinischen Betreuung, die Verfügbarkeit von Gesundheitsdiensten nimmt aber ab. Die Armen trifft dies am schwersten. Gesunde Kinder, deren Eltern an Aids gestorben sind, laufen Gefahr, an einer heilbaren Krankheit zu sterben, weil ihre Erkrankung Aids zugeschrieben und nicht behandelt wird.

In einer Studie in Tansania wurde ermittelt, dass nach dem Aids-Tod eines Erwachsenen in ärmeren Familien 15 Prozent weniger Nahrungsmittel zur Verfügung standen. Ein solcher Rückgang kann die Entwicklung von Kindern maßgeblich beeinträchtigen. Aids-Waisen sind einem weit größeren Risiko von körperlicher und intellektueller Unterentwicklung ausgesetzt; nach Auskunft der Weltbank ist die Hälfte der Waisenkinder im Wachstum gehemmt.

In vielen Ländern rechnet man auch mit einem Rückgang der Alphabetisierungsrate. In Haushalten, die von Aids betroffen sind, müssen Kinder oft die Schule verlassen, weil die Familien das Schulgeld nicht mehr aufbringen können, die Kinder bei der Arbeit helfen oder mitverdienen müssen. In Familienverbänden sind es meist die Waisenkinder, denen zuerst eine Ausbildung verwehrt wird. In Sambias Städten sind 32 Prozent der Waisen nicht in einer Schule angemeldet, verglichen mit 25 Prozent der Nicht-Waisen. In ländlichen Gebieten waren es 68 Prozent der Waisen, verglichen mit 48 Prozent der Nicht-Waisen.

Noch lassen sich die wirtschaftlichen Folgen der Krankheit kaum abschätzen. Zweifellos ist jedoch das Mehr an Ausgaben für die Gesundheitsversorgung bei einem gleichzeitigen Rückgang des nationalen Einkommens eine enorme Belastung für die Volkswirtschaften der ohnehin armen Länder. Die Krankheit trifft Menschen in ihren produktivsten Lebensjahren – eine Katastrophe für die gesellschaftliche und ökonomische Entwicklung.

In Entwicklungsländern sind oft weit mehr Mädchen als Jungen HIV-positiv.

Nach einer neuen Studie in Kenya waren 25 Prozent der Mädchen im Alter zwischen 15 und 19 HIV-positiv – verglichen mit vier Prozent der Jungen im selben Alter. In den Städten Botswanas sind mehr als 30 Prozent aller Schwangeren infiziert. Die Unterschiede in der Ansteckungsrate zwischen Mädchen und Jungen deutet darauf hin, dass Mädchen eher von älteren Männern als von Altersgenossen angesteckt werden: Sie lassen sich, von der Armut gezwungen, »kaufen«.

Verglichen mit Afrika ist in Asien die Ansteckungsrate bei Mädchen gering. Trotzdem ist auch hier eine steigende Tendenz zu verzeichnen. In einer Vorsorgeklinik in Bombay waren fünf Prozent der schwangeren Teenager HIV-positiv – doppelt so viele wie noch 1994. In Kambodscha sind in 19 Provinzen mehr als 40 Prozent der Prostituierten im Alter unter 19 HIV-positiv. In städtischen Gebieten in Myanmar liegt die Ansteckungsrate bei Mädchen-Prostituierten bei 25 Prozent. In Thailand sorgten frühzeitige Informationskampagnen dafür, dass die Ansteckungsraten in allen Risikogruppen zurückgingen – auch unter jungen Prostituierten.

Sowohl in den Industrie- als auch in den Entwicklungsländern sind Aufklärungskampagnen, die besonders Jugendliche ansprechen, die langfristig wirksamste und billigste Waffe gegen die Krankheit. UNAIDS hat in einer Studie in 68 Ländern festgestellt, dass gezielte Aufklärung tatsächlich dazu beiträgt, den ersten Verkehr hinauszuzögern und sexuell aktive Jugendliche vor HIV, anderen sexuell übertragenen Krankheiten und Schwangerschaft zu schützen. Uganda, das als erstes afrikanisches Land resolut auf die Katastrophe reagierte, zeigt, dass Hoffnung besteht, wenn die Gefahr beim Namen genannt wird. Vor allem unter 15- bis 19-Jährigen ging die Ansteckungsrate zurück. In einigen Regionen sank sie von 38 Prozent im Jahre 1991 auf 7,3 Prozent im Jahre 1996.

BABYS UND HIV

Allein 1998 haben sich weltweit 590 000 Kinder mit HIV infiziert. Die Katastrophe scheint noch größere Dimensionen anzunehmen. In einer Reihe von Ländern, die bis vor kurzem eine relativ niedrige Ansteckungsrate hatten, hat die Zahl der infizierten Kinder zugenommen. So waren beispielsweise Ende 1997 in Indien 48 000 Kinder HIV-positiv, dreimal so viele wie 1994. In drei Ländern, die relativ niedrige Infektionsraten hatten – China, Namibia und Vietnam –, hat sich die Ansteckung von Kindern zwischen 1994 und 1997 vervierfacht.

In Nordamerika und Westeuropa infizierten sich 1998 weniger als 1000 Säuglinge, 530 000 waren es in den Ländern südlich der Sahara. Die Gründe für die erschütternde Diskrepanz zwischen Erster und Dritter Welt sind Armut, fehlende Gesundheitsdienste, Mangel an Aufklärung und medizinischer Behandlung. Wichtiger jedoch ist, dass Frauen vielerorts über ihre Sexualität, und damit über viele Faktoren ihrer Gesundheit, nicht frei entscheiden können. In Afrika hängt noch immer ein Schleier aus Scham und Schweigen über der Krankheit. Frauen können weder sich noch ihre Kinder schützen, wenn Furcht sie daran hindert, Beratungsstellen aufzusuchen.

In den Industrieländern erhalten schwangere HIV-positive Frauen spätestens ab der 14. Schwangerschaftswoche das antivirale Medikament Zidovudin (AZT). Säuglinge bekommen das Medikament sechs Wochen lang nach der Geburt. Die Behandlung ist teuer, aber das Medikament reduziert – zusammen mit der Möglichkeit, per Kaiserschnitt zu gebären und dem Zugang zu sicherem Ersatz für Muttermilch – das Risiko einer Übertragung von Mutter zu Kind erheblich: In Frankreich und in den USA betrug die Infektionsrate nicht mehr als fünf Prozent. Dagegen stecken sich in der Dritten Welt zwischen 25 und 35 Prozent der Kinder bei ihren HIV-positiven Müttern an.

Inzwischen gibt es aber auch in Entwicklungsländern die Hoffnung, die Mutter-Kind-Übertragungsrate zu reduzieren. 1998 ließ sich in Thailand mit Versuchsprogrammen, in denen AZT über eine kurze Zeit – ab der 36. Schwangerschaftswoche bis zur Entbindung – verabreicht wurde, die Übertragungsrate halbieren. Diese Befunde haben UNAIDS und Unicef zu einem zweijährigen Pilotprogramm animiert, das 30 000 HIV-positiven Schwangeren in elf Ländern zugute kommen soll. Die Behandlung von HIV-positiven Müttern in Côte d' Ivoire und in Thailand hat bereits begonnen.

Mindestens eines von sieben Kindern, deren Mütter HIV-positiv sind, steckt sich während der Stillzeit mit dem Virus an – täglich sind dies 500 bis 700 Säuglinge. Die Übertragungswege sind bislang noch nicht genau erforscht.

Vor Aids galt Stillen als die unter praktisch allen Umständen beste Art, Säuglinge zu ernähren, weil Muttermilch alles hat, was Kinder in den ersten, wichtigen Monaten für ihre Entwicklung brauchen. Jetzt, wo auch das Stillen gefährlich erscheint, rückt die Diskussion von Ersatznahrung wieder in den Vordergrund. Die aber kann für Säuglinge sogar lebensgefährlich sein – nicht nur, wenn die Trockenmilch unter hygienisch bedenklichen Bedingungen – wie sie in den meisten armen Ländern herrschen – zubereitet wird, sondern auch, weil sie den Darm schädigen und dem Virus das Eindringen ins Körpergewebe erleichtern kann.

Jung. Schwanger. Krank

HIV-Raten in Prozent bei schwangeren Mädchen im Alter zwischen 15 und 19, die Geburtsvorbereitungs-Zentren in Städten aufsuchen. Stand: 1995-1998. Quelle: UNAIDS/WHO; US Bureau of Census; nationale Aids-Programme.

Botswana 31
Simbabwe 26
Swaziland 23
Südafrika 21
Moçambique 19
Rwanda 19
Malawi 17
Sambia 17
Burundi 16
Äthiopien 16
Côte d' Ivoire 14
Kenya 13
Namibia 11
Uganda 10
Tansania 7
Burkina Faso 6
Kamerun 5
Kambodscha 3
Ghana 3
Dem. Rep. Kongo 2
Haiti 2
Thailand 2

WORKSHOP

Johanna Wieland war sich im klaren darüber: So richtig der Satz auch ist, wonach Journalisten professionelle Distanz wahren sollten – für das Projekt »Menschenkinder« konnte er nicht gelten. In sechs intensiv erlebten Monaten, immer wieder zwischen Hamburg, Vietnam und Kenya pendelnd, wurde die GEO-Reporterin sehr schnell von einer Beobachterin zu einer Freundin jener Familien, deren Leben sie kennen lernen durfte. Paulina Hoffmann sieht sie nun häufiger.

Ronald Frommann hatte bei Hamburger Frauenärzten einen Brief hinterlegt; mit der Frage an werdende Eltern, ob sie sich vorstellen könnten, das erste Lebenshalbjahr ihrer Neugeborenen mit einem Reporter-Team zu teilen. Die Resonanz war, wie erwartet, lange Zeit spärlich. Und auch die Hoffmanns, die sich schließlich bereit erklärten, fanden die Dauerpräsenz des Fotografen an ihrer Seite »gewöhnungsbedürftig«. Auf die Gewöhnung folgte: Vertrauen.

Anna Neumann traf auf Eltern, die ihren Sohn »am liebsten der ganzen Welt zeigen« wollten. »Es ist gut«, sagt die Fotografin, »als Europäerin so drastisch vor Augen geführt zu bekommen, dass unser Lebensstandard in keiner Weise Weltstandard ist – und dass eine Familie, auch wenn ihr vieles fehlt, was wir zu brauchen glauben, zärtlich und fürsorglich miteinander sein kann; und ganz offensichtlich glücklich.«

Andrea Künzig kam als »musungu«, fremde Weiße, in das Dörfchen Musalala; und anders, als dass es Gott sein müsse, der sie geschickt habe, konnte sich die Bäuerin Susanna Mbili das Auftauchen der Fotografin nicht erklären. Doch Andrea Künzig kam – und fotografierte – nicht »von oben«; und schon gar nicht von oben herab. Wochenlang gab sie ihrem Leben die Perspektive derer, die sie bei sich aufgenommen hatten.